크로스 사이언스

크로스 사이언스
Cross Science

프랑켄슈타인에서 AI까지,
과학과 대중문화의 매혹적 만남

서가명강 02

홍성욱 지음

서울대학교
생명과학부 교수

Dr. Strangelove

Brave New World

New Atlantis

Blade Runner

21세기북스

사회과학

社會科學, **Social Science**

경영학, 심리학, 법학,
정치학, 외교학, 경제학, 경영학

인문학

人文學, **Humanities**

철학, 역사학, 종교학,
문학, 고고학, 미학, 언어학

예술

藝術, **Arts**

음악, 미술, 무용

과학

科學, **Science**

자연과학

自然科學, **Natural Science**

의학, 수학, 화학, 물리학,
생물학, 천문학, 공학, 과학

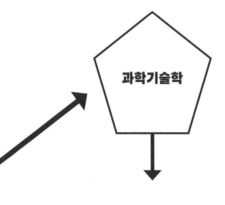

과학기술학이란?
STS(Science and Technology Studies/
Science, Technology and Society)

STS는 과학기술과 사회의 상호작용을 규명하는 학문이다.
사회가 과학기술에 어떤 영향을 끼치고 그 내용과 방향을 어떻게 바꾸는지,
반대로 과학기술이 사회에 어떤 영향을 끼치는지를 분석한다.
과학기술이 제한적인 사고와 감정을 가진 인간에 의해서,
특정한 시기의 사회적이고 물질적인 조건 속에서 발전한다는 '상식'에서
출발한다. 과학은 인간의 활동이라는 것이 STS의 출발점이다.

이 책을 읽기 전에 주요 키워드

기술과학(technoscience)

대개 과학이 기술을 낳는다고 생각하지만, 기술의 발전이 과학의 진보를
가져오기도 한다. 과학과 기술은 하나의 네트워크 속에 밀접하게 연결되어
있으며, 이런 의미에서 '테크노사이언스'라는 말을 사용할 수 있다.

융합(融合)

하나의 분야와 다른 분야의 접목. 융합의 목적은 우리에게 중요한 문제를
해결하는 것인데, 이 책에서는 과학과 인문·예술의 융합을 통해 나를 둘러
싼 사회적 조건을 극복하는 것을 목표로 하고 있다.

유토피아(utopia)

'좋은 곳'이라는 뜻의 'eu-topia', '아무 데도 존재하지 않는 곳'이라는 뜻의
'ou-topia'의 합성어로, 어디에도 존재하지 않는 이상향을 뜻한다. 1516년
출간된 토머스 모어의 책 『유토피아』에서 처음 사용된 말이다.

디스토피아(dystopia)

유토피아의 반대말로, 미래의 끔찍한 어떤 사회를 뜻한다. 19세기에 만들
어진 말로, 산업혁명 이후 사회적 불평등이 확산되면서 널리 사용되었다.

인공지능(AI, Artificial Intelligence)

인간의 여러 능력을 컴퓨터 프로그램으로 구현한 기술. 인공지능에 대한
인간의 두려움과 동경은 각종 대중문화 콘텐츠로 나타나는데, 이 책에서는
인공지능이 발전했을 때의 여러 가능성과 문제점 등을 소개한다.

초지능(superintelligent) 기계

똑똑한 사람들의 지적 능력을 훨씬 초월하는 기계. 초지능 기계가 인간보다 더 뛰어난 기계를 만들 수 있을 것이며, 그렇게 되면 기계의 진화로 지능의 폭발이 가능할 것이라는 예측이다.

프라이버시(privacy)

개인의 사생활을 보장받을 권리. 19세기 산업화 이후 생긴 개념으로, 오늘날에는 자신의 정보를 스스로 공개하는 등 프라이버시가 자연스럽게 그 의미를 잃어가는 것이 아니냐는 논쟁적인 주장이 펼쳐지고 있다.

유전자가위(CRISPR)

유전자에서 원하는 부분을 잘라내는 기술. 이 기술을 통해 병을 유발하는 특정 유전자를 자르면 병을 예방할 수 있다. 이 기술이 광범위하게 쓰일 경우, 그 결과를 예측하기 힘들다는 점에서 윤리적 비판이 일고 있다.

우생학(eugenics)

진화가 인간에게도 적용되며 생존에 적합한 인간은 살아남고 그렇지 않은 인간은 자연스럽게 사라지는 것이 자연의 순리라는 견해이다. 1920년대 미국의 이민 제한법, 2차 세계대전의 홀로코스트 등이 이것을 기반으로 시행됐던 나쁜 정책들이다.

사이보그(cyborg)

컴퓨터, 기계, 약물 등을 통해 활동 능력이 극대화된 인간. 수학자 노버트 위너가 주창한 사이버네틱스와 유기체를 의미하는 오거니즘의 합성어이다. 사이보그에 대한 인간의 관심은 오래되었지만, 2차 세계대전 이후에 폭발적으로 증가했다.

차례

"문화 속에서 과학과 인문학,
사실과 가치의 교차를 읽어내는 것은
두 문화의 간극을 좁혀나가는 일이다."

들어가는 글
과학과 인문학, 사실과 가치의 '크로스'

어떤 개념들은 오래 지속되는데, 그중 하나가 '두 문화'라는 것이다. 두 문화는 1959년에 영국의 작가이자 화학자였던 찰스 스노Charles Snow가 케임브리지대학교 강연에서 처음 한 말이다. 그는 여기서 과학자들이 인문학에 대해 무지하고, 인문학자들이 과학에 대해 거의 아무것도 모르는 채로 지식인 행세를 하는 세태를 꼬집었다.

케임브리지대학교는 과학과 인문학 양 분야에서 걸출한 학자를 배출한 학교였지만, 서로 자신의 학문이 최고라고 으스대는 분위기 속에서 과학과 인문학 모두를 아우르는 노력은 찾아볼 수 없다는 것이었다. 스노는 과학기술이 점점 더 중요해져가는 '과학혁명'의 시점에 두 문화 사이가 더 멀어지고 있다는 사실을 개탄했다.

우리 사회에서도 두 문화의 간극을 지적하는 이들이 많다. 과학은 점점 더 세분화되고 전문화되어 과학자라고 해도 인접 분야를 이해하기 힘들다. 과학에 흥미를 가지고 있어도 인문학자나 예술가들이 과학에 접근하기 위해서는 높은 진입장벽을 넘어야 한다. 거꾸로도 마찬가지다. 과학자들도 현대철학 같은 분야에 접근하기 위해서는 역시 상당한 진입장벽을 극복해야 한다.

따라서 이런 진입장벽을 낮추고 두 문화 사이의 간극을 좁히기 위해서 과학자들은 과학자들 나름대로, 인문학자들은 인문학자들 나름대로 자신의 학문 분야를 쉽게 서술한 대중서를 출판한다. 요즘은 〈명견만리〉 〈세바시〉 등을 비롯한 대중 강연도 인기가 많다. '과학문화'라고 하면 흔히 이런 식으로 소통되는 대중과학을 통칭한다.

그런데 과학과 인문학의 간극이 벌어진 데에는 학문이 전문화되고 어려워진 이유도 있지만, 그보다 더 큰 이유는 과학이 인문학에 대해 할 얘기가 없고, 거꾸로 인문학도 과학에 대해 할 얘기가 없다는 세간의 인식이다. 과학은 자연의 사실을 다루고, 인문학은 인간의 가치를 다룬다(고 한다).

18세기 이래 사실과 가치는 서로 공통된 것이 없다는 생각이 상식이 되었다. '~은 ~이다'라는 사실 명제를 아무리 결합해도 '~은 ~이어야 한다'는 가치 명제가 유도되지 못하기 때문이었다. 따라서 가치(윤리나 종교)의 이름으로 사실(과학)을 재단하려고 해서도 안 되고, 사실의 이름으로 가치를 말해서도 안 되는 것이었다. 우리가 접하는 대중과학 서적들은 과학이 자연의 진리를 얘기할지언정 그것은 인간이 정말 궁금해하는 삶의 의미와는 아무 관련이 없다고 하는데, 그래서 이런 책을 읽어도 두 문화의 간극이 좁혀지지 않는다.

　이 책은 과학과 대중문화의 '크로스(cross, 교차)'를 볼 수 있는 여러 사례에 대해 논하고 있다. 책에서 다루는 사례는 『프랑켄슈타인』 『1984』 『멋진 신세계』 같은 소설, 〈닥터 스트레인지러브〉 〈메트로폴리스〉 〈엑스마키나〉 〈블레이드 러너〉 같은 영화, 잡지 기사와 사진, 〈공각기동대〉 같은 애니메이션, 『소설가 구보씨의 일일』 같은 일제강점기 시대의 우리 소설, 대중 서적 『코스모스』처럼 다양하다.

　내가 이런 주제에 대해 논하면서 의도하는 바는, 과학이 우리가 접하는 문화 속에 이미 아주 긴밀하게 결합되어 있어 과학과 인문학, 사실과 가치를 나누는 것 자체가 의미가 없음을 보여주는 데 있다. 즉 우리가 과학과 대중문화의 혼종적인 결합에 조금만 주의를 기울인다면 우리는 과학이 사실만을 다루지 않고, 인문학이 가치만을 다루지 않는다는 것을 알 수 있다는 얘기다. 과학자들과 철학자들의 고상한 논의에 콧방귀를 뀌듯이, 일상의 문화 속에 사실과 가치는 이미 잡탕처럼 섞여 있다. 그래서 문화 속에서 과학과 인문학, 사실과 가치의 얽힘을 잘 읽어내는 작업은 두 문화의 간극을 좁힐 수 있는 교두보가 된다.

이 책은 서울대학교에서 강의한 '과학기술과 대중문화' 수업에 근거한 것이다. 이공계열 학생들과 인문사회계열 학생들이 함께 듣는 수업이었는데, 이 수업을 통해 과학기술을 문화와 사회적 맥락 속에서 생각할 수 있었고 과학이 우리의 삶과 더 가까운 것이 되어 좋았다는 학생들의 평가가 있었다. 이런 평가에 힘입어 그 내용의 일부를 책으로 낼 용기를 얻었다. 강의에 기초한 원고를 다듬는 과정에서 이지혜, 원주영 두 조교의 도움을 많이 받았다. 그리고 오랫동안 같이 작업하면서 책에 깊은 애정을 쏟아준 21세기북스 출판사의 장보라, 윤홍 기획자의 노고에도 감사를 드린다. 무엇보다 허구한 날 책 원고만을 붙잡고 끙끙대는 필자를 너그럽게 봐준 처와 아들 준기에게 고맙다. 독자들이 과학기술과 대중문화를 연결시켜 생각하면서 과학과 인문학 두 문화 사이의 거리를 조금이라도 좁힐 수 있다면 더 바랄 것이 없겠다.

2019년 1월

홍성욱

1부 _____

미친 과학자,
슈퍼우먼 과학자, 오만한 과학자

대중문화와
과학의

크
로
스

우리에게 각인된 과학자의 이미지는 어떤 모습인가. 통상 괴짜이거나 지독한 몰입형 인물로 그려지지만 애초 대중문화 속에서 과학자는 희한한 미치광이로 등장하기도 했다. 아무도 몰랐던 과학자의 이미지, 왜곡된 참 모습을 찾아보자.

과학자의 이미지,
미쳤거나 괴짜거나

괴물이 아닌 과학자, 프랑켄슈타인

과학자 하면 어떤 이미지가 떠오르는가. 아무래도 순하고 선하기보다는 괴팍하고 딱딱한 괴짜 연구자를 떠올리는 사람이 많을 것 같다. 실제로도 과학자는 괴팍하고 딱딱한 사람일까? 아마 그렇지 않을 것이다. 그렇지 않다면, 우리가 기존에 알고 있는 과학자의 이런 이미지는 어떻게 구축된 것이며 실제와 이미지 사이의 간극은 어느 정도인 것일까? 먼저 대중문화, 우리에게 잘 알려진 소설이나 영화에서 묘사된 과학자의 모습을 살펴보자.

　지금은 완연한 고전이 된 『프랑켄슈타인』이라는 소설이 있다. 이 작품은 영화로도 만들어져 더욱 유명해졌는데,

사실상 고전이라는 것이 익히 그렇듯 실제로 이 책을 처음부터 끝까지 읽어본 사람은 극히 드물다. 이는 대다수의 사람이 프랑켄슈타인이라는 이름을 소설에 나오는 괴물의 이름으로 오해하고 있는 것에서 확인할 수 있다. 소설 속에 등장하는 매우 사악한, 사람을 해치는 괴물이 프랑켄슈타인이라고 생각하는 사람이 꽤 많이 있는 것이다. 예컨대 언젠가 유전자 변형 식품을 옹호하는 과학자 중 한 사람이 이런 비유를 쓴 적이 있다.

"우리가 만든 유전자 변형 식품은 프랑켄슈타인이 아닙니다."

이 말은 그들이 만든 유전자 변형 식품이 괴물처럼 끔찍한 것이 아니라 건강에 나쁘지 않다는 뜻으로 쓰인 것일 텐데, 실제로 프랑켄슈타인은 그들이 생각하는 괴물 이름이 아니다. 정확히는 괴물을 만든 과학자의 이름이다. 그렇다면 괴물 이름은 무엇일까? 기억해내려고 애쓰는 사람도 있겠지만 그것은 공연한 헛수고이다. 소설 속의 괴물은 이름이 없기 때문이다. 괴물은 그냥 이름 없는 괴물이고 그 괴물을 만든 과학자가 프랑켄슈타인이다.

『프랑켄슈타인』은 영국의 여성 작가 메리 셸리Mary Shelley

가 쓴 소설이다. 18세기 영국에서 유명했던 지식인 윌리엄 고드윈William Godwin과 여성 해방론자 메리 울스턴크래프트 Mary Wollstonecraft 사이에서 태어난 메리는 퍼시 셸리Percy Shelley 라는 당시 유명했던 시인과 결혼했다. 영국의 국민 시인이라고 불리던 조지 바이런George Byron이 아버지 고드윈 쪽 먼 인척이기도 했다. 메리 셸리는 바이런과 함께 부부동반으로 놀러간 자리에서 프랑켄슈타인이라는 소설의 기본 모티프를 창안하게 되었다고 한다.

1818년 『프랑켄슈타인』이 처음 나왔을 때 메리 셸리는 자신의 실명을 쓰지 않고 익명으로 책을 출판했다. 1831년에 개정판이 나왔을 때야 그녀는 자신의 실명을 밝히고 자기가 이 소설을 어떻게 쓰게 됐는지에 대한 과정을 공개하기에 이른다. 그런데 한 가지 흥미로운 점은 1831년 개정판에 권두화라고 불리는 그림 한 장이 책 서두에 들어가 있다는 사실이다. 다른 권두화가 그렇듯이, 이 권두화 역시 소설에 대해 상당히 많은 이야기를 해주고 있다.

새로운 시대의 '프로메테우스'로서의 과학자

권두화 오른편에 놀란 표정으로 문을 열고 도망가는 인물

『프랑켄슈타인』 1831년 판의 권두화.

이 주인공 프랑켄슈타인 박사이다. 그리고 왼쪽에 나동그라져 있는 존재가 바로 프랑켄슈타인이 만든 괴이한 피조물이다. 이 피조물은 2미터를 훌쩍 넘는 거대한 크기에 손이나 발에는 뼈가 거의 그대로 드러나 있으며, 얼굴은 자기 자신의 모습을 보고 놀란 듯한 표정으로 심하게 일그러져 있다. 그리고 그 옆으로 프랑켄슈타인이 피조물을 만들 때 참고했을 법한 책과 해골 등이 나뒹굴고 있고, 벽에는 점성술과 관련된 도표 같은 것들이 붙어 있다. 오른편 책장에도 꽤 많은 책들이 꽂혀 있으며, 뒤에는 화학, 전기 실험을 위한 기구들이 보인다.

사실상 소설에서는 프랑켄슈타인 박사가 이 피조물을 어떻게 만들었는지에 대해 상세히 밝히고 있지 않은데, 오히려 이 권두화가 그 과정에 대한 암시를 하고 있는 셈이다. 그리고 이 그림에서 알 수 있는 중요한 사실은 무엇보다 프랑켄슈타인 박사가 자신이 만든 피조물을 내팽개치듯 놓아두고 달아나고 있다는 것이다. 이로써 앞으로 펼쳐질 이야기를 대략 짐작할 수 있다.

『프랑켄슈타인』의 원제는 '프랑켄슈타인, 또는 근대의 프로메테우스Frankenstein, or The Modern Prometheus'로, 프랑켄슈타인이 그 시대의 프로메테우스라는 뜻을 담고 있다. 프로메테우스 신화는 우리에게 잘 알려진 이야기로, 여기서 프로메테우스는 인간에게 지식과 불을 가져다주는 등 제우스가 하지 말라는 일을 함으로써 바위에 묶여 매일 독수리에게 간을 쪼아 먹히는 형벌을 받는 인물로 나온다. 그런데 간을 한 번 쪼아 먹히면 죽어야 할 텐데 그다음 날이 되면 다시 간이 돋아나 다시 또 독수리에게 쪼아 먹히는 형벌을 끊임없이 받았던 것이다. 로마 신화에서는 이 프로메테우스가 사람을 만든 신으로 등장하기도 한다. 즉 프로메테우스는 인간에게 지식과 불을 가져다줬을 뿐만 아니라 진흙과 물로 사람 자체를 만들었던 인류의 은인이었다는 것이다.

『프랑켄슈타인』이 출간된 시점에 많은 이들이 프로메테우스의 신화를 다시 이야기하고 있었다. 예컨대 미국의 정치인이자 과학자인 벤저민 프랭클린Benjamin Franklin 또한 '모던 프로메테우스'라는 평을 받기도 했다. 벤저민 프랭클린은 자체 제작한 연으로 번개를 병에 담아 이것이 전기라는 것을 입증하는 데 성공한 인물이다. 그전까지는 자연에 존재하는 번개의 힘을 통제한다는 것이 불가능했는데, 프랭클린은 하늘에 얇은 쇠줄로 된 연을 날려서 그 연줄을 통해 전기를 끌어 당겨서 일종의 축전지인 라이덴 병leyden jar에 담았다. 이 발견은 현대 피뢰침으로 이어졌는데, 독일의 철학자 칸트는 이 실험을 한 프랭클린을 '모던 프로메테우스'라고 평했던 것이다. 그의 과학이 사람들이 불가능하다고 생각했던 벽을 넘었다는 의미였다.

당시 퍼시 셸리와 바이런 등 메리 셸리의 주변 인물들 또한 모두 프로메테우스 신화에 깊은 관심을 갖고 프로메테우스에 대한 시나 에세이 등의 작품을 남겼다. 메리 셸리는 이런 영향 속에서 소설을 썼고, 그 결과 프랑켄슈타인과 프로메테우스를 어렵지 않게 연결시켰던 것이라고 볼 수 있다. 실제로 소설 속 프랑켄슈타인 박사는 신화 속 프로메테우스처럼 자기의 행동 때문에 엄청난 고생을 하게 된다. 또한 박사의 주변 사람들도 해를 입는다.

프랑켄슈타인 박사는 기존에 불가능하다고 생각했던 영역을 넘어 금기에 도전함으로써 괴로움을 당했는데, 이는 프로메테우스 이미지와 매우 흡사했다고 볼 수 있다. 새로운 지식을 발견한 대가로 고통을 당하는 프로메테우스와 프랑켄슈타인의 이미지는 이후 과학자의 전형적인 이미지 중 하나가 되었다.

소설의 모티프가 된 첨단과학

앞서 말했듯 소설 『프랑켄슈타인』은 메리 셸리가 여러 사람과 함께 어울리던 중에 그 핵심 아이디어를 착안한 작품이다. 1816년 여름, 셸리 부부와 바이런 부부 그리고 바이런의 주치의까지 다섯 사람은 빈에 있는 호숫가 별장에서 휴양하면서 이런 저런 놀이를 즐겼는데, 어느 날 밤 서로 무서운 이야기를 하나씩 지어내는 게임을 하게 된다. 이들은 시체에 생명을 넣어 죽은 사람을 되살리는 스토리를 지어내고 이것을 당시 화제가 되던 갈바니즘galvanism(동물의 몸에서 발생하는 전기를 연구하던 과학 분야)과 연관시키기도 했다. 메리 셸리도 당시 갈바니전기 현상에 대한 강연에 심취해 있던 중이었다.

메리 셸리는 게임을 하던 자리에서는 이야기를 잘 못 지어내고 이런저런 고민을 하다가 잠이 들었다. 그런데 꿈에 "창백한 젊은이가 그가 만든 피조물 옆에서 무릎을 꿇고 있는" 이미지가 나타났고, 이를 토대로 자신의 창조물 앞에서 두려움과 경외심 등 매우 복잡한 감정을 느끼는 주인공을 등장시키는 소설을 쓰기 시작했다. 이 소설이 그녀의 역작이 된 『프랑켄슈타인』이었다.

메리 셸리는 당시 과학자들이 많이 하던 실험에서 소설의 아이디어 하나를 빌려왔다. 앞서 언급한 이탈리아의 과학자 루이지 갈바니Luigi Galvani의 죽은 개구리 다리 실험이 그것이다. 갈바니는 죽은 개구리 다리를 잘라 전극을 이었을 때 그 다리가 마치 살아 있는 것처럼 꿈틀대고 펄쩍 뛰기도 하는 것을 발견했고, 이로부터 생명체를 유지하게 하는 것은 전기라는 생각을 하게 되었다. 잘 보이지 않고 드러나지 않을 뿐 생명체의 몸에는 전기가 흐르고 있는데, 죽어서 전기가 다 빠진 상태의 개구리 다리에 전기를 공급해주니까 다시 움직인다는 것이 그가 실험을 해석한 방식이었다.

갈바니의 인척이었던 조반니 알디니Giovanni Aldini는 갈바니의 실험을 더 확장해서 사람의 인체를 가지고 실험을 했다. 교수형당한 죄수들의 시체를 구해서 그 죽은 몸에 전기를 흘려줘서 어떻게 되는지를 살핀 것인데, 실제로 그는 잘린 머리에 전기를 흘려줬을 때 머리가 마치 살아 있는 것처럼 움직였고, 또 목이 잘린 시체에 전류를 흘려줬더니 그것이 꿈틀거리며 거의 일어서려고 했다고 보고했다. 그래서 당시 유럽에서는 이런 실험들이 보고되면서 사체에 전기를 흘려주면 그것이 살아 있는 것처럼 움직인다거나, 심지어 거기서 더 나아가 이것을 잘 이용하면 우리가 죽은 존재를 다시 살릴 수 있을지도 모른다거나, 혹은 아예 죽어 있는 것들로부터 새로운 생명체를 만들 수 있을지도 모른다는 생각이 널리 퍼지게 되었다. 이러한 생각은 당시 과학자들의 실험과 이론으로 어느 정도는 뒷받침이 됐던 것이었다.

영국의 의사 제임스 린드James Lind는 이탈리아에 가서 이런 실험들을 보고 배워와 런던에서 강연을 했는데, 그가 강연을 하던 강연장은 항상 청중으로 가득했다. 린드 박사의 강연에 열심히 참여했던 사람 중 한 명이 바로 메리 셸리였다. 그러니까 메리 셸리는 죽어 있는 송장 등으로 살아 있는 존재를 만드는, 그 당시에 어떤 의미로 보면 열풍처럼 불었던 '첨단과학'으로부터 소설의 중요한 아이디어를 얻었던 것이다. 아무튼 당시 사람들은 이런 실험들이 계속 이루어지면 관 속에 누워 있는 시체도 다시 살려낼 수 있다는 생각들을 했던 듯하다. 19세기 전반에 그려진 다음의 삽화만 봐도 그런 생각들이 널리 유포되었음을 알 수 있다.

그런데 죽은 사람이 다시 살아나서 세상을 활보한다는 것, 또는 새로운 생명체를 만든다는 것에는 두 가지 느낌이 공존한다. 하나는 경이로움이다. 죽은 존재에 새 생명을 불어넣는 일은 매우 신기하고 놀라운 일, 환영할 만한 기적이라는 것이다. 반면 여기에는 해서는 안 되는 일을 할 때 느끼는 섬찟하고 두려운 이미지도 있다. 신의 영역에 도전한다는, 금기의 벽을 넘는다는 두려움이다. 소설에서는

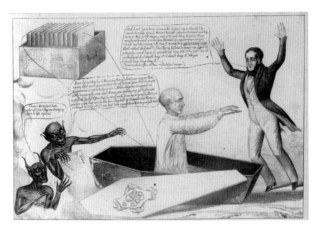

갈바니의 실험 장면을 그린 이 삽화(1836년)는 당시 과학자에 대해서 얼마나 높이 평가했고 또 경이로움을 느꼈는지를 묘사한다.

이와 같은 두 가지 극단적인 감정이 교차하면서 스토리가 클라이맥스로 치닫는다.

극도의 자부심이 참극이 되기까지

『프랑켄슈타인』 소설 속 몇 구절을 보면서 이 작품에서 묘사한 과학자에 대해 한번 생각해보자. 프랑켄슈타인 박사는 자신이 연구를 하면서 과학자에 대해서 얼마나 높이 평가하고 또 경이로운 느낌을 가졌는지를 이렇게 토로한다. 여기서 철학자는 당시의 과학자를 지칭한다.

먼지를 가지고 장난을 치거나 현미경이나 도가니를 주시할 줄만 아는 이 철학자들은 실로 기적을 행했다. 이들은 자연의 후미진 구석을 관통하며, 자연이 그 은신처에서 어떻게 작동하는지를 보여주었다. 이들은 하늘로 올라갔고, 피가 어떻게 순환하는지 발견했으며, 우리가 숨 쉬는 공기의 본질을 찾아냈다. 그들은 새롭고 거의 무한한 능력을 획득했다. 이들은 천둥을 명령하고 지진을 흉내 내며 그림자에 가려져 보이지 않는 세계를 조롱한다.[1]

이어서 자신은 어렸을 때부터 미신을 무서워한 적이 없다는 이야기를 한다. 자신은 일찌감치 합리적이고 과학적인 마인드를 지녔던 사람이었다는 것이다. 프랑켄슈타인 박사는 자신의 연구가 성공을 거두기 위해서는 생명이 죽은 뒤에 어떤 일이 일어나는가를 이해해야 함을 깨닫고 부패에 대한 탐사를 시작했는데, 이를 위해 시체들을 만지고 해부하는 일에 아무런 거리낌이 없었다고도 한다.

바야흐로 생명의 비밀을 거의 밝힌 상태에 도달한 그는 자신의 낙관적인 감상을 드러낸다.

내게 주어진 재료들은 이런 힘든 작업을 수행하기에는 전혀 적절해 보이지 않았다. 그러나 나는 내가 궁극적으로 성공하리라는 것을 추호도 의심하지 않았다. 나는 실패에 미리 대비를 했다. 내 시술은 끊임없이 어려움을 겪을 것이었고, 내 작업은 불완전할 것이었다. 그렇지만 과학과 기계학 분야에서 일어나는 발전을 생각할 때, 내 현재의 시도들이 미래의 성공을 위한 초석이 될 것이라고 낙관할 수 있었다. (…) 이러한 느낌을 가지고 나는 새로운 인간의 창조 작업을 시작했다.

연구 자체가 결코 쉬운 일이 아니었음에도 엄청난 열의를 갖고 실험을 지속한 프랑켄슈타인 박사는 드디어 성공을 거두어 인간과 닮은 생명체를 만들어낸다. 신이 자신을 닮은 인간을 만들었듯이 자기도 자신을 닮은 새로운 생명체를 만든 것이다. 그래서 앞으로 번식할 새로운 종의 아버지로서의 자부심을 이렇게 표현한다.

첫 성공의 환희 속에서 마치 폭풍우처럼 나를 몰아친 다양한 감정은 누구도 짐작할 수 없을 것이다. (…) 새로운 생명체가 나를 창조자로, 그들의 원천으로 축복할 것이었다. 행복하고 우수한 수많은 생명체들이 나로 인해 존재하게 될 것이다. 나만큼 후손들에게 완벽하게 감사받을 자격이 있는 아버지는 지금까지 없었을 것이다.

이제 그는 죽은 사람까지 다시 살려낼 수 있을지도 모르겠다는 자신감을 보인다. 이런 감정은 불가능하다고 알려졌던 것을 결국 이루어냈을 때의 벅찬 성취감이었다.

그런데 연구 자체는 성공적이었지만, 그 결과는 결코 그가 바라던 것이 아니었다. 아니, 참담했다. 박사 나름대로는 인간의 멋진 부분들을 조합해 만든 창조물이 결과적으로 대단히 괴기한 형상으로 등장한 것이다.

윤기가 흐르는 검은 머리칼은 아래로 흘러내렸고 이빨은 마치 진주처럼 흰 색이었다. 그러나 이런 화려함은 눈이 들어앉은 희끄무레한 눈두덩과 색깔이 거의 비슷한 번들번들한 두 눈, 쭈글쭈글한 얼굴 피부, 그리고 일자로 다문 까만 입술과 대조를 이루어 더욱 섬뜩하기만 했다. (…) 모든 것이 끝난 지금, 아름다운 꿈은 사라지고 숨 막히는 공포와 역겨움만이 내 마음을 가득 채웠다.

결국 프랑켄슈타인 박사는 자신의 피조물을 버리고 도망간다. 그리고 괴물은 혼자 돌아다니다 한 시골 농가에 들어가 숨어 지내면서 사람들이 사는 방법과 말을 배운 후 자신을 창조한 아버지 프랑켄슈타인을 찾아 나선다. 박사와 괴물은 눈이 덮인 산에서 한 번 조우하게 되는데, 그때 괴물은 박사에게 묻는다. 왜 자신을 만들었고 그리고 왜 버렸느냐고.

이후 실수로 프랑켄슈타인 박사의 어린 동생을 죽인 괴물이 박사에게 짝을 만들어달라는 요청을 한다. 그러면 더 이상 누구도 해치지 않고 세상 사람이 모르는 오지에 가서 자신과 배우자가 행복하게 살겠다는 것이다. 박사는 처음에 그 요청을 수락한다. 인간 세상에서 어울리지 못하고 사람을 해치면서 사는 것보다 아무도 찾지 못하는 곳에 가서 살면 그것도 괜찮겠다고 생각한 것이다.

그래서 괴물의 짝을 만들어주겠다고 약속했는데, 이후 자신의 판단이 잘못됐다고 생각하고 이 약속을 번복한다. 짝을 만들어주면 괴물의 자손이 번식을 해서 하나의 부족이 생겨날 테고 그렇게 되면 인간 사회에 더 큰 위협이 될 것이라는 생각을 하게 된 것이다.

그래서 박사는 괴물의 요청을 거절하고, 이에 화가 난 괴물은 급기야 박사의 친구와 이제 막 결혼한 박사의 신부를 또 죽이고 도망간다. 박사는 괴물을 쫓아가고, 결국 얼음으로 뒤덮인 북극에서 둘이 같이 죽는 것으로 소설의 마지막이 장식된다.

과학의 정점에서 인간의 책임감을 묻다

『프랑켄슈타인』 소설이 우리에게 던지는 메시지는 무엇이라고 할 수 있을까?

인간이 다른 존재에게 생명을 불어넣을 수 있다는 가능성은 새로운 과학이 가진 희망과 두려움을 동시에 보여준다고 하겠는데, 프로메테우스가 신의 영역이었던 불을 인간과 공유한 것처럼 프랑켄슈타인 역시 일종의 금기에 도전하며 인간이 접근할 수 없었던 지식을 얻으려는 갈망을 가진 인물이었다. 그런데 그렇게 얻은 지식이 책임감 있게 사용되지 못하고 통제가 안 되었다는 것이 이 작품이 전하는 중요한 메시지라 할 수 있다. 자신의 피조물을 버리고 도망간다든지, 짝을 만들어달라는 요청을 승낙했다가는 다시 파기하는 등 지식(과학)을 만들어낸 사람이 그 결과에 대해 온전히 책임지지 못하고 우유부단하며 책임 회피에 급급해 자신과 주변을 파멸시키기에 이른 것이다.

물론 이것은 『프랑켄슈타인』을 읽는 한 가지 방법일 뿐이다. 고전이라 할 만한 작품의 독법에는 여러 해석이 있을 수 있다. 일부 학자는 이 소설을 자본주의 비판의 관점에서 이야기하기도 하고, 또 다른 학자는 이 소설을 가부장제에 대한 도전으로 읽기도 한다. 메리 셸리의 어머니 메리 울스턴크래프트가 당시 매우 유명했던 여성해방론자였다는 점도 이런 해석에 설득력을 부여한다.

하지만 과학과 사회를 연구하는 나로서는 소설 속 여러 모티프라든지 주인공의 직업 등으로 생각해볼 때 당시 산업혁명 이후 빠르게 발전하기 시작했지만 누구도 그 방향이나 속도를 통제하지 못했던 과학기술과 관련해서 인간 스스로의 책임감을 질문하는 것에 이 작품의 무게가 실려 있다는 해석을 선호한다.

결국 『프랑켄슈타인』에서 보여준 과학자의 이미지는 긍정적이기보다는 부정적인 면모가 우세하다고 볼 수 있다. 흥미롭게도 21세기 초에 현대 대중문화 속에 드러나는 과학자의 이미지를 연구한 로잘린 헤인즈Rosalynn Haynes의 연구결과에서도 이러한 부정적 이미지의 우세를 알 수 있다. 이에 따르면 과학자는 소설이나 영화에서 대개 7가지 정도의 정형화된 모습으로 등장하는데, 그 첫 번째가 아주 사악한 연금술사 evil alchemist이다. 그리고 두 번째가 영웅의 이미지 hero, 세 번째가 어리석은 과학자의 이미지 foolish scientist이며, 네 번째가 비인간적인 연구자 inhuman researcher, 다섯 번째가 모험가 scientist as adventurer, 여섯 번째가 미친, 나쁜, 위험한 과학자 mad, bad, dangerous scientist, 일곱 번째가 무기력한 과학자 helpless scientist이다.[2]

일부는 좋은 이미지이고 나머지는 나쁜 이미지인데, 과학소설을 분석한 뒤 헤인즈는 자신이 분석한 소설의 60퍼센트 정도에서 과학연구의 결과가 사회에 부정적인 영향을 미치는 것으로 기술되었음을 보여준다. 사람들은 과학에 대해 긍정적으로 생각하지만, 소설 속의 과학은 다르다는 것이다. 그리고 그 부정적인 연구들은 다음처럼 하나의 패턴을 보인다.

과학자들이 연구를 한다. → 혁신적 결과를 내놓는다. → 그 혁신적 결과가 과학자의 통제 범위를 벗어나 사회에 해악을 미친다. → 궁극적으로 연구 결과는 연구자 자신에게 복수의 칼이 되어 되돌아온다.

이 패턴은 『프랑켄슈타인』의 스토리와 정확히 일치한다. 독자들이 영화나 소설에서 과학기술의 연구 결과가 사회에 나쁜 영향을 미치고 그것이 결국 연구자 자신도 파멸시킨다는 플롯을 보게 된다면 그것 또한 『프랑켄슈타인』의 변용이라고 생각하면 된다. 『프랑켄슈타인』이 2018년 출간 200주년을 맞은 시점에서도 고전 중의 고전으로 평가받는 것이 바로 이러한 이유에서이다.

참으로 기이한 과학자, 닥터 스트레인지러브

20세기 중반 이후가 되면 매우 이성적이고 철저하게 합리적이지만 정상이라고 보기 힘든 과학자의 이미지가 등장하는데, 그 전형을 보여준 것이 스탠리 큐브릭Stanley Kubrick 감독의 1964년 작 흑백영화 〈닥터 스트레인지러브〉이다. 이 영화에서는 피터 셀러스Peter Sellers라는 배우가 스트레인지러브 박사와 당시의 미국 대통령 머킨 머플리, 그리고 맨드레이크 소령 역할까지 무려 1인 3역을 담당했다. 대략의 영화 스토리는 이렇다.

　미국 공군 기지의 장성 잭 리퍼 장군은 공산주의의 음모에 대한 과대망상에 사로잡혀, 자신의 843 폭격부대에 소련에 핵무기를 투하하라는 명령을 내려서 B-52 폭격기들을 소련으로 출격시킨다. 이 소식을 들은 미국 대통령 머킨 머플리는 벅 터지슨 장군 등과 함께 폭격기를 다시 불러오는 문제에 대한 참모회의를 열고, 그 와중에 드 사드스키 소련 대사를 통해 소련이 둠스데이 머신Doomsday Machine(적이 핵공격을 하면 자동으로 엄청난 핵무기를 발사하거나 폭발시키는 장치)을 만들어서 핵공격을 받는 즉시 대부분의 인류가 절멸할 정도의 방사능으로 전 세계를 오염시키게 되어 있음을 알게 된다.

　대통령은 소련 드미트리 서기장에게 핵보복을 하지 말라고 요청하면서 소련이 자신을 믿을 수 있도록 공격중인 폭격기를 격추할 수 있는 정보를 넘겨준다. 이 회의에서 핵전략 과학자인 스트레인지러브 박사는 둠스데이 머신이 어떻게 기능하고 어떤 의미를 가지는지를 설명한다.

　한편 폭격기를 출격시킨 리퍼 장군은 해제코드를 알려주지 않은 채로 자살하지만, 리퍼 장군과 같이 있던 맨드레이크 소령이 해제코드를 찾게 되고, 그 결과 대부분의 폭격기는 회항하기 시작한다. 그러나 미사일 공격을 맞고도 살아남은 B-52 폭격기 한 대는 무전기인 CRM-114가 고장나서 해제코드가 작동하지 않은 채로 계속 목표를 향해 가고, 이 폭격기의 기장은 자신이 핵무기에 올라탄 채로 소련에 핵을 투하한다. 지구의 대부분의 인간이 절멸하는 순간이 된 것이다.

그 직전 미국의 참모회의에서는 스트레인지러브 박사가 핵전쟁 이후의 세계에서 살아남을 방법을 설파한다. 이미 지하 깊숙한 곳에 보호구역을 만들어놓았으니, 선정된 소수의 사람들만 그곳으로 들어간다는 전략이었다. 영화는 휠체어에 앉아 있던 스트레인지러브 박사가 벌떡 일어나고, '우리 다시 만나요 We'll Meet Again'라는 노래와 함께 대량의 핵폭발 장면을 보여주는 것으로 끝이 난다.

나는 이 영화를 과학과 사회를 가르치는 수업에서 자주 보여주고 이에 대해 토론하게끔 한다. 미국의 한 교수는 이런 얘기를 했다. "이 영화는 전쟁, 정치, 역사에 대한 교훈을 제공해주며, 개론적인 국제관계, 외교정책, 방위정책, 전쟁의 원인, 조직 정치학, 그리고 냉전의 역사에 관한 수업에서 충분한 도우미 역할을 할 수 있다."

내게 이 영화에 대한 평을 하라고 한다면 나는 이렇게 말하겠다. 이것은 냉전과 핵전쟁에 대한 이야기를 뛰어넘어 기술과 인간의 본성의 관계에 대한 깊은 통찰을 제공하는 영화라고 말이다.

인류 절멸의 위기, 핵전쟁

미국은 2차 세계대전 후 경제가 빠르게 발전해서 이 영화가 만들어진 1960년대 초반이 되면 심지어 자본주의의 모순이 어느 정도 완화됐다고 평가받는 상황에 이르렀다. 민주주의도 발전하고, 경제 발전의 혜택이 사회 구성원에게 고루 분포되었다고 여겨졌던 것이다. 다만 소련과의 냉전 대립이 계속 가속화되고 있다는 문제가 있었다. 미국의 지도자들과 시민들은 공산주의 세력이 미국 사회에 침투해 들어오고 세계 평화를 위협한다고 생각해서 그에 대한 대응책으로 핵무기를 지속적으로 개발하는 일이 필요하다고 확신했다.

미국과 소련의 핵무기 경쟁이 절정에 이르렀을 때에는 미국과 소련이 각기 4만 5000기 정도씩의 핵무기를 가지고 있었다. 물론 현재는 많이 줄어서 각기 1만 7000~8000 기 정도씩을 갖고 있다고 한다. 이것도 어마어마한 숫자인데, 4만 5000기라니!

미국은 소련이 악의 근원이라고 생각했다. 그런데 문제는 소련이 정말 미국의 시선처럼 그렇게 악으로 똘똘 뭉친 존재였느냐 하는 것이다. 물론 미국의 정치인들과 미국인들은 그렇게 강력히 믿었지만 반대로 소련에서는 미국을 상대로 똑같은 생각을 했다는 점을 주목하지 않으면 안 된다. 이렇듯 서로가 서로를 철저히 불신하는 상황이 지속된 시기가 1960년대였다. 그래서 '쿠바 미사일 위기'처럼 거의 핵전쟁 일보직전까지 갔던 세계사적 위기가 실제로 1960년대 초에 일어나기도 했다.

미국에서는 이 시기에 국가적인 대응과 별도로 일반 시민들이 주도적으로 핵폭탄에 대응하는 방법을 모색하기도 했다. 대중잡지인 《라이프》 같은 잡지에서는 방사능 피폭에 대비한 특집 기사들을 계속 게재했다. 각 가정마다 일종의 피난처를 만드는 게 유행이었는데, 시민들은 이곳에 비상식량을 비축해두고 화장실 시설까지 갖춰두는 등 전쟁이 일어나면 방사능이 어느 정도 없어질 때까지 살 수 있도록 만반의 준비를 하기도 했다.

지금 생각하면 대단히 섬뜩한 상황이 아닐 수 없는데, 사실상 당시 정치인들이 이런 공포를 부추겼다고도 할 수 있다. 예컨대 헨리 키신저Henry Kissinger는 1957년에 쓴 자신의 저서 『핵무기와 국제정치Nuclear weapon and foreign policy』에서 제한적인 핵전쟁은 당연히 치러질 수 있으니 미국은 여기에 대비해야 한다고 이야기했다. 이런 주장의 절정이 1962년 발간된 『열핵전쟁On thermonuclear war』이라는 핵 전략가 허만 칸Herman Kahn의 책이다.

허만 칸은 미국의 핵전략을 중점적으로 연구했던 랜드연구소의 핵심전략가로서, 그는 이 책에서 미국과 소련 간 핵전쟁에 대한 여러 시나리오를 만들어서 분석했다. 그의 분석에 따르면 미국과 소련 간 전면 핵전쟁이 발발할 경우에 미국은 약 6000만 명의 사망자를 내지만 전쟁에서 승리한 뒤에 빠르게 사회를 재건할 수 있었다. 그는 핵전쟁도 다른 전쟁과 마찬가지로 그저 전쟁일 뿐이고, 따라서 소련이 참기 힘든 도발을 할 경우에는 미국이 전쟁에 돌입해야 한다고 주장했다. 핵 전략을 잘 짜서 전쟁할 경우에 소련은 거의 궤멸할 정도의 피해를 보지만, 미국은 불과(!) 6000

만 명만이 사망할 뿐이기 때문이다.[3] 그러니까 허만 칸의 주장의 요지는 핵전쟁을 해서는 안 된다는 생각을 버려야 한다는 것이었다. 핵전쟁도 할 만한 전쟁이라고 주장한 허만 칸의 책은 미국 최고의 학술 출판사인 프린스턴대학교 출판부에서 출판되었다.

"적에게 공포심을 안겨주는 예술"

한번 생각해보자. 대한민국 인구가 대략 5000만 명인데, 영향력이 상당한 사람이 북한과의 전쟁 시 2000만 명 정도가 죽지만 그럼에도 불구하고 이 전쟁은 할 만한 전쟁이라고 한다면 어떨 것 같은가. 아마 우리는 이런 사람을 미친 사람 취급할 것이다.

헨리 키신저나 허만 칸은 소련이 참기 힘든 도발을 한다면 소련이 핵을 발사하지 않은 경우에도 미국이 핵무기를 가지고 선제공격을 하자고도 했다. 과연 이들은 제정신으로 이런 얘기를 한 것일까? 물론 미국이 심각하게 이런 전략을 고려했을 수도 있다. 그렇지만 조금 다르게 생각하면 이들의 얘기 자체가 일종의 전략이었다고도 볼 수 있다. 우린 이 정도로 미친 상태이니 건드리지 말라는 메시지를 던지는 것으로 볼 수 있다는 뜻이다.

당시에 아인슈타인이라든지 버트런드 러셀 같은 지성인과 과학자들은 모두 한 목소리로 핵전쟁을 반대했다. 핵전쟁을 하면 인류가 함께 절멸하기에 전쟁을 한다는 생각 자체를 하지 말고 군비 감축에 들어가야 한다고 호소했다. 하지만 권위를 가진 전략가들은 과학자들의 만류를 소련이라는 나라를 전혀 이해 못하는 철부지 아이들의 칭얼거림으로 취급하고 핵무기를 늘리는 쪽으로 방향을 잡았다. 당시 핵전략 중 하나로 상호확증파괴전략MAD, Mutually Assured Destruction이라는 것이 있었다. 이 전략은 쉽게 말해 끝장을 보자는 것이으니, 전략의 이름도 그에 걸맞은 '매드'였다.

그런데 문제가 하나 있었다. 미국이나 소련 양쪽 다 핵전쟁이 시작되면 서로 거의 괴멸할 것을 분명히 아는 상황이었다. 핵무기 저장고를 선제공격한다고 해도 상대에게는 적어도 수천 발의 핵무기가 남아서, 이 공격을 고스란히 받게 될 것이었기 때문이다. 이런 상황에서 정말 미치지 않고는 전쟁을 시작한다는 것은 생각하기 힘든 일이다. 그런데 적이 내가 핵전쟁을 감행하지 않을 것이라고 생각하는 상황에서 어떻게 내가 적을 위협할 수 있을까?

당시에는 이러한 상황을 미국의 젊은이들 사이에서 유행했던 치킨게임에 비유했다. 치킨게임이란 멀리 떨어져 있는 두 자동차가 좁은 길에서 서로 달려오다 먼저 핸들을 돌려 돌진하는 차를 피하는 사람이 지는 게임이다. 즉 끝까지 가는 사람이 이기는 게임이다. 무서워 핸들을 돌리면 겁쟁이라고 해서 치킨게임이라는 이름이 붙었다. 그런데 당시 미국과 소련의 핵경쟁이 이 비슷한 상황이었던 것이다.

치킨게임을 할 때는 안전벨트도 하지 않은 상태에서 시속 100킬로미터로 달려와서 부딪치기에, 실제 충돌이 일어나면 양쪽 모두 살아남을 방법이 없다. 죽기를 원하지 않는다면 부딪힐 리가 없는 것이다. 결국, 나는 상대가 언젠가 핸들을 돌릴 것임을 알고 있고, 상대도 그렇다. 이런 상황에서 필승의 방법이 있는가? 하나 있기는 하다. 바로 시동 걸고 출발 준비를 할 때 한쪽에서 핸들을 뽑아 보란 듯이 창밖으로 던진 후 출발하는 것이다. 그러면 핸들을 돌릴 수 없는 상대를 보고 맞은편 차는 살기 위해 자신이 핸들을 돌릴 수밖에 없게 된다.

그 비슷한 상황이 〈닥터 스트레인지러브〉에서 묘사된다. 영화 중반 이후에나 등장하는 스트레인지러브 박사가 공포감을 심어주는 것이야말로 핵전쟁을 억제하는 전략이라는 이야기를 하는 장면이 있다.

"전쟁억제력이란 적에게 공포심을 안겨주는 예술이다."

핵전쟁 전략이 매우 복잡하고 전문적인 것 같지만 결국 그 본질은 치킨게임의 전략이었던 것이다.

인류의 파멸을 가져오는 미친 과학

〈닥터 스트레인지러브〉는 사실과 허구를 적절하게 섞어서 긴장감을 높인다. 영화에서 핵무기 발사 버튼을 누르는 결정을 여러 지휘관들에게 분산시키는 R작전이 등장하는데, 이는 미국에서 실제로 있었던 작전이다. 원래 미국의 핵무기를 발사할 수 있는 권한은 미국 대통령에게만 있었는데 이것을 각 부대의 최고지휘관에게 분산시킴으로써 혹시라도 대통령 유고시나 대통령 명령이 없을 때라도 각 부대 최고지휘관들이 공격 시점을 판단해서 공격 버튼을 누를 수 있도록 한 것이다. 소련이 보기에 매우 비정상적인 상황을 만든 것이다. 그러니까 설사 대통령이 원하지 않더라도 군대 지휘관 중 한 사람만 마음을 먹으면 핵전쟁이 일어날 수 있다는 메시지를 던짐으로써 상대를 위협하는 것이다.

이러한 핵억제$^{nuclear\ deterrence}$는 원리대로는 잘 작동했다. 핵무기 발사 결정이 분산되고 핵전쟁 불확실성이 증가하면서 어느 쪽도 쉽게 도발하기 어려운 상황이 만들어졌던 것이다. 그런데 예상치 못한 문제가 복병처럼 등장하게 된다. 영화에서는 장군 하나가 정신 이상을 일으켜 핵 출격 명령을 내리고 자살함으로써 폭격기를 돌릴 수 없는 상황이 되어버린다. 이로써 지구에 사는 거의 모든 인간이 절멸해버리는 비극적 상황에 직면하는 것이다.

R작전의 특성상 일단 공격 명령이 떨어지면 비행기 기내에 단파 송수신 SSB 라디오는 CRM-114라고 불리는 특수 장치로 변환되고, 이 장치는 적의 교란작전을 피하기 위해 세 문자로 된 암호가 없으면 모든 통신을 자동으로 차단한다. 암호를 모르면 예컨대 출격 명령을 내린 상태에서 다시 돌아오라는 명령을 내릴 수가 없다. 이것은 내가 치킨게임에서 핸들을 뽑아서 던지는 미친 사람이라는 메시지를 던지는 것이다. 그런데 실제로 미국의 핵폭격기에 이 비슷한 장치가 장착되었다.

영화에서는 고민하던 미국 대통령이 소련 서기장에게 전화를 걸어 모든 비행기를 다 격추시킬 것을 허락하는데,

영화 〈닥터 스트레인지러브〉의 한 장면.

다행히 출격 명령 해제 코드를 발견해서 대부분의 비행기들을 다시 미국으로 불러들인다. 그런데 킹콩이라는 기장이 조종하던 비행기 한 대가 통신 장비가 파손된 채로 소련 상공으로 날아가게 된 것이다. 그러자 곧 비행기에서 원자폭탄이 떨어진다는 상황을 알게 된 소련은 미국에게 둠스데이 머신의 실체를 고백한다. 이제 모두 다 죽는 상황만이 남은 것이다.

소련의 최후 병기 둠스데이 머신은 원자폭탄이 터지면

자동으로 작동되도록 만들어놓은 것이다. 그래서 왜 그런 자동화 기능을 만들었는지를 묻는 대통령에게 스트레인지러브 박사는 대답한다. 취소할 수 없는 게 둠스데이 머신의 가장 중요한 기능이고 역할인 바, 적이 핵미사일 한 개를 발사했는데 우리는 핵미사일 1만 개를 발사한다는 결정은 인간이 내리기에는 너무나 끔찍한 결정이어서 이를 자동화했다는 것이다. 아무튼 이 기계의 가장 중요한 특성은 인간이 기계의 결정을 되돌릴 수 없다는 데 있다. 영화에서는 이렇게 상대를 위협하기 위해 만들어놓은 장치들이 서로 간에 상승작용을 이루면서 인류를 파멸로 몰고 간다.

어른의 몸에 아이의 머리를 갖는다는 것

그렇다면 이런 상황에서 어떻게 해야 하는가? 미국 대통령의 걱정에 스트레인지러브 박사는 대비책을 말한다. 이미 소수의 선택된 사람들이 살아갈 수 있는 지하벙커 시설을 만들어놓았다는 것인데, 여기에는 대통령 이하 고위급 인간들이 1순위로 들어갈 것이고, 그다음에 자손 번식을 위해 특별히 선별된 매력적인 여성들이 들어올 것이라는 설명이다. 인류의 원활한 번식을 위해 남성 대 여성의 비는 1 대

10으로 맞춰졌다고 한다. 결국 미국 전략회의는 그 벙커에 누가 들어갈 것이냐를 어떻게 결정하는가를 논의하는 것으로 끝이 난다.

그런데 영화에서 납득하기 힘든 장면들이 있다. 예를 들자면 정신 이상을 일으켜서 출격 명령을 내린 잭 리퍼 장군과 그의 행동을 저지하려는 맨드레이크 소령의 대화가 그렇다. 맨드레이크 소령은 2차 세계대전 때 일본군의 포로로 잡힌 적이 있었는데 철길에 눕혀져 지나가는 기차에 다리 하나를 잘리는 고문을 당한다. 그때 자신을 고문하던 일본군이 마치 어린아이들이 장난하듯 낄낄거리고 웃으면서 고문을 즐기더라는 회고를 하면서, "그런데 그런 사람들이 카메라는 참 잘 만든다"는 얘기를 한다. 대체 이게 무슨 말인가. 별 이유 없이 동양인을 비하하려는 의도인가?

사람이 핵폭탄을 만들기 위해서는 우라늄235나 플루토늄이라는 원소를 완전히 이해하고 통제해야 하며, 이를 위해서는 20세기 이후 현대 과학의 거의 모든 첨단지식을 다 활용해야만 한다. 예컨대 상대성이론부터 시작해서 양자물리학, 핵물리학, 고에너지 실험물리학, 그밖에 내파 렌즈와 고성능 폭약을 포함한 최첨단 엔지니어링 기술 등, 그러니까 인류가 지금까지 쌓아왔던 과학 지식을 모두 활용해서 만든 기술이 원자폭탄이라고 해도 과언이 아닌 것이다.

불과 몇 만 년 전까지만 해도 인간은 문자도 없이, 특별한 재능 없이 자기 몸 하나를 걱정하던 동물에 가까운 존재였다. 그러던 인간이 이제는 급기야 자그마한 플루토늄 폭탄 하나로 도시 하나를 날려버리는 기술을 소유하게 되었다. 실로 엄청난 발전이 아닐 수 없다. 하지만 그런 문명 발달과 달리 인간이 가진 야만성은 조금도 순화되거나 성숙해지지 못해서 지금도 인간은 여전히 사람을 고문하면서도 재미를 느끼는 존재이다. 인간의 지혜는 기술 발전에 걸맞게 발전하지 못했으니, 이는 마치 몸은 성인이 되었지만 머리는 어린아이 같은 형상이라고나 할까.

고문을 즐기면서도 카메라를 잘 만드는 사람들, 덩치는 산만큼 커졌지만 마음은 아직도 유치한 사람들, 발전한 기술문명을 책임질 수 없는 사람들, 결국 이들에 대한 통렬한 비판이 이 영화의 주제인 것이다.

사족이지만 이 영화에 등장하는 인물의 이름도 예사스럽지 않다. 잭 리퍼는 19세기 영국에서 매춘부들을 살해했던 살인마 이름이고, 벅 터지슨은 이름 자체에서 남성호르

몬이 뚝뚝 떨어지는 이름이다. 반대로 미국 대통령 머킨 머플리나 스트레인지러브, 맨드레이크라는 이름은 모두 매우 여성적인 느낌의 이름이다. 그리고 영화 마지막에 소련에 핵무기 하나를 투하하는 기장 이름이 킹콩이라는 것도 일종의 성적 메타포를 드러낸다고 하겠다. 이런 이름들은 섹슈얼리티를 강조한다기보다는 미숙한 남성성을 드러내기 위한 하나의 장치로 보면 될 것 같다. 또한 스트레인지러브 박사는 오른쪽에 의수를 끼고 있는데 그 의수는 영화 내내 자기 멋대로 움직이는 것을 알 수 있다. 즉 아주 합리적이고 냉철한 듯 보이지만 이성적으로 통제가 불가능한 사람이라는 점을 표현한 것이다.

결국 〈닥터 스트레인지러브〉 영화가 던지는 메시지는 당시 냉전의 두 주체인 미국과 소련에 대한 풍자나 비판을 넘어서 핵무기로 대표되는 현대 과학기술문명과 이를 적절하게 통제할 수 없는 인류에 대한 비판이 아닐 수 없다. 당시까지 진보의 상징이었던 과학과 그것을 이룩한 과학자에 대한 맹신을 통렬하게 비판한 것이다.

지금까지 소설 『프랑켄슈타인』과 영화 〈닥터 스트레인지러브〉를 들여다봄으로써 그 속에 나타난 과학자의 이미지를 살펴보았다. 실로 모두 그 이름만큼이나 이상하고 기괴한 이미지가 아닐 수 없지만, 역설적으로 이런 미친 과학자의 이미지는 과학이 나아갈 방향을 질문하고 현재 과학 기술이 방기하는 책임을 성찰하는 일의 중요성을 우리에게 끊임없이 상기시킨다고도 할 수 있다. 흥미로운 사실은 〈닥터 스트레인지러브〉 영화 속 주인공이 모두 남성이라는 것이다. 사실 대부분의 영화나 소설에 등장하는 미친 과학자는 거의 100퍼센트 남성이다.

그렇다면 여성 과학자는 어떨까? 여성 과학자라고 하면 많은 사람이 우선적으로 퀴리 부인을 떠올릴 것이다. 온화하고 정의로운 성품에 높은 학구열과 투철한 애국심을 지녔으며, 가정적이면서 천재의 머리를 가진 과학자. 프랑켄슈타인이나 스트레인지러브와 정반대의 이미지이다. 그런데 우리가 알고 있는 퀴리 부인의 이미지는 실제일까? 퀴리 부인과 같은 여성 과학자의 이미지에는 어떤 왜곡이 없는 것일까?

슈퍼우먼
과학자는 없다

아직 끝나지 않은 편견, '여성' 과학자

미국 클린턴 정부에서 재무장관을 지낸 로런스 서머스 Lawrence Summers는 임기를 마친 후 제27대 하버드대학교 총장에 임명되었다. 그는 2005년 1월 14일 전미경제연구소에서 행한 강연에서 '가설임을 전제하고' 남녀 차이에 대해 언급했는데, 이 중에는 여성 과학기술자의 비율이 낮은 것이 선천적인 이유 때문이라는 주장이 담겨 있었다.

로런스 서머스의 발언을 들은 청중은 이를 언론에 제보했고, 이 내용은 곧 세상에 알려지면서 큰 논란을 불러일으켰다. 그는 자신의 말이 여성을 비하하려는 의도가 아니었다고 변명했고, 자신을 지지하는 교수들의 서명을 받는 등

진화에 나섰으나, 결국 논란을 종식하지 못하고 사퇴하고 말았다. 이 과정에서 그가 여성 비하 발언을 한 것이 처음이 아니었으며, 평소에도 이와 비슷한 발언을 하곤 했다는 제보까지 나왔다. 무엇보다 하버드 총장이라는 중요한 직책을 맡고 있는 사람이 여성 과학자에 대한 편견을 공식적인 자리에서 공표했다는 것은 그가 공인으로서 자격이 없음을 보여준다는 것이 중론이었다. 서머스 총장의 후임으로는 드류 파우스트Drew Faust가 임명되었는데, 그녀는 하버드대학교 역사상 최초로 임명된 여성 총장이었다.

그 뒤에도 여성 과학자에 대한 편견이 다시 사회적 이슈가 된 적이 있었다. 노벨상을 수상한 영국의 팀 헌트Tim Hunt는 2015년에 열린 우리나라의 한 강연에서 여성 과학자를 비하했다는 비판을 받았다. 그는 이렇게 말했다. "여자들이 연구실에 있으면(여자들이 과학에 종사하면) 세 가지 문제가 생깁니다. 첫째, 남자들이 여자들을 사랑하게 되죠. 둘째, 여자들이 남자들을 사랑하게 됩니다. 그리고 셋째, 여자들을 비판이라도 하게 되면 그녀들이 울기 시작하죠." 그는 이어서 우리나라 여성 과학자를 높이 평가하는 발언을 하기도 했지만, 트위터를 통해 삽시간에 퍼진 그 비하 발언은 사람들의 공분을 사기에 충분했다. 그리고 팀 헌트는 런던 대학교의 명예교수직을 사퇴해야만 했다.

이런 발언에서 보듯이 여성 과학기술자에 대한 사회적 편견은 아직도 심각하다. 많은 이들이 여성은 선천적인 이유 때문에 추상적인 과학이나 엔지니어링에 적합하지 않다고 주장한다. 어떤 이들은 진화론에 근거해서 남성들이 사물에 관심을 갖는 방향으로 진화한 반면, 여성들은 사물보다는 인간, 특히 관계에 관심을 두는 방향으로 진화했다고 주장한다. 여성들도 수학자나 프로그래머가 될 수 있지만, 가장 뛰어난 수학자나 프로그래머가 다 남성인 것도 이런 이유 때문이라는 것이다.

반면에 남녀 차이를 사회적 여건 탓으로 보는 사람들은, 수학이나 컴퓨터공학 같은 분야에서 아직도 여성 과학자에 대한 편견이 널리 퍼져 있으며, 연구를 평가하는 심사위원이나 학술지 편집인들이 대부분 남성으로 구성되어 있기 때문에 여성들의 연구가 제대로 평가받을 수 없는 사회적 구조가 있다고 선천적인 근거를 논박한다.

수학, 물리학, 공학 분야에서 여성이 특히 적은 이유에 대해서는 심리학, 인지과학, 교육학, 과학기술학을 전공하는 학자들에 의해 많은 연구가 이루어졌지만, 아직도 하나의 합의를 이루지 못하고 있다. 유전자와 뇌에 각인된 오랜 인류의 진화 과정이 이와 관련되어 있다는 주장과 지적인 능력에서 남녀는 평등하지만 여러 사회적 요인이 특정 분야에서의 불평등을 유발했다는 주장이 맞서고 있다.

어느 쪽 주장이 더 설득력 있는지를 확실히 모르는 상태에서 지금 우리가 무엇을 할 수 있는가를 생각해보자. 만약 이 차이가 유전적인 것이라면, 우리가 당장 할 수 있는 일은 거의 없을 것이다. 유전자를 조작하지 않는 한 수백 만 년의 유전적 차이를 단숨에 뛰어넘을 수는 없기에 그렇다. 하지만 이 차이가 사회적 불평등에 의해 유발된 것이라면, 사회적 편견을 완화하고 제도적 불평등(소위 '기울어진 운동장')을 해소하는 노력을 통해 상황을 개선할 수도 있다.

슈퍼우먼 과학자는 없다

넓게 봤을 때, 여성 과학자와 남성 과학자 사이에는 과학자이기에 존재하는 공통점이 있다. 과학자는 연구 대상에 대해 호기심이 충만하고, 최선을 다해 다른 사람들이 아직 해결하지 못한 문제들을 해결하려고 애쓰며 주변의 재원resources들을 창의적으로 이용해 새로운 결과를 내려고 한다. 이는 남녀 과학자 모두에게 공통적이다. 과학 분야는 똑똑하고 열심히 노력하는 젊은이들이 많은 분야이기에 좋은 대학에 들어가고, 좋은 지도교수를 만나고, 또 좋은 연구를 해서 좋은 논문을 내기 위해서는 모두 어려운 경쟁 과정을 거쳐야 한다. 이 역시 남녀 모두에게 공통적이다.

그렇지만 여성 과학자들은 여성이기 때문에 남성 과학자들과는 다른 경험을 하고, 남성과는 다른 어려움을 겪을 수 있다. 우선 여성들은 '과학이 여성에게 맞지 않는다'는 편견에 부딪치고 이를 이겨내야 한다. 이런 편견은 분야에 따라 정도 차이가 있다. 지금 미국 같은 나라에서 생물학, 심리학 같은 분야는 여성들이 남성만큼이나 활발히 활동하는 분야이고, 이런 분야에서는 과학이 여성에게 맞지 않는다는 편견에 근거한 차별을 경험하는 경우가 훨씬 적다.

하지만 수학, 물리학, 컴퓨터과학, 그리고 공학 분야에서는 아직도 이런 편견이 만연해 있다. 또 여성들은 결혼, 출산, 육아, 가사노동 등에 더 많은 시간을 쏟아야 하고, 따라서 같이 출발한 남성 과학자들에 비해 연구를 수행하는 데 불리하다. 의학이 발전했지만 출산은 온전히 여성의 몫이고, 남성의 참여가 늘었지만 육아와 가사노동에서 여성이 담당해야 하는 몫은 여전히 남성보다 크다. 이는 과학자 같은 전문직을 꿈꾸는 여성들에게 여전히 큰 장벽이다.

그 어느 누구도 이런 문제를 완벽하게 이겨내고 성공하는 경우는 없다. 중고등학교 때 상상하던 과학자는 천재적인 머리만을 사용해서 과학을 하는 사람이었지만, 실제 세상의 과학자는 머리와 몸을 같이 갖고 있는 사람이다. 현실에서는 며칠 밤을 거뜬히 새우는 과학자도 없고, 독감이 걸려 열이 날 때에 연구에 집중하는 사람도 없다. 과학자도 피로하면 쉬어야 하고, 휴식해야 하고, 즐겨야 하고, 아프면 누워 있어야 한다. 사랑하는 사람들과 시간을 보내야 하고, 아이들의 학업을 챙겨야 하며, 이웃을 만나야 하고, 주말에 놀러가고 봉사 활동도 해야 한다. 노벨상 수상자나 유치원생 모두에게 하루는 똑같이 24시간이다.

여성 과학자들이 이런 어려움을 극복하는 데는 한 가지 '왕도'가 있을 수 없다. 열 명의 성공한 여성 과학자들의 전기를 보면, 이들은 열 가지 다른 방식으로 이런 문제를 헤쳐나간 것을 알 수 있다. 많은 여성들은 결혼, 출산, 육아, 가사노동 등에서 실제로 어려움을 겪는다. 특히 과학 연구에 전념해야 할 20~30대에 이런 일에 부딪히면서 젊은 여성 과학자들 다수는 좌절하고 그 속에서 힘겹게 다시 일어선다. 아이들에게 정성을 다하는 엄마이면서 남편에게는 최고의 아내이고, 또한 연구실에서는 창의적이고 유능한 연구자인 여성은 없다. 슈퍼맨이 현실이 아닌 영화에만 있듯이 슈퍼우먼 역시 만들어진 신화에 불과하다.

'세기의 딸' 퀴리 부인

꿈 많던 소녀소년 시절에는 누구나 위인전을 읽는다. 칭기즈칸, 나폴레옹 같은 장군들의 이야기는 소년들의 가슴을 뛰게 하고, 헬렌 켈러나 마리 퀴리의 고난은 소녀들의 눈시울을 적신다. 어린아이들은 위인들의 삶에서 롤모델을 발견하고, 이들이 고난을 극복하는 과정에서 용기와 지혜를 배우며, 사람들이 위대한 업적을 이해하지 못하고 위인들을 배척하거나 따돌림할 때 분노하거나 슬퍼한다. 소년과 소녀는 읽다 만 위인전을 가슴에 품고 잠이 들면서 자신의 미래를 꿈꾼다. 어릴 때 읽던 위인전에 대한 기억이 가물가물해질 때쯤, 어린아이들은 어른이 되어 사회로 나간다.

동서양을 막론하고 가장 유명한 여성 과학자는 마리 퀴

리^{Marie Curie}이다. 1867년 폴란드의 수도 바르샤바에서 태어난 소녀 마리아 스클로도프스카^{Maria Sklodowska}는 역사상 가장 유명한 여성 과학자가 되었다. 그녀는 1903년에 노벨 물리학상을 수상함으로써 노벨상을 수상한 첫 번째 여성이 됐고, 1911년에 단독 노벨 화학상을 수상함으로써 노벨상을 두 번 수상한 최초의 과학자라는 기록을 갖고 있다. 게다가 남녀를 통틀어 서로 다른 과학 분야에서 노벨상을 두 번 수상한 사람은 지금까지도 마리 퀴리가 유일하다.

그녀는 또한 파리 소르본대학교 최초의 여성 교수가 되었고, 1995년에는 프랑스의 국가적 영웅이 안장되는 파리의 팡테옹에 묻히는 첫 번째 여성이 되었다. 그녀의 연구는 방사능 물리학이라는 새로운 학문 분야를 열었으며, 이런 업적 때문에 방사능 단위에 퀴리라는 이름이, 화학 원소 퀴륨에 역시 퀴리의 이름이 사용되었다.

마리 퀴리가 사망하고 3년 뒤인 1937년에 그녀의 둘째 딸 에브 퀴리가 쓴 전기 『퀴리 부인』이 프랑스어로 출간되었다. 이 책은 곧바로 영문판이 나왔고, 그다음 해에 일본어로도 출판되어 당시 식민지 조선에도 소개되었다. 『퀴리 부인』은 한국어로 번역되지 않았지만, 조선의 작가 이무

노벨상을 받은 최초의 여성이자 노벨상을 두 번 수상한 최초의 과학자 마리 퀴리.

영은 이를 각색한 "세기의 딸"이란 제목의 소설을《동아일보》에 연재했다.

"세기의 딸"은 당시 연령, 성별, 계층을 망라해서 널리 읽혔고, 식민지 조선 사회에 큰 반향을 불러일으켰다. 이 소설에서 마리는 "새로운 '신'으로서 과학을 택한" 사람이자 조국에 대한 불타는 애국심으로 과학자의 길을 선택한 사람으로 묘사되었다. 그녀는 "과학자라고 반드시 조국을 버려야 하는 일은 없을 것이다. 과학은 인류를 위한 학문이다. 그것은 사실이다. 그러나 한 민족, 한 개인이 행복되지 못한데 인류의 행복이 있을 수는 없다"고 되뇌인다.

《동아일보》에 연재된 "세기의 딸"은 논픽션이 아닌 소설이다. 여기에서는 심지어 젊은 시절 마리와 폴란드 농민 청년 사이의 러브스토리도 등장한다. 그렇지만 이런 소설의 주인공 캐릭터가 작가의 머리에서 나온 것만은 아니다.

전기 『퀴리 부인』의 소설적 요소들

에브 퀴리가 엄마를 기리면서 쓴 자서전의 절반에 가까운 분량은 마리 퀴리가 프랑스로 건너오기 이전, 즉 폴란드에서의 시기를 다루고 있다. 여기에서 마리 퀴리는 애국심과 과학에 대한 갈망으로 불타오르는 소녀로 그려진다. 그리고 마리가 프랑스에 유학 와서 어렵게 공부하면서 미래의 남편이 된 피에르 퀴리^{Pierre Curie}를 만나는 얘기가 이어진다. 이 둘은 좋은 옷, 멋진 신혼여행 등 세속적인 명성과 영화에는 관심이 없고, 오직 라듐과 같은 새로운 과학적 발견만을 최고의 가치로 삼고 추구한 부부였다. 마리 퀴리는 남편을 깊이 사랑했고, 그와의 사랑에서 얻은 두 딸에 애정을 쏟았다.

그렇지만 뜻하지 않은 비극이 그녀를 찾아왔다. 1906년에 남편이 마차 사고로 죽은 것이다. 마리 퀴리는 깊은 슬픔에 잠겼다가 이를 극복하고 다시 과학 연구에 매진했다.

그녀는 남편이 재직하던 소르본대학교의 교수직을 이어받아 강의했는데,『퀴리 부인』에서 묘사된 그녀의 첫 강의 장면은 마치 한 편의 드라마를 보는 것 같다.

> 사람들은 퀴리 부인이 강의실로 들어오는 순간을 놓치지 않기 위해 목을 길게 뺐다. 그들이 생각하는 것은 하나같았다. 소르본이 역사상 처음으로 교수로 인정한 여성의 입에서 나오는 첫 마디는 도대체 무엇일까? (…) 마리는 똑바로 앞을 보면서 말했다. "지난 10년 동안 물리학 분야에서 이룬 진보를 고려할 때, 우리는 전기와 물질과 관련한 우리의 개념에서 일어난 발전에 깜짝 놀라게 됩니다." 퀴리 부인은 피에르 퀴리가 마지막 강의에서 마지막으로 던졌던 구절로 첫 강의를 시작한 것이다. 얼음장처럼 차가운 이 말 속에 얼마나 많은 비통함이 담긴 것일까. "지난 10년 동안 물리학 분야에서 이룬 진보를 고려할 때…." 그곳에 모인 사람들의 눈에서는 눈물이 쏟아져 얼굴에 흘러내렸다.[4]

『퀴리 부인』에 따르면 마리 퀴리는 자신의 첫 강의를 남편의 마지막 강의를 잇는 방식으로 시작했다. 이는 어느 정도 사실일 가능성이 크다. 딸 에브 퀴리가 엄마나 다른 사람으로부터 이 얘기를 들었을 수도 있고, 마리 퀴리의 강의 노트가 보관되어 있을 가능성도 있다.

하지만 당시 마리 퀴리의 강의를 들은 학생들과 파리 대학 관계자들이 그녀의 첫 강의가 갖는 의미를 알아차리고, 감정이 섞이지 않은 물리학의 진보에 대한 서술을 듣고 뜨거운 눈물을 흘렸다는 묘사는 에브 퀴리의 문학적 상상력의 소산일 가능성이 크다. 당시 학생들이 피에르 퀴리의 마지막 강의를 기억하고 있을 가능성도 적고, 설령 그렇다 해도 시간이 흐른 상태에서 두 사람 강의의 연결점을 파악하고 눈물을 흘린다는 것은 생각하기 어렵기 때문이다.

이 눈물은 에브 퀴리의 마음속에 흐르던 눈물이었다고 해석하는 게 적절하다. 사실 마리 퀴리에 대한 그녀의 전기에는 이런 소설적인 요소가 수없이 많다.

따로 또는 함께 빛나던 연구자, 마리 퀴리

소설적인 요소를 끌고 들어옴으로써 『퀴리 부인』은 베스트셀러가 됐지만, 동시에 잃어버린 것도 많다. 우선 『퀴리 부인』에서는 마리 퀴리가 자신 주변의 재원을 아주 잘 동원했던 전략가라는 점이 잘 드러나 있지 않다. 마리 퀴리를 연구한 역사학자에 따르면, 화학자인 마리 퀴리는 물리학자인 피에르 퀴리와 결혼하면서 물리학계 사람들과 인연을 만들었고, 관련 연구들을 함께 진행하며 공동저자로 이름을 올리는 방식으로 논문을 출판했다.

특히 라듐의 원자량을 알기 위해 라듐을 분리하는 실험을 담은 연구에서 마리 퀴리는 피에르 퀴리와 공동저자로 표기되었지만, 동시에 자신이 연구한 부분과 피에르 퀴리가 기여한 부분을 정확하게 분리해서 표기했다. 이런 전략 때문에 마리 퀴리는 결혼 이후에 거의 모든 연구를 피에르 퀴리와 함께 공동저자로 출판했지만, 자신의 연구와 그의 연구를 분리시켜서 서술하는 전략을 사용함으로써 지속적으로 자신이 기여한 업적에 대해 인정받을 수 있었다.

물론 당시에 둘의 업적을 동등하게 인정했던 것은 아니다. 피에르 퀴리는 상을 받고 프랑스 과학아카데미의 회원이 될 수 있었던 반면, 마리 퀴리는 상을 받았지만 과학아카데미 회원이 되는 데는 실패했다. 그럼에도 불구하고 어니스트 러더퍼드Ernest Rutherford 같은 영국의 뛰어난 과학자가 그녀를 피에르 퀴리와 함께 자신의 경쟁팀으로 인식할 정도로 마리 퀴리는 학계의 인정을 받을 수 있었다.

마리가 노벨 물리학상을 함께 받을 수 있었던 것도 피에르 퀴리와 동료 과학자가 마리 퀴리의 업적을 세세하게 분리해서 서술했기 때문이다. 피에르 퀴리는 1903년에 자신이 라듐을 발견한 공로로 노벨상 후보로 고려된다면 거기에는 당연히 마리 퀴리도 함께 고려되어야 한다는 편지를 보내기도 했다. 이러한 세심한 저자 표시 방식으로 마리 퀴리는 독립적인 과학자이자 동시에 동업자로 이름을 남길 수 있었던 것이다.[5]

산업 전사로서의 마리 퀴리

에브 퀴리의 전기에서 다루어지지 않은 또 다른 면은 마리 퀴리가 산업체와 밀접한 관계를 맺으면서 연구를 수행했던 과학자라는 사실이었다. 딸은 엄마가 자연의 비밀을 탐구하는 순수한 과학자로 기억되기를 원했고, 따라서 마리 퀴리가 산업체와 가까웠다는 점을 강조하지 않았다.

그렇지만 최근의 과학사 연구에 따르면, 1900년대 방사능 연구에 뛰어든 과학자들에게는 라듐을 탐지하고 분리해 연구하는 일만큼이나 실험에 필요한 재료가 되는 방사선 원소인 라듐을 추출할 수 있는 원재료-우라늄 광석-들을 확보하는 일이 중요했으며, 이는 마리 퀴리의 경우에도 마찬가지였음을 알 수 있다.[6]

마리 퀴리는 특히 원재료를 확보하기 위해 노력하는 과정에서, 방사선 원료 생산을 더 큰 규모에서 시도하지 않았던 다른 과학자들과 달리 막 성장하고 있던 프랑스 라듐 산업에 종사하는 산업계 사람들로부터 후원을 받았다. 이는 한편으로는 마리 퀴리의 라듐 연구 관련 기기들이 라듐 산업에 직접적으로 활용됐기 때문이기도 했다. 처음에는 비영리적인 수준에서 이루어지던 실험실과 산업체 간의 상호작용은 1900년대 초엽 프랑스 의료계에서 소비되는 라듐의 규모가 커지면서 본격화됐다.

특히 피에르 퀴리와 마리 퀴리의 실험실은 화학자이자 기업가였던 에밀 아르메Emile Armet의 회사와 깊이 연루되기 시작했다. 마리 퀴리 실험실은 라듐을 생산하고 추출하는 데 관여하는 산업체의 테크니션technician들이 머무르는 곳이기도 했으며, 회사는 라듐 소금의 활성을 퀴리 실험실로부터 보증받았다는 점을 은근히 광고하기도 했다. 이후 라듐 시장이 커지면서 마리 퀴리는 다른 화학자들과 해당 회사의 전문 자문위원회에 속하기도 했다.

산업계와 상호호혜적인 협동 관계 속에서 자연스럽게 연구를 진행하면서 마리 퀴리의 실험실에서 종사하는 연구자들에게는 산업적 활동과 연구 생활을 이중으로 진행하는 일이 흔했으며, 이 과정에서 물리학, 화학과 같은 대학의 학문적 분야 구분은 무의미해졌다. 마리는 단지 방사선 원소에 대해 화학적 분석을 적용해 그 특성을 밝혀내는 데에만 집중한 것이 아니라, 관련 도구를 설계, 개발하고 이를 활용하는 데에도 관여했는데, 이는 라듐 산업에 직접적으로 활용되는 것이기도 했다. 이런 과정이 이어지면서 마리 퀴리의 실험실은 과학과 산업계 모두에 적용할 수 있는 라듐의 축적과 분리 기술을 연구하는 고차원적 목표에 매진하게 되고, 나중에는 국제 라듐 표준을 지정하는 데 결정적인 기준을 제공하게 되었다.

또 마리 퀴리는 1차 세계대전 동안 야전 트럭을 개조해 이동형 X선 장비를 만들어 전장을 누볐으며, 전쟁 이후에는 다시 라듐 산업체들과 협동 관계를 유지했다. 그녀는 방사선 원소 연구에서 실험실과 산업이 연계된 복합체의 중요성을 강조하며, 이에 대한 대중 강연을 진행하기도 했다.

이러한 관계는 에밀 아르메의 회사 외에도 프랑스 밖 다른 라듐 관련 회사들과도 이루어져 1930년대까지 지속됐다.

마리 퀴리는 좋은 엄마였을까?

캐나다 출신의 유명 작가 마거릿 앳우드Margaret Atwood는 어릴 때 마리 퀴리의 전기를 읽고 큰 감명을 받아서 뒤뜰에 실험실을 만들고 마리 퀴리 같은 족적을 남기는 사람이 되길 꿈꿨다고 한다.『퀴리 부인』을 읽고 과학자를 꿈꿨던 수많은 여성들처럼, 남성들이 판치는 문학계에서 최고의 성취를 이룬 여성이 되려 했던 앳우드에게 마리 퀴리는 이상적인 롤모델이었다. 전기 속에서 마리 퀴리는 인간의 속세를 초월한 존재로 그려졌기 때문이었다.

전기에서는 신격화된 마리 퀴리에 대해 다른 사적인 자질구레한 이야기들을 늘어놓지 않는다.『퀴리 부인』전기의 서문은 "마리 퀴리의 생애에는 너무나 위대한 발자취가 많아, 나는 그녀의 일생을 마치 무슨 전설이나 되는 것처럼 이야기하고 싶어진다"는 유명한 구절로 시작하며, 서문의 끝은 "마리 퀴리는 모든 유명한 인사 중에서 명예 때문에 타락하지 않은 유일한 사람이다"라는 아인슈타인의 평가로 마무리된다. 마리 퀴리는 인간이라기보다 여신에 가깝게 그려진 것이다.

에브 퀴리의 전기에서 마리 퀴리는 딸들을 독립적이고 규율 있게 키웠지만, 속마음은 무척 따뜻한 엄마로 묘사된다. 남편이 사망한 뒤에 마리 퀴리가 두 딸을 끌어안고 찍은 사진은 뛰어난 과학자였던 그녀가 무척 훌륭한 엄마이기도 했음을 보여주는 것 같다. 더 확실한 증거는 마리의 첫째 딸인 이렌 퀴리가 나중에 (그녀의 남편, 즉 마리의 사위와 함께) 노벨상을 받았다는 것이다. 노벨상을 받은 엄마가 딸을 잘 키워서 대를 이어 노벨상을 받은 과학자로 만들었다는 것은 20세기 과학의 역사에서 퀴리 가문이 차지하는 비중을 얘기할 때 항상 언급되는 이야기다. 퀴리의 신화는 마리 퀴리를 넘어 퀴리 가문으로 이어진다.

에브 퀴리는 마리가 아이들을 키운 과정을 다음과 같이 서술한다.

사실, 우리를 강인하게 키우고자 했던 사람은 지나치게 부드럽고 예민하며 선천적으로 다치기 쉬운 사람이었다. (…) 이 정다운, 너무나도 정다운 '엄마'. 거의 이해되지 못했고, 우리들에게는 아주 소심하게 얘기했으며, 두려움이나 존경, 찬미의 대상이 되기를 원치 않았던 엄마. 그 정다운 엄마는 오랜 기간 동안 자신이 다른 엄마들 같은 그런 엄마가 아니며, 하루하루의 일에 쫓기고 있는 평범한 교수도 아니고, 실은 이 지구상에서 하나의 예외적인 인간, 뛰어난 여성이라는 점을 우리에게 알려주는 것을 잊어버렸다.

이 부분을 읽고 어떤 느낌이 드는가? 다정한 엄마로서의 마리 퀴리가 느껴지는가? 마리 퀴리와 오래 교류했던 아인슈타인은 그녀에 대해 "얼음장처럼 차갑다"는 표현을 했는데, 이는 그녀의 미출판사료를 꼼꼼히 연구했던 바바라 골드스미스Barbara Goldsmith의 판단과도 일치한다. 바바라 골드스미스는 에브와 마리 퀴리 사이의 편지에 근거해서 마리가 엄마로서도 무척 차가운 여자였다고 재해석했다.[7] 그녀는 고작 아홉 살에 아버지를 여읜 이렌 퀴리의 고통을 인지하지 못했으며, 자신의 일기에 딸이 죽은 아빠와 관련한 슬픔을 곧 잊어버릴 것이라고 적었다.

마리 퀴리는 죽은 남편에 대한 그리움을 잊기 위해 실험에 광적으로 매달리곤 했고, 신경질과 우울증으로 주변 사람들을 힘들게 했다. 에브 퀴리는 이에 대해 "피에르의 형인 자크, 마리의 형제인 요제프와 브로니아는 검은 옷의 여성이 로봇처럼 움직이는 것을 겁에 질린 채 바라보았다. 뻣뻣하고 멍한 채, 죽은 남편의 뒤를 따르지 않은 아내는 이미 인생을 포기해버린 것처럼 보였다"고 적기도 했다.

개방적이고 과학보다는 예술에 관심이 많았으며, 또 꾸미는 것을 좋아했던 에브 퀴리가 화장한 모습을 보고 마리 퀴리는 "참 끔찍하다… 쓸데없이 입술을 바르고… 너는 꾸미지 않을 때가 좋아"라고 혹평하기도 했다. 에브 퀴리는 어머니에 대한 전기의 한구석에 지나가는 말처럼 "내 어린 시절은 행복하지 않았다"라고 썼는데, 바바라 골드스미스는 이것이 그녀의 진심에 가까웠을 것이라고 해석한다. 이런 기록들은 마리 퀴리가 우리가 상상했던 것처럼 '좋은' 엄마가 아니었을 수 있음을 간접적으로 보여준다.

욕망을 가진 여인, 마리 퀴리

마지막으로 『퀴리 부인』 전기에는 마리 퀴리가 욕망을 가진 여인이었다는 점이 거의 드러나지 않는다. 1910년, 마리 퀴리는 피에르 퀴리의 제자였던 폴 랑주뱅Paul Langevin과 사랑에 빠졌다. 이 사랑이 떳떳하지 못했던 것은, 폴 랑주뱅이 피에르 퀴리의 제자였기 때문이 아니라 그가 유부남이었기 때문이다. 마리 퀴리는 그와의 관계가 우정에서 사랑으로 바뀌었을 때 그에게 이런 편지를 썼다.

"우리 사이에는 원하는 생활을 추구하고자 하는 깊은 공통점이 있어요… 우리를 서로에게 이끄는 본능은 너무도 강력했지요… 이런 감정이 있으니 우리가 무엇이든 해낼 수 있다고 나는 믿어요. 훌륭한 공동연구, 견실한 우정, 인생에서 필요한 용기, 그리고 가장 아름다운 뜻으로 사랑하는 자식들까지 말이죠."[8]

하지만 이들의 사랑은 원만하지 못했다. 하층 계급 출신의 폴 랑주뱅의 부인은 이 둘의 관계를 알아차리고 마리가 다니는 길목에 잠복해서 그녀를 만난 뒤에 프랑스를 떠나라고 협박했다. 남편에게는 마리를 죽여버리겠다고 소리쳤고, 폴 랑주뱅은 자신의 아내가 살인을 저지르고도 남을 사람이라고 생각해서 마리에게 피신을 하라는 조언을 심각하게 할 정도였다. 그런데 마리는 자신이 살해당하고 두 딸이 고아가 되는 상황을 얘기함으로써 그의 마음을 잡으려 했고, 둘을 이혼시키기 위해 여러 통의 편지를 보냈다.

"(당신의 처가) 울부짖으며 눈물을 보이더라도 흔들리지 말아요. 먹이를 위해서 눈물을 흘린다는 악어 이야기를 떠올려봐요. 당신 아내의 눈물도 그런 거니까요." "당신이 그녀와 함께 있는 것을 알고 있을 때면 나에겐 너무나 잔인하고 혹독한 밤이 기다려요. 잠을 이룰 수가 없어서 겨우 겨우 두세 시간만 자요. 일어나보면 열이 나고 일을 할 수가 없어요. 당신이 할 수 있는 일을 하면 그걸로 돼요… 계속 이런 식으로 살 수는 없어요." "나의 폴, 애정을 가득 담아서 당신을 껴안습니다. (…) 지금 너무 흥분해서 어렵기는 하지만 다시 연구실로 돌아가도록 노력해볼게요."

1906년 남편이 죽었을 때 마리 퀴리는 "나는 더 이상 혼자 살아가는 걸 생각조차 할 수 없다. 의욕도 능력도 없고, 더 이상 살아 있거나 젊다고 여겨지지도 않고, 뭐가 기쁘고 즐거운지도 전혀 모르겠다. 나는 내일 39세가 된다"고 일기에 적었고, 또 다른 기록에는 "나는 자식을 가능한 한 잘 키우고 싶기는 하지만, 그 아이들조차 내 인생을 일깨우지는 못해"라고 적었다.

이에 비해서 볼 때, 1910년의 마리 퀴리는 확실히 삶의 새로운 열정에 넘쳐 있었다. 그녀는 소수의 사람만을 정회원으로 받는 프랑스 과학아카데미 회원에 응모했는데, 아마도 이는 연인 폴 랑주뱅에게 잘 보이려는 시도였을 공산이 크다. 그 해에 마리 퀴리가 회원이 될 가능성은 꽤 높았지만, 1911년 1월에 열린 본선 투표에서 무선전신의 초기 개발자 중 한 명이었던 에두아르 브랑리Edouard Branly에게 30대 28로 아깝게 뒤져 회원이 되는 데 실패했다.

이후 마리 퀴리는 다시 폴 랑주뱅을 몰래 만났는데, 둘의 관계를 종식시키려 했던 폴 랑주뱅의 아내는 마리가 폴 라주뱅에게 보낸 편지를 훔쳐서 언론에 공개하고 말았다. 1911년 11월 4일, 프랑스의 가장 인기 있던 신문《르 주르날》은 마리의 '불륜'을 1면 기사로 대서특필했다. 당시 스웨덴에서는 마리 퀴리를 그해 노벨상 수상자로 결정하면서 폴 랑주뱅과의 추문에 대해 몰래 조사했었고 대부분이 소문에 불과하다고 결론지은 뒤에 마리에게 노벨상을 수여하기로 결정했다. 그런데 불륜에 대한 언론의 폭로가 터졌고 이틀 뒤에 마리 퀴리의 노벨상 수상 소식이 보도되었다.

노벨 위원회는 당혹해했으며, 저명한 과학자 스반테 아레니우스Svante Arrhenius가 마리에게 편지를 써서 노벨상은 변경 없이 수여하지만 수상식에는 오지 않는 게 좋겠다는 위원회의 의견을 전했다. 하지만 이런 의견을 무시하고 마리는 스웨덴에서 열린 수상식에 참석했다.

마리 퀴리의 노벨 화학상 수상이 알려지면서 기자들은 노벨 화학상이 아니라 그녀의 불륜을 취재하기 위해 그녀의 집 앞에서 장사진을 쳤다. 그녀는 기자를 피하기 위해 두 딸을 데리고 친구 집으로 피신해야 했다. 설상가상으로 1911년 겨울에 한 신문기자는 그들의 불륜이 피에르 퀴리가 죽기 전부터 시작되었고, 그것을 알게 된 피에르 퀴리가 자살한 것이라는 보도를 냈다. 화가 난 폴 랑주뱅은 프랑스 전통에 따라 기자에게 결투를 신청했다. 세간을 떠들썩하게 했던 이 결투는 성사되지 않았다.

떠들썩했던 사건도, 뜨거웠던 사랑도 시간이 지나면서 식어들었다. 아내와 별거 각서까지 썼던 폴 랑주뱅은 이혼하는 대신 아내와 재결합했고, 마리는 결국 그와 헤어지는 결정을 내렸다. 마리와 헤어진 폴 랑주뱅은 곧 젊은 여인을 정부로 두었고, 옛 여제자와의 사이에서 사생아까지 낳았다. 그러고도 그는 다시 마리 퀴리의 실험실에 들어가길 희망했고, 마리는 이 모든 해프닝이 별일 아니라는 듯이 그를 다시 연구원으로 받아들였다.

남자들의 세상에서 유일했던 여성 과학자

1911년, 마리 퀴리는 두 번째 노벨상을 받았고, 첫 번째 솔베이 회의에 참석했다. 솔베이 회의에는 24명의 과학자들이 참석했는데, 마리 퀴리를 제외한 다른 이들은 모두 다 남성이었다.

1927년에 열린 다섯 번째 솔베이 회의는 양자물리학의 해석을 놓고 벌어진 아인슈타인과 닐스 보어Niels Bohr의 논쟁으로 유명해진 학회였다. 이때 29명의 과학자가 참석해서 사진을 찍었는데, 마리 퀴리는 이때에도 유일한 여성 과학자였다. 유럽의 저명한 과학자들 사이에서 마리 퀴리의 사회적 위치를 미루어 짐작할 수 있는 사진이다.

1911년은 이렇게 떠들썩하게 지나갔지만, 에브 퀴리가 쓴 어머니의 전기에는 폴 랑주뱅의 이름이 등장하지 않는다. 당시 프랑스를 들썩였던 스캔들은 아주 간략히, 그것도 매우 추상적으로 묘사될 뿐이다. 이 사건을 모르는 사람들은 대체 에브 퀴리가 무슨 얘기를 하는지도 이해하기 힘들 정도로 말이다.

위대한 발견, 세계적인 명성, 두 번의 노벨상 수상은 많은 사

제5회 솔베이 학회. 참석자 중 유일한 여성인 마리(맨 앞줄 왼쪽에서 세 번째).

람들의 칭송과 함께 다른 많은 사람들의 원한을 불러왔다. (…) 남성들의 직업을 택한 마리는 남성들 중에서 친구와 믿을 만한 사람들을 골랐다. 그녀는 친한 친구들, 특히 어떤 한 사람에게 깊은 영향을 주었다. 더 이상 말이 필요 없다. 일에 인생을 다 바치고, 삶도 고귀하고, 내성적이고, 몇 년 동안 엄청난 어려움으로 고통받아온 한 과학자가 가정을 깨고 명성을 더럽혔다는 비난을 받게 된 것이다.

마리 퀴리는 위대한 과학자, 헌신적인 아내, 꼿꼿한 어머니로 그려졌지, 사적인 욕망을 가진 존재가 아니었다. 에브 퀴리의 『퀴리 부인』의 주인공은 영혼만을 가진 존재였지 육체를 가진 존재가 아니었던 것이다. 이는 실제로 마리 퀴리가 그녀의 딸들에게 교육하고 싶었던 메시지였다.

감수성이 풍부했던 에브 퀴리는 엄마를 많이 닮았던 언니 이렌 퀴리와 달리 엄마의 교육을 잘 수용하지 못했다. 그렇지만 그녀는 자신이 가진 재능인 문학적 상상력을 동원해서 엄마를 세상에 존재하기 힘든 이상적인 과학자로 그려냈던 것이다.

과학자의 전기를 어떻게 읽을 것인가

마리 퀴리에 대한 다른 대중적인 전기들은 대부분 에브 퀴리의 『퀴리 부인』을 축약하거나 각색한 것들이다. 에브 퀴리는 왜 퀴리 부인이 죽은 지 불과 3년 만에 책을 출간했는가라는 질문을 받은 적이 있다. 그녀는 다른 사람들이 전기를 출판하기 전에 어머니를 가장 잘 알고 있던 자신이 첫 번째 책을 냄으로써 마리 퀴리에 대한 여러 얘기를 제대로 정확하게 기술할 필요를 느꼈기 때문이라고 답했다.

책은 그녀가 의도한 대로 혼탁한 세상에 빛을 비춘 여신으로서의 마리 퀴리의 이미지를 각인시켰고, 이런 이미지를 영원한 것으로 만들었다. 이런 마리 퀴리의 생애와 업적은 아이들에게, 특히 소녀들에게 마치 라듐에서 뿜어져 나오는 방사능처럼 과학자의 꿈을 키워주는 촉매제 역할을 톡톡히 했으며, 앞으로도 그럴 것이다.

우리는 마리 퀴리에 대한 최근의 역사적 연구들을 통해 에브 퀴리가 묘사한 『퀴리 부인』에서는 충분히 드러나지 않은 그녀의 다양한 모습을 볼 수 있다. 이를 조금 더 일반화하자면, 위인의 전기를 읽는 데는 여러 가지 독법이 필요하다는 결론을 얻을 수 있다.

내가 읽는 이 전기의 원형原型을 만든 작가는 누구인가? 왜 그 작가는 위인에 대한 특정한 이미지와 내러티브를 만들어냈는가? 왜 이런 내러티브가 인기를 얻을 수 있었는가? 이런 이야기에서 왜곡되거나 과장된 부분은 없는가? 여기에서 사실과 달리 작가에 의해 삽입된 부분, 아니면 빠진 부분은 없는가? 그런 부분들이 있다면 그 이유는 무엇인가? 등등. 이런 질문에 대한 답을 찾아가면서 전기를 읽는 작업은 인문학적인 해석의 힘을 이용해서 중층적으로 전기를 읽는 독법이다.

물론 전문 과학사학자가 아니고는 전기를 읽으면서 이런 분석을 하는 것이 쉽지는 않을 것이다. 그렇다면 이것한 가지만은 기억하자. 과학자는 남성이건 여성이건, 머리(영혼, 이성)만을 가진 존재가 아니라 몸을 가진 존재라는 것을! 과학자 또한 주변의 여러 사람과 다양한 관계를 맺는데, 이 중에는 자신의 연구를 돕고 촉진하는 것도, 연구를 방해하는 것도 있다. 과학자는 이를 이용하고, 또 한편으로는 이를 헤쳐 나가면서 연구를 수행한다.

보통 여성들이 결혼, 출산, 육아에 시간을 뺏긴다면, 이는 여성 과학자도 마찬가지다. 대부분의 사람들이 살면서 부딪치는 다양한 욕망들과 잘 협상하고 타협하면서 자신의 인생을 만들어가는데, 이는 (남성이건 여성이건) 과학자도 마찬가지다. 다만 보통 사람과 다른 것은 과학자에게는 좋은 연구를 하고 싶은 욕망이 매우 크고, 가끔은 그것이 다른 욕망들을 압도할 수 있다는 점 정도이다.

과학자는 이성과 감정, 그리고 욕망을 가진 인간이다. 너무나 당연하게. 그래서 과학은 인간의, 인간에 의한, 인간을 위한 결과물이다.

사이비과학의
오래된 역사

세상을 보는 극단의 시선, 이분법

이분법에 대한 우리의 태도는 양가적이다. 우리는 이미 세상이 양분되지 않는다는 것을 잘 알고 있다. 어찌 이 다양한 사람들이 단지 흑백의 두 부류로 나뉘겠는가? 반면에 우리는 입장을 분명하게 하지 않는 사람들을 비난하는 데에도 익숙하다. 세상에는 냉면을 좋아하는 사람과 싫어하는 사람만이 있고, 지금 이 나라에는 대통령을 좋아하는 사람과 싫어하는 사람만이 존재한다는 식으로 중간을 없앤다. 미지근한 사람들은 설 자리가 없다.

세상을 둘로 가르는 이분법적인 경계는 언제부터 생긴 것일까? 진화하던 영장류의 끄트머리에서 인류가 나무에서 내려와 두 발로 땅을 딛고 섰을 때, 그 원생 인류가 세상을 어떻게 나누었는지 우리는 알 수 없다. 단지 우리의 상상력을 발휘해볼 수밖에 없다. 상상해보면, 어느 단계에서 인류는 삶과 죽음을 나누고, 생명과 무생명을 나누고, 인간(나)과 동물(다른 생명체)을 나누고, 남자와 여자를 나누고, 친구와 적을 나눴을 것이다. 이런 구분의 일부는 지능을 가진 동물의 경우에도 대략 발견되는 것들이기 때문에 인류도 비슷한 과정을 겪었다고 상정하는 데 큰 무리가 없다.

사실 사람을 중심으로 세상은 이분이 아니라 삼분된다. 세상에는 인간보다 더 높은 존재가 있고, 인간 아래 존재가 있게 된다. 서양에서는 인간보다 더 높은 존재를 천사, 신이라고 생각했다. 반면 동양에서는 신선, 부처가 인간을 초월한 존재였다. 그리고 인간 아래에는 동물들, 미물들이 존재했는데, 인간 중에서도 특정한 부류의 인간들은 보통 인간보다 아래에 있는 존재들이라고 간주되었다.

노예제 사회에서 노예는 동물보다 조금 더 나은 대우를 받을 뿐이었다. 20세기 중엽 이전의 수많은 사회에서 여성은 남성보다 훨씬 더 낮은 지위를 가지고 있었으며, 노예가 해방된 뒤에도 흑인에 대한 편견은 널리 퍼져 있었다. 유럽

에서는 유대인에 대한 차별과 증오가 보편적이었고, 동성
애자나 양성애자에 대한 혐오도 일반적이었다.

과학은 인간에 대해서도 적용된다. 과학은 인간을 분류
해서 이해하지만, 동시에 이런 분류는 차별을 낳기도 한다.
이번 장에서는 특정한 인간에 대한 차별이 동서양을 통해
서 어떤 과학적인 이론에 의해 정당화되었고, 그 과정에서
어떤 유비나 비유가 사용되었으며, 이런 구분이 어떻게 대
중문화에 등장하는지를 살펴보겠다.

오랜 세월, 여성은 자연의 괴물이었으니

남성과 여성 간의 자연적 성차sex difference에 대한 인식은 여
성을 불완전한 남성으로 생각했던 고대 그리스 철학자들
로부터 시작됐다. 이들은 이 세상이 불, 물, 공기, 흙이라는
네 가지 기본 원소에 의해서 만들어지고, 남성을 이루는 주
요 원소는 불 또는 열이라고 보았다. 반면에 여성은 불이나
열이 결핍된 존재였다. 예를 들어 열이 남성의 생식기를 몸
밖으로 몰아낸 반면, 여성의 생식기는 열이 부족해서 거꾸
로 몸 안으로 들어간 것이었다. 이런 근거 하에, 그들은 생
식기가 튀어나올 정도의 강한 외부적 자극에 의해서 여성

이 남자로 즉시 변환되는 것도 가능하다고 생각했고, 실제로 이런 사례가 목격되었다고도 믿었다.

이런 이론에 근거해서 여성은 불완전하고 수동적이며 잠재적인 존재로 여겨진 반면, 남성은 완전하고 능동적이며 실제적인 존재였다. 플라톤의 제자였던 아리스토텔레스는 남자와 여자의 지적 차이를 체계적으로 이론화하면서, 여자는 남자보다 인정이 많고 더 쉽게 울고 감동하지만, 동시에 더 질투가 심하고 불평도 잘하며, 잔소리하고 맞서려는 경향이 더 크다고 비하했다. 그는 여자가 의존심이 더 많고, 남자에 비해 희망을 잃어버리기 쉬우며, 창피를 모르고, 틀린 말을 더 많이 하고, 사람을 더 잘 속이며, 기억에 집착한다고도 했다.

이런 구분은 동양에서 남성성은 양陽, 여성성은 음陰으로 대변되었던 것과 놀랍도록 흡사하다. 어찌되었든 고대 그리스 철학자들에게 여성은 불완전한 남성이라는 의미에서 자연의 '괴물'이었다.

그렇지만 17세기 과학혁명기 동안에 몇 가지 변화들이 일어났다. 우선 아리스토텔레스주의 세계관이 붕괴함에 따라, 열의 결핍 때문에 여자가 불완전한 남자일 뿐이라는 고대의 이론도 설득력을 잃어갔다. 게다가 아리스토텔레스 철학을 대체하면서 자연현상을 물질과 운동으로 설명했던 기계적 철학mechanical philosophy은, 물질과 영혼, 혹은 몸과 마음을 엄격하게 구분했다. 기계적 철학에 따르면 인간이 동물과 구별되는 이유는 영혼을 가지고 있기 때문이었고, 이런 영혼은 남성, 여성이라는 성차와 무관하게 모든 인간이 갖고 있는 것이었다. 영혼은 물질과 무관했으며, 따라서 인간 육체에 의존하지 않았다.

근대 철학의 문을 연 데카르트는 육체와 정신을 엄격하게 나눴는데, 이런 이분법은 흥미롭게도 육체의 차이가 지적 차이를 초래하는 것은 아니라는 결론을 낳았다. 이는 여자들이 최소한 마음에 있어서는 남자와 동등할 수 있다는 가능성을 열었다. 어떤 기계적 철학자들은 여자가 남자와 똑같은 두뇌와 감각기관(눈이나 귀와 같은)을 가졌기 때문에 남자만큼 과학을 잘할 수 있을 것이라 언급하기도 했다.

그러나 이러한 새로운 가능성에도 불구하고, 17세기부터는 생식기관에서의 남녀 차이가 강조되기 시작했다. 자연철학자들과 해부학자들은 여성의 생식기관들이 소모적이고 그것들 중 어떤 것들은 심지어 무용지물이라고까지 주장했다. 특히 현미경의 발달로 정자가 발견된 이래 소위 정자론자들spermatists은 자손이 여성의 몸이 아닌 남성의 정자 안에 처음부터 축소된 형태로 존재하며, 그렇기 때문에 번식은 전적으로 남성의 공헌이라고 주장했다. 이런 정자론자들에게 난자는 생식 과정에서 수동적인 역할만을 담당하는 존재였다.

하지만 정자론자들의 주장은 오래가지 못했다. 일군의 과학자들은 정자보다 여성 난자를 강조했으며, 또 다른 과학자들은 정자나 난자가 아니라 배아embryo 속에 작은 인간이 들어 있다고 주장했다. 무엇보다 경험적으로 봤을 때, 아빠만이 아니라 엄마의 특성도 자식에게 모두 유전되는 것이 분명했다.

이런 반론에 대해서 정자론을 주장한 사람들은 정자의 일부가 난자로 흘러들어가서 난자를 "깨운다"고 정자의 역할을 새롭게 해석했다. 그렇지만 이러한 주장을 조금만 다른 각도에서 생각하면 정자는 난자를 깨울 뿐이고, 따라서 잠을 자던 난자가 훨씬 더 중요하다는 결론으로 이어질 수 있었다.

따라서 남성 우위를 증명하기 위한 새로운 주장이 18세기에 나타났다. 해부학자들과 철학자들이 남녀의 차이를 강조하기 시작한 것이다. 예를 들어 17세기에 해부학자들은 남성과 여성이 생식기관을 제외하고는 다른 본질적인 해부학적 차이가 없다고 생각했다. 이들은 여성이 굴곡 있는 몸 형태를 가진 이유가 뼈가 다르기 때문이 아니라 단지 지방이 더 많기 때문이라고 보았으며, 남성과 여성의 골격은 본질적으로는 동일하다고 보았던 것이다.

그러나 18세기 중반 이래로 해부학자들은 여성의 골격이 더 약하고, 골반이 더 넓으며, 두개골이 더 작다는 점에서 남성과 다르다고 주장했다. 이는 여성이 남성에 비해서 약하고, 따라서 열등한 이유였다.

여성과 남성의 차이를 강조한 첫 해부도는 아이러니컬하게도 마리 다콩빌이라는 여성에 의해 그려졌고, 그녀의 그림은 독일의 자무엘 죄머링Samuel Sömmering과 같은 유명한 해부학자에 의해 널리 유포되었다. 특히 에든버러의 해부학자였던 존 바클레이John Barclay는 남성과 여성의 골격을 말馬과 타조의 골격에 비교하는 그림을 그리기도 했다. 여기서 말은 탄탄한 골격 때문에, 타조는 작은 머리와 넓은 골반을 가지고 있다는 점 때문에 의도적으로 선택된 것이다.

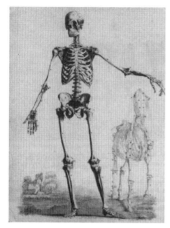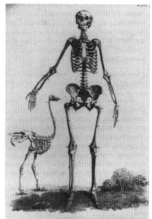

바클레이가 그린 남성(왼쪽)과 여성(오른쪽)의 골격.

사회적으로 만들어진 차이들

남성과 여성의 골격 그림은 단순히 해부학적인 도해가 아니라, 당시 남자다움과 여자다움이라는 이상을 표현한 것이었다. 말은 남성 골격의 강한 위력을 상징했으며, 타조에 비유된 여성의 골격에서 상대적으로 작은 두개골은 여성의 낮은 지능을 상징했다. 여성의 더 넓은 골반은 큰 머리를 가지고 태어나는 똑똑한 사내아이를 낳기 위해 필요한 여성의 신체적 구조를 나타냈다. 그리고 여성의 뼈가 상대적으로 약하다는 것은 여자들의 육체적 나약함이라는 결과로 이어졌다. 이러한 그림들은 그 당시의 과학에 의해 지지받았다는 의미에서 '과학적'이었지만, 여성들 간의 개인적인 차이를 완전히 무시하고 이를 스테레오타입화했다는 점에서 '자연'을 반영한 것이 아니었다.

그렇지만 이러한 정형화된 이미지는 당시의 사회적, 정치적 상황 속에서 많은 사람에게 설득력을 지녔다. 18세기 후반부터 유럽에서는 영아사망률이 증가하고 이에 따른 인구 감소가 심각한 사회 문제로 대두되었는데, 이를 국력의 쇠퇴로 우려한 남성들은 여성이 자녀양육에 전념하는 것이 영아사망률을 감소시키고, 그럼으로써 인구를 증가시켜 국부에 기여하는 유일한 방법이라고 생각했다.

또한 당시 유럽 남성들은 여자가 남자와 같이 정치, 상업, 교육, 과학 등의 사회적 활동에 참여하려고 노력하는 것은 그녀의 가족은 물론 사회 전체에 해롭다고 간주했다. 남녀의 골격 차이를 강조함으로써 성차의 본질적 차이를 주장한 해부학은 이러한 사회적 필요에서 등장했고, 또 이러한 사회적 필요를 정당화한 학문이었다.

남녀의 육체적 차이는 여성의 사회적 불평등을 정당화하면서 한편으로 남녀의 지적 차이를 합리화했다. 한 프랑스

의사는 "여자들은 생식기뿐만 아니라 골격, 인대, 조직, 신경, 혈관 등에서도 남자와는 다르며, 이러한 차이들이 자연이 여자에게 부여한 수동적인 위상을 잘 보여준다"고 주장했다.

독일 철학자인 칸트는 여자의 이해력이 "추상적인 사색이나 지식"을 따라잡을 수 없다는 근거에서 여자가 형이상학과 수학에 대해 깊이 공부하는 것을 탐탁지 않게 생각했다. 여자들의 역할은 점진적으로 자녀양육, 가족 돌보기 등 집안일에 관련된 가족의 문제에 한정되어야 한다고 여겨졌고, 여성과 남성의 성은 '상보적인' 것으로 인식되었다.

바야흐로 18세기 말부터 산업혁명이 시작되면서 중산층 남성은 공장이나 사무실에서 일하고, 여성은 집에서 아이를 돌보는 식으로 공적 영역과 사적 영역의 구분이 명확해졌다. 이렇게 여성의 몸과 마음에 대해 18세기의 해부학과 철학은 과학과 같은 공적 영역에서 여성의 배제를 촉진했을 뿐만 아니라 '여성적인' 것이라고 불리는 일련의 가치들-감정, 돌봄, 양육 등-을 과학과는 무관한 것으로, 심지어 더 나아가서 반과학적인 것으로 규정했다. 18~19세기 동안 유럽 사회에서 과학으로부터 여성이 배제되는 과정은 '여성성'에 대한 전형화와 동시에 진행되었다.

남녀 차이를 강조하는 과학은 충분히 과학적일까?

남녀 차이를 유포하는 주장들은 과학의 이름으로 제시되었지만, 충분히 과학적인 것은 아니었다. 19세기 후반부터 이런 주장을 논박하는 증거들이 등장했다. 예를 들면 여성의 평균 신장이 남성에 비해 작듯이 여성의 두개골이 남성에 비해 작은 것은 사실이지만, 신장 대비로 봤을 때는 오히려 여성의 뇌가 남성보다 더 크다는 연구결과가 나왔다.

과학자들은 이런 결과를 놓고 당혹해하다가 이를 설명할 수 있는 한 가지 묘책을 발견했다. 그것은 신장 대비 머리가 큰 여성을 어린아이와 비유적으로 동일시하는 것이었다. '아이들은 신장 대비 머리가 크다. 여성이 머리가 큰 것은 그녀가 높은 지능을 가진 증거가 아니라, 어린아이와 비슷하다는 증거이다'라고. 여성이 머리가 작은 것은 열등함의 증거이고, 신장 대비 머리가 큰 것은 유치함의 증거라고 해석한 것이다.

여성의 열등함을 증명하기 위한 노력은 20세기에도 이어졌다. 20세기 전반부에는 호르몬의 차이가 강조되었다. 특히 여성들은 생리를 하기 때문에 냉정한 판단을 하는 일에 적합하지 않다고 간주되었다.

20세기 후반부에는 진화심리학을 통해 남녀 유전자의 차이를 드러내고, 20세기 말엽에는 기능성자기공명장치 fMRI를 사용해서 남녀의 두뇌 작용의 차이를 보이려는 시도가 이루어졌다. 이들은 대놓고 여성이 남성보다 열등하다고 주장하는 대신, 남성성과 여성성이 상보적이라고 주장한다. 인류가 생겨나고 200만 년이 넘는 수렵채집 기간을 거치면서 남성은 사냥을 하고 여성은 아이를 돌보는 일을 했기에, 이때 만들어진 진화의 선택압이 남녀를 다르게 진화시켰다는 것이다. 이런 주장에 따르면, 기업에 여성 임원이 적은 이유는 눈에 보이지 않는 '유리천장'이 있어서가 아니라, 여성이 더 기꺼이 자신의 시간과 노력을 아이를 돌보는 데 쓰기 때문이다.

앞에서도 언급했지만 이런 주장은 아직도 논쟁중이다. 그렇지만 분명한 것은 남녀가 다르다는 생각이 여성이 열등하다든가 남녀의 사회적 역할이 분명히 구분되어야 한다는 생각으로 이어져서는 안 된다는 것이다. 우리는 근대 이후 민주주의의 발전을 목도하면서 차이와 다양성의 가치가 세상의 발전과 민주주의를 낳는 가장 중요한 요소라는 것을 알았다. 최근에는 창의성의 원천으로 누구나가 차이와 다양성을 꼽고 있다. 이렇게 차이는 소중한 것이다.

그렇지만 근대 이후 우리의 역사는 차이를 소중하게 생각하지 못했고, 그렇기에 차이가 차별을 낳지 못하게 잘 감시해야 한다는 것을 우리에게 일깨워주고 있다. 과학의 이름으로 차이를 위계적으로 고정시키려는 시도들에 대해 경계의 시선을 놓지 말아야 하는 이유도 여기에 있다. 사람들은 너무나 쉽게 차이에 대한 소위 '과학적인' 근거를 이용해서 자신의 차별을 정당화해왔기 때문이다.

고통은 인간만이 느끼는 고유한 특성일까?

이제 인간과 동물의 경계로 관심을 돌려보자. 2000년이 넘는 서양 사상사에 거대한 영향을 미친 기독교 전통에서는 신이 인간과 동물을 만들 때 인간만을 신의 모습을 본떠 만든 것으로 되어 있다. 이는 인간에게 다른 모든 동물을 지배할 수 있는 권한을 주기 위한 것으로, 성경에 나오는 이런 얘기는 오랜 시간 동안 사람들에게 영향을 미쳤다.

종교와 기술의 관계를 연구했던 기술사학자 린 화이트 주니어Lynn White Jr.는 20세기 서양의 환경 위기가 인간이 동식물을 포함한 환경을 자유롭게 지배할 수 있다는 기독교적인 생각에서 연유했다고 주장했다. 즉 20세기 환경 위기의 가장 중요한 뿌리가 인간이 다른 존재들을 마음대로 지배할 수 있다는 기독교의 믿음이라는 것이다. 이런 주장에 대해 기독교 내의 반론이 이어졌다. 성경은 인간과 다른 동식물의 조화로운 공존에 대해 설파하지, 환경에 대한 인간의 착취를 고무하지 않는다는 것이었다.

우리의 관심은 이런 논쟁에서 누가 옳고 그른지 결정하는 데 있지 않다. 기독교를 들먹이지 않더라도 사람들이 인간보다 동물을 더 하찮게 여겼다는 것은 동서양 문명권을 통틀어 공통적이었기 때문이다. 고대 그리스의 철학자 아리스토텔레스는 생명체를 생명체로 존재하게 하는 제1원리로 영혼을 꼽았다. 그는 식물에게는 '생장의 영혼vegetative soul'이, 동물에게는 '예민한 영혼sensitive soul'이, 인간에게는 '합리적 영혼rational soul'이 있다고 보았다. 생장의 영혼과 예민한 영혼은 인간의 합리적 영혼에 비해서 열등한 것이었다.

중세 신학자 토마스 아퀴나스는 아리스토텔레스의 영혼 개념을 발전시켜서 이 세 가지 영혼의 기능을 다음과 같이 정리했다.

- 식물의 생장의 영혼 : 영양섭취, 성장, 생식
- 동물의 민감한 영혼 : 영양섭취, 성장, 생식
  + 민감한 지식, 본능
- 인간의 합리적 영혼 : 영양섭취, 성장, 생식
  + 민감한 지식, 본능 + 이해, 의지

여기서 보듯이 식물, 동물, 인간은 어떤 영혼을 가지고 있는가에 따라서 할 수 있는 일의 정도가 위계적으로 정해졌다. 인간의 합리적 영혼은 식물과 동물의 유기체적 기능을 다 담당하고 여기에 덧붙여 인간만이 할 수 있는 이성적 이해와 의지라는 기능을 행하는 것이었다. 반면 동물의 지식은 자신의 생존에 필요한 '민감한 지식'과 본능에 국한되었다. 동물은 이해나 의지를 결여한 존재였고, 이는 동물이 소리를 통해 신호를 내고 듣지만 언어로 의사소통하지 못한다는 사실에서 분명한 것이었다.

그런데 동물의 영혼과 인간의 영혼이 다르다면, 동물은 고통을 느낄 수 없는 것일까? 이 문제에 대한 답을 얻기 위해서 기독교는 인간이 느끼는 고통의 근원을 종교적으로 탐구했다. 기독교에서는 인간의 고통을 에덴동산에서 타락한 것에 대한 형벌이라고 보았다. 따라서 종교적 관점에서 볼 때, 타락하지 않았던 동물이 고통을 느끼는 것은 말이 되지 않았던 것이다.

중세 말엽에 교황직을 맡았던 파이어스 2세도 "동물이 우는 것에 대해서 인간이 동정할 필요가 없다. 뜨거운 쇠를 해머로 쳤을 때 나는 소리, 밀을 탈곡기에 넣고 돌렸을 때 나는 소리에 동정할 필요가 없듯이"라고 했던 것을 보면, 교회의 입장은 인간만이 고통과 기쁨을 느낀다는 것이었음을 알 수 있다.

동물 학대의 근거, 데카르트의 동물기계론

동물과 인간 사이에 존재하는 질적인 차이를 강조한 기독교의 입장은 근대 철학자 데카르트에 의해서 재확인되었다. 데카르트에 의하면 세상에는 물질과 영혼이 존재하는데, 사유하고 의심할 줄 아는 인간에게만 영혼(마음)이 있었다. 물질의 속성은 운동하는 것이고, 영혼의 속성은 사유하는 것이다. 인간의 경우 육체는 물질로 구성되어 있지만, 육체와 영혼과의 접점이 뇌 속에 있는 송과선이라는 곳에 존재하기 때문에, 영혼을 통해 육체를 움직일 수 있다.

반면 동물의 육체는 우리가 본능이라고 부르는 방식으로, 자동적으로, 영혼 없이 움직인다. 즉 동물은 그 자체로 복잡한 기계, 복잡한 자동인형automata에 불과하다. 인간의 육체도 자동인형에 불과하지만, 인간은 영혼을 가지고 있기 때문에 동물 기계와는 질적으로 다른 존재가 되는 것이다.

데카르트는 『방법서설』에서 다음과 같이 얘기한다. 동물과 동물을 닮은 복잡한 자동기계는 구별할 수 없다. 대신 인간과 인간을 닮은 복잡한 자동기계는 구별할 수 있다. 아무리 복잡한 기계를 만들어도 기계는 절대 인간이 될 수 없는데, 그 이유는 인간은 기계가 하지 못하는 두 가지 특성을 가지고 있기 때문이다. 그중 하나는 유창한 언어이고, 두 번째는 인간의 광범위한 행동범위다.

첫 번째 특성인 언어는 자명한데, 두 번째 특성은 무엇을 의미하는 것일까? 데카르트는 말은 인간보다 훨씬 빨리 뛸 수 있고, 새는 날 수 있으며, 개는 인간보다 훨씬 더 큰 소리로 짖을 수 있다는 점을 지적한 뒤에, 동물들은 이런 한 가지 특정한 행동을 인간보다 더 잘하지만 인간은 많은 다양한 행동들을 잘한다고 했다. 인간은 뛸 수도 있고, 높은 곳을 잘 올라가고, 헤엄도 치는 존재이다. 즉 개별 동물

종들이 잘하는 것 모두를 조금씩은 할 수 있다는 것이다. 이런 주장들을 다 종합해보면 인간은 동물과 전적으로 다른 존재이며, "동물은 인간과 달리 이성이 없는 복잡한 기계다"라는 결론이 나온다.

데카르트의 동물기계론bête machine은 영혼/물질의 이분법이 자연세계에 적용되었을 때 필연적으로 유도되는 결론이었다. 동물기계론에 따르면 동물은 영혼이 없고, 생각이나 의지가 없을 뿐만 아니라, 인간이 느끼는 기쁨이나 슬픔은 물론 고통도 느끼지 못하는 존재이다. 불에 데었을 때 인간이 고통을 느끼는 것은 말단 신경세포의 파괴를 고통으로 느끼게 하는 영혼이 있기 때문인데, 동물은 영혼이 없기 때문에 그러한 고통을 느낄 수 없다는 것이다. 기쁨과 슬픔도 마찬가지다. 인간과 달리 동물들은 "즐거움 없이 먹고, 고통 없이 우는" 존재인 것이다.

데카르트의 후계자들 중에는 동물이 아무런 고통을 느끼지 못하는 기계와 같은 존재임을 확고하게 믿은 사람들이 여럿 있었다. 특히 포르루아얄Port Royal의 양세니스트 수도원을 거점으로 한 데카르트주의자들이 극단적이었는데, 이에 대해 17세기의 한 기록자는 데카르트의 후계자들이

"무감각하게 개를 때렸으며, 개가 고통을 느낀다고 하면서 개를 불쌍하게 바라본 사람들을 비웃었다"고 적었다. 또한 이들이 "불쌍한 동물들을 판자에 묶고 네 다리에 못을 박고 산 채로 해부해서, 당시 과학적 토론의 중요한 주제였던 피의 순환을 관찰하곤 했다"고 기록했다.

이들이 동물을 산 채로 해부하고 잔인하게 죽이면서 즐거워했던 것은 이런 행위가 당시 17세기 '첨단과학'에서 그 정당성을 부여받았기 때문이다. 프랑스 철학자 니콜라 말브랑슈Nicolas Malebranche는 데카르트의 『인간론』을 읽고 감동받아 데카르트의 철학을 전적으로 수용한 사람이었다. 그래서 그는 "동물들은 기쁨이 없이 먹고, 슬픔을 느끼지 못하고 울며, 아무것도 욕망하지 못하고, 겁도 없고, 아무것도 모른다"는 유명한 말을 남겼다. 그는 일부러 개를 걷어차곤 했는데, 개가 비명을 지르는 것을 보고 측은해하는 사람들에게 "그래서? 개들이 고통을 전혀 못 느낀다는 것을 몰라?"라고 대꾸했다고 알려져 있다.

데카르트주의자인 철학자 자크 로오Jacques Rohault도 "울부짖는 동물보다 내가 연구하는 오르간이 더 많은 소리를 내지만, 우리는 오르간이 감정이 없다고 한다"고 하면서 동물의 고통을 부정했다. 영혼이 없는 동물은 단지 복잡한 기계였으며, 동물의 비명은 기계가 부서지면서 내는 마찰음일 뿐이었다. 이렇듯 데카르트가 강조했고 데카르트주의자들이 계승한 인간과 동물의 차이는 합리적인 추론을 통해 얻어진 것이었다.

데카르트의 합리적 추론에 따르면, 동물은 시계와 아무런 외견상의 유사성이 없지만 그 기계적 본질은 같은 것이다. 그리고 인간의 몸은 동물과 같은 기계에 불과하지만 영혼이 있어 인간을 자동기계나 동물과 구별해주는 것이다. 따라서 데카르트의 후계자 중에는 영혼이 가장 중요한 요소이기 때문에 영혼을 가진 여성과 남성 사이에도 본질적인 차이가 존재하지 않는다고 주장하는 사람이 나왔다. 데카르트주의 철학자 프랑수아 풀랭Francois Poullain이 바로 그와 같은 주장을 했는데, 그는 1673년에 "정신에는 성차가 없다L'esprit n'a point de sexe"는 유명한 말을 하면서 여성 차별에 반대했다. 영혼을 가진 존재라는 점에서 남성과 여성의 차이는 인간과 동물의 차이에 비해 아무것도 아니라는 것이다.

풀랭은 남녀의 차이가 육체의 차이에 불과한 것이며 영혼에서는 어떤 차이도 존재하지 않기 때문에 여성도 남성처럼 과학과 철학을 잘할 수 있다고 주장했다. 동물은 기계에 불과했지만, 여성은 온전한 인간이었던 것이다. 데카르트가 귀족이나 왕족 여성과 교류를 많이 했고, 당시 지적인 여성들 중에 데카르트주의 철학에 매료된 여성들이 많았다는 것은 우연이 아니었다. 인간과 동물의 차이가 크게 벌어지면서, 인간 속에서 남성과 여성의 차이는 무의미할 정도로 축소되었던 것이다.

동물은 기계가 아니다!

데카르트주의자들이 동물을 고문하고 해부할 때, 데카르트에 대한 비판도 쏟아지기 시작했다. 과학자들 중에서는 동물에게 이성이 없다는 데는 동의하지만 고통은 느낄 것이라고 생각한 사람이 많았다. 동물에게 황산을 주사하는 것 같은 실험을 하면 동물이 엄청난 고통을 느낀다는 것을 알 수 있다는 것이다. 어떤 과학자들은 신이 동물의 여러 기관들을 괜히 만든 것이 아니라고 하면서, 동물도 신의 피조물임을 감안하면 동물에게도 느끼고, 기억하고, 상상하는 능력이 있다고 보는 것은 당연하다고 주장했다.

또 다른 과학자들은 새들이 사냥을 할 때 장애물을 극복하는 기술을 발휘하고, 비버가 집을 지을 때 놀랍도록 공학적인 기술을 발휘하는 것을 예로 들면서, 동물 역시 인간이 지닌 이성을 가지고 있다고 주장했다.

해부학적으로 데카르트를 비판하는 사람도 나왔다. 덴마크의 신학자이자 생리학자 니콜라스 스테노Nicolas Steno는 동물을 해부해서 데카르트가 인간의 뇌에만 존재한다고 했던 송과선, 즉 육체와 영혼을 이어준다는 그 기관이 동물에게도 있음을 증명했다. 데카르트가 확실히 틀렸던 것이다. 그리고 그는 더 나아가서 인간의 몸과 동물의 몸이 크게 다르지 않다고 주장했다.

또 다른 철학적 학파는 인간과 동물 사이의 일종의 연속성을 강조했다. 이들은 신이 인간의 필요를 충족하고, 또 인간에게 교훈을 주기 위해서 그토록 많은 동물들을 만들었다고 생각했다. 신의 창조에서 동물은 특정한 덕목이나 악덕을 나타내는데, 예를 들어 공작은 자신감을, 사자는 용맹을, 늑대는 시기를, 염소는 욕정을, 돼지는 폭식을, 당나귀는 게으름이라는 덕목을 표상한다는 것이었다. 이러한 생각에 따르면 인간은 이 모든 동물들의 특성을 자신 내에 소유한 "동물 중의 동물"이었다. 이런 의미에서 인간과 동물은 연속성을 가진 존재들이었다.

철학자 야콥 뵈메Jakob Böhme는, 인간 속에서 "여우, 늑대, 곰, 사자, 개, 황소, 고양이, 말, 수탉, 두꺼비, 뱀"이 모두 하나가 되었고, 인간은 이 모든 동물의 덕목을 한 몸에 소유한 존재라고 봤으며, 영국의 법관이었던 윌리엄 에이로프는 인간이 동물을 지배하는 존재라는 성경 구절이 실제로는 인간이 자신 안에 있는 동물을 지배해야 하는 존재라는 것을 의미한다는 식으로 성경을 재해석하기도 했다.

이러한 동물론에 따르면 동물은 신에게서 특별한 의미를 부여받은 존재들이다. 이들 동물론자들은 동물이 물건을 보고 그것을 구별할 수 있으며, 기억할 수도 있다고 보았다. 물론 동물이 인간과 똑같은 이성을 가진 존재들은 아니다. 동물의 이성은 인간보다 열등하고, 덕목과 관련해서도 동물은 온전한 덕목을 소유하지 못한 존재들이다. 그렇지만 동물도 인간처럼 외부 감각기관을 통해 대상을 인식하고 이를 뇌로 전달하며, 기쁨과 슬픔을 느낄 수 있는 존재라는 것이다.

영국의 의사였던 존 불워John Bulwer는 동물이 언어를 가지고 있지만 인간이 이를 해독하지 못할 뿐이라고 하면서, 인간이 사용하는 제스처들이 동물 언어의 흔적이라고 해석했다. 몽테뉴는 동물이 이성, 예지력, 언어를 가지고 있고 동정, 공감, 즐거움, 사랑, 증오, 질투, 탐욕, 복수, 슬픔을 가지고 있다고 주장하기도 했다. 인간과 동물의 차이는 정도 차이에 불과한 것이지 본질에서의 차이는 아니었던 것이다.

더 도덕적인 동물, 비도덕적인 여성

조너선 스위프트Jonathan Swift의 『걸리버 여행기』의 4부에서 걸리버가 마지막으로 들른 왕국은 인간과 동물의 관계가 역전된 곳이다. 왕국을 지배하는 존재는 휴이넘이라는 말이었고, 이 왕국에서 휴이넘을 위해 봉사하는 동물은 인간의 모습과 흡사한 야후였다. 걸리버는 이 왕국의 동물이 인간의 모습을 하고 있다는 데 놀라고, 자신이 야후와는 다른 존재라는 것을 증명하기 위해 애를 써야 했다.

흥미로운 사실은 인간 세상에서는 인간의 이점이라고 생각했던 것이 휴이넘의 왕국에서는 인간의 단점으로 평가된다는 것이다. 예를 들어 인간의 손톱이나 발톱이 아무런 쓸모가 없다거나, 눈이 얼굴 앞면에 달려 있어 옆을 볼 때는 고개를 돌려야 한다는 점 등이 그런 단점에 속한다.

걸리버는 휴이넘 왕국에서 살고 싶어 하지만, 결국 열등하다는 이유로 쫓겨나서 다시 영국에 오게 된다.

휴이넘 왕국의 에피소드는 여러 가지 방식으로 해석된다. 그중 하나는 당시 영국 사회가 흑인들을 인간취급하지 않은 것에 대한 비판이라는 것이고, 다른 하나는 걸리버가 살던 시대에 인간이 말을 잔인하게 취급한 것에 대한 작가의 비판이라는 것인데, 후자의 해석이 더 설득력이 있다. 『걸리버 여행기』의 4부 내용은 인간과 원숭이의 관계가 역전된 피에르 불의 과학소설 『혹성탈출』의 플롯에 영향을 미쳤다고 여겨진다. 이 소설은 일찌감치 영화화되었고, 최근에 다시 영화 시리즈로 제작되어 인기를 끈 바 있다.

동물의 덕성을 강조한 사람은 조너선 스위프트 이전에도 있었다. 몽테뉴의 후계자를 자청했던 드 라 샹베르는 동물이 자연에 더 순응한다는 점에서 인간보다 더 도덕적이라고 간주했다. 그는 인간과 동물의 '유사성'에 주목하면 사람이 배울 수 있는 게 많다고 보았다. 예를 들어 입이 크고 사지가 두텁고 튼튼한 사람은 강인함이라는 덕목을 가지는 사자, 황소, 독수리, 호랑이와 연결 지을 수 있다. 따라서 이런 사람들이 스스로의 덕목을 잘 이해하기 위해서는 사자, 황소, 독수리, 호랑이가 가진 덕목을 알아야 했다. 이렇듯 인간은 동물로부터 덕목을 배울 수 있고, 그런 의미에서도 동물은 도덕적 존재였다.

그런데 동물에게서 인간보다 더 완벽한 도덕의 덕목들을 찾아냈던 드 라 샹베르가 같은 논지를 전개해서 여성을 한없이 비하했다는 사실은 아이러니가 아닐 수 없다. 그는 아리스토텔레스주의를 따라서 여성이 차고^{cold} 습한^{moist} 본성을 가지고 있다고 믿었는데, 찬 본성으로부터는 여성이 약하고, 겁이 많고, 변덕스럽고, 시기하고, 불신하고, 교활하고, 속이고, 거짓말하고, 상처 잘 받고, 복수심 강하고, 잔인하고, 불공정하고, 감사할 줄 모르고, 미신을 잘 믿는 본성이 발현된다고 주장했다. 그리고 습한 본성으로부터는 여성이 일관성 없고, 가볍고, 충실하지 못하고, 쉽게 설득당하고, 동정심 없고, 수다스러운 속성을 얻었다고 보았다.

그는 여성을 불완전한 괴물로 간주하지는 않았다. 토끼가 겁이 많은 것은 자연적인 속성이며, 따라서 이를 두고 토끼가 불완전하다고 할 수 없다. 마찬가지로 약하고, 겁많고, 변덕스럽고, 시기하고, 불신하고, 교활하고, 속이고, 거짓말하고, 상처 잘 받고, 복수심 강하고, 잔인하고, 불공정하고, 감사할 줄 모르고, 미신을 잘 믿고, 일관성 없고, 가볍고, 충실하지 못하고, 쉽게 설득당하고, 동정심 없고, 수다스러운 여성도 자연적인 존재였다. 드 라 샹베르는 이러한 속성 때문에 여성을 불완전하다고 할 수는 없다고 강조했지만, 인간의 기준으로 봤을 때 이런 속성을 가진 여성은 남성에 비해서 부족한 존재인 것은 분명했다.

드 라 샹베르는 '자연적'인 것을 찾는 과정에서 동물을 도덕적 서열 중 높은 곳에 있는 존재로 격상시키고 이들을 동물의 놀라운 덕목을 가진 남성의 반열에 놓았지만, 반면 여성은 동물보다도 못한 존재로 격하시켰다. 동물과 인간의 차이가 벌어지면서 남녀 차이가 줄어들었듯이, 동물과 남성의 차이가 줄어들면서 남성과 여성의 차이는 벌어졌던 것이다.

미녀는 야수를 죽여도 되는 걸까?

18세기 말엽의 의사 페트루스 캠퍼Petrus Camper는 인간과 동물들을 조사하다가 재미있는 현상을 하나 발견한다. 이마에서 코를 연결하는 선과 입술에서 귀를 연결하는 선, 이 두 선이 안면각facial angle을 이루게 되는데, 캠퍼는 인간에서

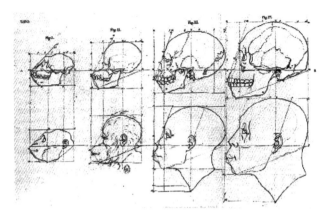

캠퍼의 안면각. 캠퍼는 하등 동물일수록 안면각이 작아진다고 주장했다.

하등 동물로 갈수록 이 각도가 작아져서 뾰족해진다는 것을 발견했던 것이다. 그리고 사람 중에서도 고대 그리스의 조각들은 각도가 크고, 흑인들은 각도가 작다는 것도 발견했다. 원숭이는 인간보다 안면각이 작지만, 개로 가면 이것이 더 작아진다. 이런 관찰의 결과 그는 열등한 동물일수록 안면각이 작아진다고 확신하게 됐다.

그 뒤 캠퍼는 왜 이런 일이 생기는지에 대해 고민했고, 나름 명쾌한 해답을 제시했다. 하등 동물이 안면각이 작아지는 이유는 이를 결정하는 두 가지 요인 때문이다. 하나는 안면 윗부분에 있는 머리와 뇌의 크기이고, 다른 하나는 안면 앞부분에 있는 입과 코이다. 그래서 하등 동물은 미각과 후각을 담당하는, 입과 코가 달린 주둥이가 튀어나오고, 반대로 머리는 작아져서 이마가 뒤로 들어간다. 결과적으로 주둥이가 뾰족해지면서 안면각이 작아진다.

거꾸로 머리가 커지고 주둥이가 덜 튀어나온 고등 동물일수록 안면각이 90도에 가깝게 커진다. 하등 동물일수록 합리적인 사고를 하지 않은 채 먹는 것만 탐하는 존재이며, 고등할수록 먹는 것에 대한 탐욕이 줄고, 머리 쓰는 일이 많아지면서 안면각이 커지는 것이다.

찰스 화이트Charles White라는 18세기 의사도 안면각으로 미개한 종족과 진보된 종족을 구별하면서, 인간 중에서도 더 고등한, 더 발달한 인간일수록 안면각이 크다는 주장을 했다. 그는 사람의 여러 인종을 비교해서, 안면각이 큰 유럽인이 아프리카인보다 더 진보된 종이라고 주장했다.

사실 이런 생각은 유럽에서 오래된 것이었다. 르네상스 때부터 유럽인들은 아프리카에는 인간과 동물이 결합해서 만든 괴물이 가득하다고 생각했다. 유럽인들이 가장 끔찍하다고 상상하는 것이 아프리카 원숭이가 유럽 여성을 강간하는 것이었는데, 여기서 아프리카 원숭이라고 하는 동물은 아프리카에 사는 흑인과 별반 다르지 않은 것으로 간주되었다.

유럽인들은 아프리카의 흑인이나 오스트레일리아의 원주민을 인간과 원숭이의 중간 정도에 해당하는 동물적이고 야만적인 존재로 분류했다. 이런 생각은 당시 아프리카에 대한 정복, 노예제를 정당화하는 근거가 됐으며, 이들이 죄책감 없이 아프리카 흑인들을 죽이거나 불구로 만드는 일을 자행하게 했다. 유럽인들이 오스트레일리아에 이주했을 때 그곳에 살던 키가 작고 팔이 긴 원주민들을 마치 동물을 사냥하듯 잡아서 죽이곤 했는데, 기록을 보면 유럽인들은 이때 전혀 죄책감을 느끼지 못했던 것을 알 수 있다. 이들이 보기에 오스트레일리아 원주민들은 사람보다는 동물, 원숭이에 가까운 존재였기 때문이다.

아프리카 원숭이와 흑인을 동격으로 놓는 것은 영화 〈킹콩〉에서도 잘 나타난다. 1931년 미국에서는 미국 전역을 떠들썩하게 만든 사건이 있었다. "스코츠보로의 소년들"이라고 불린 이 사건은, 미국 남부 알라바마 주의 스코츠보로 시에서 9명의 10대 흑인 소년들이 두 명의 백인 여성을 강간했다고 기소된 사건이었다.[9] 당시 이 사건은 아프리카의 원숭이가 백인 여성을 강간할지 모른다는 오래된 두려움을 다시 상기시켰고, 거대한 고릴라가 미국 심장부인 뉴욕시를 공포에 떨게 하는 〈킹콩〉의 테마가 되었다.

영화에서는 킹콩이 엠파이어스테이트 빌딩 꼭대기에서 기관총을 맞고 떨어져 죽는다. 여주인공인 백인 여성은 킹콩의 유혹에서 자신을 지켰을 뿐만 아니라, 그를 건물 꼭대기로 유인해서 죽음에 이르게 한다. 영화는 "미녀가 야수를 죽였다"라는 멘트를 보내면서 끝이 난다.

인종 차별에서 소수자 차별로 진화하다

특정한 인종의 입이나 코가 튀어나와 있는 것을 열등함의 증거로 해석할 수 없음에도 유럽인들은 이를 흑인들이 보이는 동물과의 유사성으로 해석하고, 이를 다시 흑인의 열등성, 퇴화의 증거로 보기 시작했다.

더 흥미로운 사실은 이런 차별이 다시 여성에게 적용되었다는 것이다. 과학자들이 보기에 유럽의 여성 중에는 유독 아래턱이 튀어나온 사람들이 많았는데, 여성들의 독특한 매력으로 간주되던 이런 특성이 이제 여성이 동물과 더 가깝다는 증거로 간주되기 시작했다. 유럽 여성들의 경우,

마치 동물이나 흑인처럼 입이 나오고 뇌가 작아서 백인 남성에 비해 안면각이 더 작았던 것이다.

물론 유럽의 남성들은 백인 여성이 흑인과 동류라고 보지는 않았다. 흑인들은 동물에 가까웠지만, 유럽 여성의 턱이 돌출한 것은 백인 남성들에게 성적 매력을 주기 위한 것이라고 보았기 때문이다. 그래서 아프리카가 야만스럽지만 아름다운 것처럼, 백인 여성들은 열등하지만 아름다운 존재라고 생각했다.

또 다른 차별은 유럽 내에서 주변에 위치했던 사람들, 즉 빈민촌 거주자, 범죄자, 동성애자에 대한 것이었다. 이들은 흑인들과 별반 다를 바가 없는 사람들로 간주되었다. 범죄학의 창시자로 잘 알려져 있는 이탈리아 법의학자 체사레 롬브로소Cesare Lombroso는 범죄자들의 얼굴 모양을 많이 연구해서 범죄인들의 얼굴상은 보통 사람들과 차이가 있다는 결론을 얻었다. 간단히 말해서 범죄자들의 얼굴에는 안면 결점face defect이라고 불리는 특징이 있는데, 그중 하나는 얼굴의 입부분이 튀어나와 있는 것이었다. 이는 범죄자들이 동물성을 가지고 있다는 것의 증거였다. 범죄자들은 인간 속에 섞여 있는 원숭이였고, 유럽인의 얼굴을 한 흑인, 즉 니그로^{negro}였던 것이다.

체사레 롬브로소가 범죄를 통계적으로 연구하면서 발견했던 흥미로운 사실은 여성 범죄자들이 남성 범죄자에 비해 그 수가 굉장히 적다는 것이었다. 이는 여성이 남성보다 도덕적이어서 그런 것일까? 천만의 말씀이다. 롬브로소는 그 이유가 여성이 범죄를 저지를 정도의 지능을 갖고 있지 않기 때문이라고 생각했다. 어느 정도는 똑똑해야 범죄를 저지를 수 있는데 여성들은 거기에도 미치지 못한다고 본 것이다. 지금 관점에서 보면 황당하기 그지없는 이런 생각이 과학의 이름으로 사람들 사이의 차별을 조장하는 데 일조했다.

20세기 초반의 유럽의 인종학 교과서에는 여러 인종의 얼굴을 그려놓고 어느 쪽이 문명인이고 어느 쪽이 야만인인지 구별하는 문제가 실려 있기도 했다. 문명인은 당연히 백인의 얼굴을 한 사람이었다. 당시 학생들은 외모만을 보고 문명과 야만을 구별하는 법을 배웠던 것이다. 이는 오랜 역사를 가진 유럽의 인종차별주의가 낳은 멍청한 질문이지만, 이런 교육이 20세기 전반기에 유럽의 인종차별주의를 강화한 것은 분명했다.

1930년대에 정권을 잡은 히틀러는 가장 우수한 아리안 족의 두상을 가진 남녀를 뽑아서 시상을 하곤 했다. 그는 독일인, 즉 아리안 민족이 첫 번째 인류이며, 타락하지 않고 그 순수성을 면면히 이어온 민족이라고 믿었다. 이에 비해 유대인, 집시는 타락하고 불결한 민족이었다. 독일 민족 내에서도 선천적인 장애인, 동성애자, 공산주의자들은 독일 민족을 오염시키는 존재들이라고 간주했다. 히틀러는 이들을 전부 말살하겠다는 계획을 세우고 이를 실행에 옮겼는데, 이것이 2차 세계대전에 벌어졌던 인류의 최대 비극 '대학살(홀로코스트)'이었던 것이다.

지금도 과학의 이름으로 우등과 열등을 나누려는 시도는 계속되고 있다. 누가 우리를 멸시하면 발끈하지만, 우리가 유전적으로 우수하다고 하면 으쓱댄다. 백인이 흑인의 아이큐가 낮기 때문에 흑인이 가난하다고 하면 인종차별주의자라고 비난하지만, 한민족의 아이큐가 다른 인종에 비해서 높다는 '과학적인' 결과가 나왔다고 하면 뿌듯해한다. 한글이 가장 '과학적인' 언어라는 얘기를 들을 때에도 '그럼, 그렇지' 한다.

사이비과학은 이런 마음을 비집고 자라난다. 누군가 과

학의 이름으로 내가, 한민족이, 한국 사람이 과학적으로 못났다고 한다면 이를 쉽게 받아들이지 않을 것이다. 그렇지만 과학이 나를, 한민족을, 한국 사람을 잘났다고 하면 이런 얘기는 우리의 허영심을 살살 간지럽힌다.

"중국인들은 '천성이' 그래." "여자가 그런 건 '자연'스러운 거야." "저 사람은 범죄자의 '피'를 타고났어." "'유전자'가 그런데 어쩌겠니." "그건 남자의 '본성'이야."

여기서 '천성', '자연', '피', '유전자', '본성'은 대부분 과학의 외피를 쓴 사이비과학이다. 사이비과학의 정반대는 신중한 과학일 텐데, 신중한 과학은 인종의 자연적 차이, 인간성과 지능의 유전적 차이, 고정된 성차에 대해서 회의적이다. 18~19세기 사이비과학은 자취를 감추었지만, 과학이 만들어내는 차별이 사라진 것은 결코 아니다. 우리는 새로운 차별에 대해서 경계를 늦추지 말아야 한다. 새로운 차별은 항상 더 과학적인 것처럼 보이고, 더 은밀하게 우리의 허영심을 비집고 들어오기에 그렇다.

Q. 미쳤거나, 괴짜이거나, 변태거나…
대중문화 속 '매드 사이언티스트Mad
Scientist'의 이미지, 왜 이렇게 된 걸까?

전문직에 대한 신뢰도를 조사해보면 시민들은
다른 전문가들보다 과학자를 더 신뢰한다는 것
을 알 수 있다. 대다수의 시민들은 과학자가 믿
을 만한 전문가이며, 과학의 발전이 사회의 발전
을 가져온다고 생각한다. 그렇지만 대중문화에
는 과학자의 이미지가 부정적으로 나타나는 경
우가 많다.

특히 SF 영화에서는 동료들의 반대에도 불구하고 위험한 물질이나 외계 생명체를 대상으로 실험을 하려다가 자신은 물론 동료와 지구를 위험에 빠뜨리는 과학자들이 계속해서 등장한다. 이런 이미지는 과학자에 대한 부정적인 생각의 발로가 아니라, 급속하게 발전하는 현대 과학에 대한 두려움이 반영된 것이라고 볼 수 있다.

현대 과학은 원자력 발전이나 녹색혁명 같은 성과를 냈지만, 동시에 핵무기나 방사선에 의한 위험과 GMO처럼 낯선 식품에 대한 두려움을 낳기도 했다. 과학의 산물이 우리를 어떤 세상으로 이끌지 모르는 상황에 대한 두려움이 대중문화에 투영되는 것이다.

대중문화에 자주 등장하는 매드 사이언티스트는 과학을 이용해서 새로운 생명체를 만들었지만 그 성취를 통해 자신과 주변 사람들을 파멸로 이끈 프랑켄슈타인 박사의 현대 버전이라고 할 수 있다.

2부 _____

미래는 유토피아인가
디스토피아인가

Cross Science Cross
Cross Science C
Cross
Cross ce Cross
Cross Science Cross
Cross Science Cross Scie
Cross Science Cross Sci
Cross Science Cross Sc
Cross Science Cross
Cross Science Cross S
Cross Science Cross

세상과 과학의

크로스

눈부신 과학기술의 발전은 언제까지나 인간을 이롭게 할 것인가. 과학의 진보가 인류에게 선사하는 것이 진정한 유토피아인지, 아니면 결국 모든 것을 잃게 만드는 디스토피아인지 누구도 가늠하기 힘든 현실이다. 다만 분명한 것은 지금 우리 모두의 성찰이 필요하다는 사실뿐.

완벽한 유토피아의
뒷모습

합리적 과학의 두 얼굴

자동화가 급속하게 발전하면서 사람이 하는 일이 줄어들고 공산품의 가격이 하락한다는 예측이 있다. 그런데 그것이 우리가 원하는 이상적인 사회일까? 좋은 물건을 싸게 살 수 있으니 좋겠지만, 다른 한편으로 생산 공정의 합리적 발달 때문에 인간의 일자리가 줄어들고, 결국 소비가 줄어드는 세상이 되는 것은 아닐지 걱정되기도 한다. 뉴스에서도 한번 크게 보도된 적이 있는데, 중국에서 종업원 규모가 만 명 되는 공장을 독일식의 '산업 4.0 시스템'을 적용해서 합리화했더니 종업원 수가 500명으로 줄었다고 했다. 그러면 나머지 9500명은 어디로 갔겠는가 말이다.

인공지능이 대거 활약하게 되는 4차 산업혁명이 가속화 돼서 이런 일이 상품과 지식 생산의 모든 영역에서 일어난 다면 어찌 될 것인가. 어쨌건 상품이나 지식의 값은 싸지겠 지만, 그것을 돈 주고 사는 소비자는 점점 없어져버리는 사 회가 될 수도 있다. 이는 분명히 우려할 만한 일이다.

과학기술의 발전이 분명히 우리가 사는 사회를 더 괜찮 은 사회, 살기 좋은 사회로 만드는 측면이 있지만, 동시에 일하는 사람이 점점 없어진다든지 아니면 조금 다른 용어 로 사회의 불평등이 점점 심해져서 아주 많은 돈을 버는 소 수의 사람들과 일자리가 없는 다수의 사람들로 세상이 양 극화될 가능성을 크게 하는 측면도 있다. 그야말로 (소수에 게는) 유토피아와 (다수에게는) 디스토피아의 공존이 일어 날 수 있는 것이다.

이러한 문제의식을 가지고 있다면 주목할 책이 1516년 출간된 영국 작가 토머스 모어Thomas More의 『유토피아』이다. 이 책이 선구적인 이유는 유토피아utopia라는 말이 여기서 처음으로 사용되었다는 사실에서 쉽게 찾을 수 있다. 모어 는 '좋은 곳'이라는 뜻의 'eu-topia'와 '아무 데도 존재하지 않는 곳'이라는 뜻의 'ou-topia'를 동시에 나타내는 중의적 개념으로 유토피아라는 말을 만들었는데, 이때부터 유토피아는 존재하지 않는 이상향을 뜻하게 되었다.

디스토피아dystopia는 유토피아의 반대말로, 상당히 끔찍한 미래의 어떤 사회를 이야기할 때 사용하는 단어이다. 접두어 'dys'는 '나쁜', '고된'이란 뜻이다. 디스토피아는 19세기에 만들어진 말로 역사가 오래되지 않은 표현이다. 산업혁명 이후에 사회적 불평등이 확산되고 기계화로 인한 인간성 상실에 대한 논의가 시작되면서 디스토피아라는 단어가 만들어지고 널리 사용되었다.

인간의 삶을 인간답게 하는 유토피아

20세기 전반기에 활동한 미국의 사상가 루이스 멈퍼드Lewis Mumford는 우리가 유토피아를 갈망하는 이유를, 인간은 현실이 어려울수록 오히려 '궁극적인 선'에 대해 더욱 철저히 고민하기 때문이라고 했다. 인간은 눈에 보이는 세계가 전부가 아닐 수 있다는 믿음을 가지고 있는 존재이다. 그래서 오래전부터 어느 사회에서나 유토피아에 대한 신화나 믿음이 존재했다는 것이 루이스 멈퍼드의 해석이다.

루이스 멈퍼드는 유토피아를 두 가지로 분류했는데 그

중 하나가 도피 유토피아이다. 이것은 현실이 너무 가혹하기 때문에 사람들이 거기 숨고자 하는 것으로, 예술과 문학에서 주로 나타나는 유토피아이다. 이런 유토피아는 주로 깊은 산속이나 섬에 고립되어 있으며, 샹그릴라처럼 인간 삶의 조건이 완벽한 이상향의 장소로 묘사된다.

그리고 다른 하나는 재건 유토피아인데 이는 생활 조건을 실제로 변화 및 개선시키려는 노력에서 나타나는 개념으로, 이런 개선에는 물리적 환경만이 아니라 새로운 습관, 가치관 등이 포함된다. 사실상 지난 인류 역사에서는 재건 유토피아를 만들어보려는 꾸준한 시도가 있었고 지금도 각 나라 곳곳에서 비슷한 시도가 이루어지고 있다. 특히 시골 마을 등지에서는 마음 맞는 사람들이 자기네들만의 독특한 방식으로 아이들을 교육한다든지 하는 식의 공동체를 꾸리는 경우들이 종종 있다.

그렇다면 토머스 모어의 유토피아는 어느 쪽에 속할까? 그의 소설에 나오는 유토피아는 인간의 삶을 가장 인간답게 재조직하는 사회이다. 그의 유토피아에서는 높은 수준으로 발전한 과학이나 기술이 거의 등장하지 않는다. 이 사회의 경제적 기초는 농업이고, 누구나 농업에 능하다. 축산

기술이 발달해서 달걀 부화를 위해서 인큐베이터를 활용하기도 하는데, 이것이 토머스 모어의 유토피아에 나오는 발전한 기술의 거의 유일한 사례이다. 이 사회에서는 모든 사람이 경작하는 방법을 알고 있고 기꺼이 석공이나 목수 등의 기술직을 갖기도 한다. 즉 직업에 귀천이 존재하지 않는다. 수학, 기하, 천문, 기상에 대해서는 상당한 지식을 축적한 반면 점성술 같은 사기행위는 없다. 모든 이들이 하루 6시간만 일하며 나머지 시간은 자유롭게 보낸다.

토머스 모어의 유토피아에서 도시 사람들은 정원을 가꾸고 회관에 모여 식사한다. 식사 준비는 여성들이 교대로 하지만 여성들이 가사노동에만 종사하는 것은 아니다. 도시에는 공동육아실과 예배당이 있어 여성도 불편 없이 직업을 가지기 때문이다. 정원 가꾸기는 공동체에 최고의 즐거움과 이익을 주는 것으로 묘사되며, 하루 일과는 음악과 향수가 함께하는 우아하고 멋진 식사로 마무리된다.

자궁 형상의 독립된 유토피아

토머스 모어의 『유토피아』에는 실제로 모어가 책을 쓸 때 그렸던 유토피아 그림이 있는데 이게 꽤나 흥미롭다. 전체적으로 초승달 모양을 하고 있고 양쪽 끝 부분 사이는 11마일이나 되는 광대한 만을 형성하고 있다. 육지가 바람을 막아주므로 이 만은 파도가 크게 이는 적이 없고 언제나 호수처럼 잔잔하다. 만의 안쪽 해안 전체가 커다란 항구이고 만의 입구에는 얕은 사주와 암초들이 있다. 이곳에 사는 사람들은 안전한 통로를 잘 알지만 외지인들은 길을 몰라서 배를 가지고 들어올 때는 암초들에 걸린다. 이는 외부의 침입으로부터 유토피아를 보호해주는 역할을 맡는 것이다.

이런 절벽과 암초 덕분에 유토피아는 외지로부터 상당히 격리된 자기들 나름대로의 독특한 생활방식을 오랫동안 안정적으로 꾸려올 수 있었다. 유토피아 그림과 설명을 보면 유토피아 왕국의 모양은 흡사 여성의 성기와 유사하다. 유토피아적 자궁^{utopian womb}이라고 해서 인간이 엄마 뱃속에 있을 때처럼 가장 편안한 장소로 기획된 것이다.

유토피아에 대한 수많은 묘사에서 흥미로운 사실은 대부분의 유토피아가 섬처럼 고립된 지역에 안착해 있다는 것이다. 예를 들어 제국 전체가 유토피아라든지 하는 경우는 없다. 유토피아를 찾아서 오지로 점점 들어가다 보니 사람 발길이 닿기 힘든 어떤 곳에 사람들이 이상향을 건설해

토머스 모어가 그린 유토피아.

서 모여 살더라는 식의 이야기가 많다. 외부로부터 격리된 곳이어야 한다는 생각이 유토피아를 구성하는 한 가지 매우 중요한 조건임을 알 수 있다.

화폐 없는 세상, 평등한 세상을 꿈꾸다

토머스 모어는 『유토피아』에서 당시의 영국 사회를 강하게 질타했다. 영국에서는 땀 흘려 일하는 사람들이 짐승만도 못한 삶을 살고, 일을 안 하는 귀족, 은행가, 금세공업자들이 잘산다는 것이다. 그는 후자들을 '기생충'이라고 부르면서 혹독하게 비판했다. 조세제도는 부자가 가난한 사람들의 등골을 빼먹는 제도이고, 공화국이라는 이념은 이런 불평등과 정의의 실종을 정당화하는 음모라고 주장했다.

그렇다면 토머스 모어의 유토피아에서는 어떻게 사람들이 착취, 권력의 독점, 불평등 같은 문제를 극복하고 이상적인 삶을 살게 된 걸까? 두 가지 이유 때문이다. 하나는 공동체 생활이고 또 하나는 화폐 없는 경제이다. 공동체는 서로 나누는 공유 사회의 토대이다. 그리고 이들의 경제 활동은 화폐에 의해서 매개되지 않는다.

돈이야말로 인간의 오만을 집대성한 것이기에, 돈을 없

앰으로써 많은 문제가 해결되었다. 그 결과 국민들이 생계에 대한 근심 걱정 없이 평화롭게 일을 하고, 사회에 도움이 되지 않으면서 화려한 생활을 하는 사람이 없는 사회, 노동자라든지 목수, 농부 등의 사람들이 대접받고 자신과 가족의 생계를 유지하는 데 별 어려움이 없는 사회인 유토피아가 만들어졌다. 토머스 모어에게 진정한 공화국은 바로 이런 사회였다.

이러한 유토피아는 결코 과학기술의 발달로 가능한 것이 아니었다. 그보다 공유제 사회를 추진하고 화폐를 없애 사람들이 욕심을 부리지 않아야 이런 이상적인 사회가 가능하다는 게 모어의 주장이었다. 이런 사회에서 과학기술은 부차적인 역할만 했는데, 이 유토피아에서 사용하는 첨단 과학기술이라고 해봐야 고작 인공 달걀 부화기 정도인 것이다.

관조의 즐거움, 삶에의 만족을 추구하다

모어는 인간에게 가장 중요한 자질은 덕德이며, 덕은 자연에 따라서 사는 사람의 특성이라고 했다. 여기서 자연에 따른 삶을 산다는 것의 의미는 신을 사랑하고 경배할 뿐만 아니라, 번민으로부터 자유롭고 기쁨이 충만한 삶을 사는 것을 의미한다. 이웃에게 불행을 초래하면 자신의 삶도 자유롭고 기쁨으로 충만한 삶이 될 수 없다. 따라서 국가가 강요하지 않아도 덕을 높게 평가하는 사람들은 공공법칙을 준수한다.

이렇듯 사람들이 덕을 잘 따라서 살기 때문에 유토피아가 유지되고 붕괴되지 않는다는 것이 모어의 생각이다. 하지만 사람들은 개개인의 쾌락을 추구하는 경향이 있고, 서로 더 많은 쾌락을 얻기 위해 싸우기도 한다. 그런데 모어는 서로 다투면서 추구하려는 쾌락은 사이비 쾌락이라고 단정한다. 예를 들어 좋은 옷에 대한 욕심, 의례적인 명예욕, 보석에의 열광, 돈을 모으고 쓰지 않는 것, 사냥, 노름 등이 이에 해당한다. 반면 관조의 즐거움, 삶에의 만족, 감각을 만족시키는 즐거움, 고요하고 조화로운 육체의 상태 등은 진정한 쾌락이다. 유토피아 사회에서 진정한 쾌락은 추구하고 즐겨도 좋은 것으로 간주되는 반면에 사이비 쾌락은 매우 저열한 것으로 경멸과 조롱의 대상이 된다.

다음 그림은 『유토피아』소설에 나오는 것으로, 왼쪽은 친선 도모를 위해 유토피아를 방문한 아네몰리우스 나라

**아네몰리우스의 대사들을 조롱하는 유토피아 사람들(왼쪽),
그리고 그들의 맞선 장면(오른쪽).**

의 대사들을 그린 것이다. 대사들은 예의상 화려하게 금으로 치장된 옷을 입고 왔는데, 유토피아 사람들이 그런 그들의 허세를 조롱하는 장면이다.

그런데 유토피아의 생활습관 중에서 지금 우리의 관념으로 납득이 잘 안 되는 것들도 있다. 그중 하나가 결혼에 대한 것이다. 결혼하기 전 대부분의 남녀들은 순결한 상태를 유지하고 있다가 결혼을 하는데, 유토피아의 젊은 남녀들은 선을 볼 때 서로의 벗은 몸을 마치 검사라도 하듯 아주 자세히 들여다본다. 이를 본 영국 사람들이 이해가 되지 않는다고 하자 유토피아 사람들은 고개를 갸우뚱한다. 하다못해 말을 고를 때에도 말의 건강 상태 등을 자세히 살피고 고르는데, 하물며 인생 대사인 결혼을 결정하는데 서로의 신체를 미리 다 보고 판단하는 것은 당연하다는 것이다.

이 장면 말고도 납득이 안 되는 사례들이 조금 더 있는데, 실제로 몇몇 학자들은 토머스 모어의 유토피아를 진정한 유토피아로 보기에는 문제가 있으며, 그 자신도 그것을 잘 알고 있었던 것이 아니냐는 추측을 하고 있다. 아무튼 토머스 모어의 『유토피아』에서는 과학기술이 거의 강조되지 않았지만, 그로부터 대략 100년 정도 지난 1627년에 나온 프랜시스 베이컨Francis Bacon의 『새로운 아틀란티스』라는 또 다른 유토피아 소설은 먼 미래에나 볼 수 있는 과학기술의 역할을 강하게 강조한다. 100년 시차를 두고 유토피아를 가능케 하는 조건들이 바뀌어버린 것이다.

과학기술이 강조된 유토피아

프랜시스 베이컨의 『새로운 아틀란티스』도 섬에 있는 유토피아를 그린 것이다. 이곳은 벤살렘이라는 왕국인데 영국 선원들이 배를 타고 가다 대서양에서 풍랑을 만나 고초를 겪다 구사일생으로 발견한 곳이다. 이곳 역시 사람들이 매우 평화롭게, 빈곤도 없고 적대감이나 갈등도 없이 그야말로 유토피아적인 삶을 살고 있는 곳이다. 그래서 이곳을 발견한 영국인들은 도대체 이 작은 왕국의 비밀이 무엇인가를 탐사하기 시작한다. 그리고 여기에 이들이 매우 자랑스러워하는 '솔로몬의 집'이라는 연구소가 있음을 알게 된다. 이 연구소 덕분에 왕국의 부와 평화가 유지되고 있었다는 사실을 알아내는 것이다.

솔로몬의 집은 지금으로 따지면 학술원 정도의 연구소라고 하겠는데 이곳에서 개발한 것들의 품목은 이렇다. 한번 먹으면 오랫동안 먹지 않아도 살 수 있는 음식, 먹으면 육체가 단단해지고 힘이 솟아나는 식료품, 유럽에 없는 기계를 이용해서 만든 종이, 리넨, 비단, 염료, 유럽의 성능 좋은 대포보다 훨씬 탄도가 길고 파괴력이 뛰어난 대포, 음식을 저장하는 냉장고, 멀리 떨어져 있는 사람들이 통신을 하는 전화, 바다 속으로 잠수할 수 있는 배 등등.

그리고 솔로몬의 집에서는 나무나 꽃이 제철보다 이르게 열매를 맺으며 개화할 수 있는 기술을 개발하고, 자연산

식물에서 새로운 식물의 종을 개발하며, 한 종류의 식물을 다른 종류의 식물로 성장하도록 조작하고, 짐승과 새들을 해부하고 실험해서 인간 육체의 비밀을 밝히는 실험을 수행한다. 이들은 동물을 원래보다 크고 작게 만들 뿐만 아니라 성장을 멈추게 하는 방법도 터득했다. 심지어 이들은 동물의 피부색이나 모양, 활동 양식을 자유자재로 바꾸고 서로 다른 종을 교배해서 새로운 동물을 얻는 기술도 개발했다. 지금으로 따지면 이상하리만큼 유전공학과 관련된 연구를 많이 하는 기관이었다.

그러면 도대체 이 솔로몬의 집에서 누가 어떻게 그런 연구를 할 수 있었던 것일까? 이 연구소는 국가의 적극적 후원을 받고 있으며, 연구소 내에는 철저한 역할 분담에 근거한 위계가 존재했다.

우선 맨 아래에는 외국에서 활동하면서 사실을 수집하는 '빛의 상인'이 12명 있고, 서적에 적힌 실험을 수행하는 '약탈자'가 3명 있으며, 기계 기술의 결과와 체계적으로 연구되지 않은 관행을 수집하는 '신비 인간'이 3명 존재했다. 그리고 유용하다고 판단되는 새로운 분야를 연구하는 '파이어니어' 혹은 '광부'가 3명, 이로부터 새로운 이론이나 원리를 도출하도록 준비하는 '편찬자'와 동료들의 실험결과로부터 효용성을 찾아내는 '은혜수여자'가 각기 3명, 또한 기존의 연구와 정보수집 현황을 점검하는 '등불'과 결과를 보고하는 '사상 고취자'가 각기 3명이 있었다. 그리고 맨 꼭대기에 참된 공리를 도출해내는 최상층의 '자연의 해석자'가 3명이 위치했다. 이 자연의 해석자야말로 벤살렘 왕국에서 가장 존경받는 사람들이었다.

국민의 세금으로 국가의 전폭적 지원을 받으며 연구에만 몰두하는 솔로몬의 집 종사자들은 왕국의 주요 도시를 순회 방문하면서 유용한 발명이나 발견이 있으면 이것을 출판하고, 질병, 기근, 폭풍, 대홍수, 혜성에 따른 온도 변화 등을 탐구하며, 이를 피하기 위해 백성들이 할 일에 대해 자문하는 역할을 수행하기도 했다. 솔로몬의 집은 벤살렘 왕국을 유토피아로 만들어주는 동력이었던 것이다.

『새로운 아틀란티스』에서 베이컨이 결국 하고자 했던 이야기는 영국 사회가 이러한 방향으로 가야 한다는 것이었다. 영국도 국가적으로 국민의 세금을 지원해 새로운 과학을 집중적으로 연구할 수 있도록 해야 하며, 그러한 과학기술의 결과가 사회를 발전시킴으로써 결과적으로 국가는 더 많은 부를 축적할 수 있다고 생각한 것이다. 그렇게 되면 국민은 더 많은 세금을 낼 수 있고, 이를 통해 새로운 연구가 더 많이 이루어질 것이며, 새로운 연구 결과의 혜택은 다시 사회로 돌아가는 선순환 구조가 구축되어 영국 사회의 유토피아화가 가능해진다는 것이 베이컨의 생각이었다.

소설 속의 가상적 연구 기관인 솔로몬의 집의 목적은 "사물의 숨겨진 원인과 작용을 탐구하고, 그럼으로써 인간 활동의 영역을 넓히고 인간의 목적에 맞게 사물을 변화시키려 하는 것"이었다. 베이컨은 자신의 이러한 세계관을 소설이 아닌 과학철학서 『신기관Novum Organum』에서 훨씬 더 정리된 형태로 제시했다. 이 책에서는 과학의 핵심이 바로 실험이라는 소신이 설득력 있게 펼쳐진다. 자연이라는 것은 마치 동굴 속에서 잠자고 있는 동물과 비슷해서 아무리 그것을 우리가 관찰하고 숙고하고 상상한다고 해도 그것을 온전히 이해할 수 없다는 것이다.

동물을 온전히 이해하려면 동물의 꼬리를 흔들어 깨운 다음 그것들의 성격이 어떤지, 무엇을 먹는지 등을 모두 직접 눈으로 봐야 알 수 있듯이, 자연을 이해하려면 자연을 깨우고 찔러봐야 하는 것이었다. 자연을 깨우고 찔러보는 행위가 바로 실험이었다. 실험은 자연에 침투해서 자연을 비틀어보고 심지어는 자연을 괴롭히는 활동이었다.

지금은 과학의 가장 중요한 핵심이 실험이라는 생각이 당연하다고 간주된다. 현재 과학자의 90퍼센트가 실험과학자이다. 그런데 베이컨 시대만 해도 과학자가 실험을 해야 한다는 생각 자체가 굉장히 낯선 것이었다. 당시 철학자들은 실험을 하면 자연을 교란시키고 망치기 때문에 자연에 대해서 온전하게 이해할 수 없다고 생각했다. 그래서 자연을 건드리지 않고 세심하게 관찰하는 것만이 올바른 방법이라 여겼다.

그런데 베이컨은 이런 기존의 철학적 입장을 논박했다. 그는 사람의 본심도 평상시보다는 자극을 받았을 때 훨씬 더 잘 드러나듯이, 자연도 그대로 놔두었을 때보다 인간이 기술로 조작을 가했을 때 그 정체가 훨씬 더 잘 드러난다고 강조했다.

실험은 협동연구가 가능한 분야이다. 솔로몬의 집에서는 사실을 모으는 일부터 최고 원리를 만드는 일까지 다양한 일을 역할 분담을 해서 체계적으로 수행했다. 이런 실험

과학을 통한 발전은 단순히 사회를 물질적으로 풍요하게 하는 것만이 아니라 사회의 진보, 더 나은 세상을 만드는 데 기여할 것이라고 생각했다. 베이컨은 실제로 과학기술이 발전해야만 이상향이 가능하다는 생각을 최초로 강력하게 피력했던 사람이다. 그런데 그는 어떻게 이런 생각을 하게 된 것일까?

베이컨은 관료였다. 그는 나라를 다스리는 과정에서 영국 사회의 문제점에 대해 깊이 고민했다. 그리고 그는 당시 영국 사회의 가장 큰 문제는 돈 있는 자들의 탐욕과 부도덕에 있다기보다는 사회 전체의 빈곤에 있다고 생각하게 되었다. 이런 생각을 한 뒤에 베이컨은 어떻게 하면 사회 전체의 부를 끌어올릴까를 고심했다. 그래서 그 방법으로 실험을 통한 과학기술 발전에 주목했던 것이다. 이렇듯 과학과 기술이 인류에 이바지하는 바에 대해 큰 신뢰를 보인 베이컨의 생각은 『새로운 아틀란티스』 이후 현대적 유토피아의 또 다른 원형이 되었다.

진보에 대한 믿음과 디스토피아의 등장

베이컨 사후 17~18세기 계몽사조 시기에는 세상에 대한 여러 다양한 의견들이 표출되었다. 그렇지만 이 시기 사람들의 공통적인 믿음 중 하나는 '진보'였다. 세상은 과거로부터 나아지고 있고 앞으로도 계속 나아지리라는 것이 진보에 대한 믿음이었다. 정치체제나 종교가 진보를 막고 있다면 이런 방해물들은 언젠가는 무너질 것이며, 심지어 지금 우리가 이것을 무너뜨려도 괜찮다는 생각을 당시 여러 사상가들이 공유했다.

프랑스 계몽사상가 니콜라 콩도르세Nicolas de Condorcet는 그런 진보에 대한 믿음을 가장 강하게 표출했던 대표적인 계몽사상가 중 한 명이었다. 그는 자신의 사상을 지키느라 프랑스혁명 이후 반혁명자로 몰려서 감옥에서 비극적으로 죽었다. 그는 자신이 감옥에 갇혀서 언제 죽을지도 모르는 비참한 상황에서도 세상은 훨씬 더 좋은 상태로 계속 발전하고 있으며, 인류는 계속 진보할 것이라는 신념을 강하게 표출했다. 감옥에서 저술한 그의 저서 『인간 정신의 진보에 대한 역사적 개요』에는 "지금의 젊은이들이 뉴턴보다 더 많이 안다"는 구절이 있다. 18세기 후반에 학교를 졸업한 젊은이는 100년 전 수학의 천재였던 뉴턴보다 더 진보했다는 것이다.

사실 현재 대학에서 물리학을 전공하는 20대 학생들은 아인슈타인보다 더 많이 알고 있다. 이런 식의 지식의 증가가 결국 세상의 진보를 가져오는 힘이라는 것이 콩도르세의 생각이었다. 심지어 그는 이 저술에서 인간 의술이 계속 발전함으로써 언젠가는 죽지 않는 날이 올 것이라는 믿음까지 피력하고 있다.

같은 맥락에서 산업혁명을 거친 후 미국의 정치인 다니엘 웹스터Daniel Webster는 이렇게 말한 바 있다.

"우리가 살고 있는 세상은 참으로 놀라운 세상이다. 이 세상은 완전히 새롭다. 이 비슷한 것도 이전에는 본 적이 없다. (…) 우리는 대양과 대지를 증기기관의 힘을 빌려 가로지르고 전기를 통해 메시지를 소통한다. 참으로 기적과 같은 일이다. (…) 우리 시대의 진보는 인간의 믿음을 뛰어넘은 것이며, 미래는 신만이 알고 있다."

19세기의 기술 진보를 잘 드러내는 상징물로는 영락없이 증기기관차와 새로운 전신 시스템, 신문을 대량으로 찍어내는 회전 윤전기 등이 언급된다. 다니엘 웹스터의 글은 바로 이 시기, 즉 기술적 진보에 대한 낙관론이 최정점에 이르렀을 때 쓰인 것이다.

그런데 바로 이 시점에서부터 디스토피아적인 관점이 나타나기 시작한다. 사실상 산업혁명의 결과가 유토피아와는 거리가 멀었기 때문이다. 산업화된 사회는 급속한 경제성장을 이뤘지만 빈곤, 범죄, 질병, 가난 등의 문제를 해결하지 못했고, 오히려 도시를 중심으로 이런 문제들이 더 심해졌다. 사람들이 도시로 몰려들면서 빈민촌이 형성되고 여기에서 질병이나 범죄, 매춘 등이 훨씬 눈에 잘 드러나게 된 것이다. 당시는 여덟 살짜리 어린아이들까지도 장시간 공장에서 일을 했던 상황이었다.

자본주의가 아무리 발전해도 빈부격차는 더 심해질 것이고, 가진 사람은 더 많이 가지려들 것이기 때문에 결국 사회는 유토피아와는 정반대 방향으로 갈 수밖에 없다는 생각이 등장하면서 디스토피아라는 말이 유토피아만큼이나 자주 사용되기 시작했다.

자본주의를 비판하는 마르크스의 『자본론』이 등장하는 것도 이 시기이다. 마르크스는 공장이라는 공간 속에서 노동자들은 기계의 부속품이 되어버리며, 자신의 노동을 기계의 작동에 맞춤으로써 인간적인 본성으로부터 소외된다고 주장했다. 그는 기계가 '고문 도구'가 되어버린 현실을 개탄하면서, 노동자들의 소외를 극복하기 위해서는 자본주의적 생산관계를 버리고 사회주의로 나아가야 한다고 설파했다. 기술이 충분히 발전하지 않아서가 아니라, 이윤의 대부분을 자본가들이 독식하기 때문에 사회의 모순이 생기는 것이었다.

자본주의 하에서는 과학기술이 발전해도 인간소외, 불평등이 증가하며, 과학기술의 혜택이 모두에게 평등하게 돌아가는 베이컨의 유토피아는 실제 자본주의 어디에도 존재하지 않는다는 게 마르크스의 생각이었다.

21세기 유토피아, 미래에서 뒤를 돌아보다

1888년 미국에서 에드워드 벨라미Edward Bellamy의 『뒤를 돌아보면서』라는 책이 출간된다. 이 책은 미국에서는 소설사에 빛나는 가장 위대한 책으로 평가받을 만큼 유명한 책인데 의외로 우리나라에서는 잘 알려져 있지 않다. 번역도 완역이 아닌 일부 발췌본만 출판되어 있다.

이 책의 부제는 '2000~1887'이다. 연도가 거꾸로 되어 있는 것이 특이한데 내용을 보면 이해가 된다. 보스턴의 상류 계층 줄리안 웨스트가 1887년에 지하의 비밀침실에서 잠이 들었는데 집이 화재에 휩싸이고 113년 후인 2000년에 긴 잠에서 깨어나는 것으로 이야기가 시작된다.

1887년 미국 사회는 빈부격차와 계급 갈등이 극심했고 그런 와중에 웨스트는 전형적인 상류사회 멤버로서 빈곤층을 경멸하던 인물이었다. 그런데 그가 113년을 자고 2000년 잠에서 깨고 보니 미국이 사회적 모순이 해소된 유토피아 국가로 변모해 있는 것이다.

어떻게 해서 이렇게 세상이 완전히 바뀌어버렸는지 궁금증을 가지고 주인공이 2000년 사회의 달라진 모습들을 관찰하는 식으로 소설은 전개된다. 우선 21세기 미국은 모든 생산수단이 국유화되어 있었다. 흥미로운 사실은 이런 국유화가 혁명을 통해 폭력적으로 이루어진 것이 아니라 사회갈등을 해결하는 과정에서 사람들이 평화적으로 정치적 해법을 모색한 결과였다는 것이다. 그리고 정부가 일종의 큰 기업처럼 국가의 모든 자본을 관리해서 모든 국민에게 일자리와 완벽한 복지서비스를 제공하고 있었다. 따라서 이 사회에는 실업이 없고 직업의 귀천과 소득 격차도 없었다. 계층 사이의 갈등이 없었기 때문에 정당, 정치가, 군대, 빈곤, 파업, 세금, 부패, 매춘, 광고도 없었다.

그러면 이 시스템으로 도대체 어떻게 경제가 유지되는 것일까? 여기서 이 책의 가장 독특하면서 독창적이라고 평가받는 벨라미의 아이디어가 등장하는데, 그것이 바로 '산업군industrial army'이다. 21세에서 45세까지의 모든 국민은 남성 여성 구분 없이 의무적으로 산업군에 종사해야 한다. 그렇게 24년 동안 산업군에 군복무를 하면서 일을 하면, 나머지 일생을 국가에서 책임지는 시스템이다. 여성이 산업군에 들어갈 때 집안일은 국가가 보상하는 가사 도우미가 담당한다.

산업군 복무 시 1년 치 월급은 선불카드로 받는데 이때 선불카드에 있는 돈은 저축하거나 양도할 수 없다. 1년 내에 다 쓰지 못하면 사라지며, 미리 써버리면 돈을 다시 구할 수 없다. 따라서 사람들은 욕심을 내지 않고 계획에 따라 적절한 방식으로 지출하게 된다. 식사와 세탁은 공공 세탁소와 레스토랑에서 무료로 이용 가능하며, 주택 역시 국가에서 무료로 제공한다. 화폐가 없기 때문에 은행도 없고 상점도 없다. 주식도 없다. 사람들은 과욕을 내지 않으며, 사치품, 범죄, 자살이 없고, 이로써 경찰과 법관의 일이 최소화된다.

이 미래 사회의 사람들은 무료로 교육받고 학교를 졸업하면 적성에 맞는 일을 택해서 열심히 일한다. 45세 이후에는 국가가 제공하는 집에서 연금을 받으면서 죽을 때까지 편안한 삶을 살아간다. 벨라미의 이러한 아이디어는 미국의 사회운동, 여권운동, 민권운동에 큰 영향을 미쳤으며 당시 미국 사회에는 벨라미의 아이디어를 구현하기 위한 협회나 학회가 많이 생겨나기도 했다.

지극한 유토피아, 모두가 평등한 사회

모든 시민이 평등한 의무를 다한 뒤 평등한 분배와 복지를 제공받는다는 것이 벨라미의 핵심 아이디어이다. 이런 유토피아가 불가능한 아이디어라고 쉽게 치부해버리는 사람도 있겠지만, 실제로 이 책을 읽다 보면 정말 그럴 수도 있겠다는 생각이 들지 않을 수 없다.

벨라미의 아이디어를 구현하는 산업군에 대한 상세한 묘사를 보자. 우선 산업군에는 직제가 있다. 첫 3년은 규율을 익히고 헌신하는 습관을 들이며 이후 노동자가 되어 직종을 선택하는데, 이때 노동자 대신에 전문직을 위한 학교를 선택할 수도 있다.

그렇지만 본인이 원한다고 다 교사, 의사 같은 전문직으로 가는 것은 아니다. 국가에서 3년 동안 일을 시켜보면서 그 사람의 적성을 파악하며, 그렇게 해서 어떤 사람이 전문직에 적합하다고 판단될 때 그를 전문직으로 보낸다. 그렇다고 전문직이 다른 노동직보다 보수가 많은 것도 아니다. 전문직 노동자들도 육체 노동자들과 똑같은 대우를 받는다. 그렇기 때문에 돈을 많이 벌고 싶은 사람이 아니라, 그 일에 가장 적합한 사람이 전문직으로 가게 되는 것이다.

대통령은 산업군이 아니라 은퇴한 사람들과 자유직 사람들에 의해서 선출된다. 대통령을 비롯한 정치인들은 생산과 분배를 지휘하고 수요를 정확히 측정하며 소비자의 불만을 접수하는 역할을 맡는다. 대통령이 지금의 정치인 같은 모습이 아니라 군대의 참모총장 같은 이미지에 더 가깝다고 할 수 있다.

그런데 모든 사람이 똑같은 임금을 받는다면 노동에 대한 의욕은 어떻게 불러일으킬 것인가 하는 의문이 들 수 있다. 더 많이 생산하는 사람에 대한 보상은 어떻게 이루어지는가? 벨라미는 세상에 다른 사람들보다 더 좋은 대우를 못 받아도 열심히 일하는 사람들이 있는데 그들은 경제적 보상이 아닌 자신에 대한 인정이나 칭송만으로도 충분히 고무된다고 생각했다. 그러면 예술 활동이라든지 힘든 노동이 아닌 분야를 선택하는 것은 어떻게 가능한가? 이미 말했듯 그것은 선호의 문제이다. 개개인의 적성을 파악해서 그중 가장 잘하는 분야를 선택하게 하면 되는 것이다.

그런데 육체노동 중에서도 고층빌딩 청소 같은 위험을 수반하는 노동은 누가 할 것인가? 그것 역시 별 문제가 안 되는 것이, 위험한 일을 하는 사람은 노동시간을 줄여주는 식으로 균형을 맞춘다. 예를 들어 책상 조립하는 사람이 8시간 일을 한다면 고층빌딩 유리를 청소하는 사람은 하루에 10분만 일을 하는 식이다. 그리고 벨라미의 21세기에는 과학기술이 매우 발달했기 때문에 19세기에 했던 위험한 일은 많이 줄어들었다. 정말 위험한 일은 기계가 다 알아서 한다는 것이다.

마지막 문제가 남아 있다. 일을 하지 않으려고 하는 사람들은 어떻게 해야 하나? 일하기 싫으니 잡아가든지 감옥에 가두든지 마음대로 하라고 나오는 사람들은 어떻게 하나? 아무래도 그런 사람들이 많아지면 곤란할 터, 그래서 그런 사람들은 격리를 한다. 사회에서 격리해서 생존에 필요한 최소한의 생필품만 국가에서 제공해주면서 자기들끼리 모여 살게 하는 것이 벨라미의 해법이다.

벨라미의 유토피아는 이런 식으로 유지된다. 빈부가 없기 때문에 사회적, 정치적 갈등이 없고, 빈부가 없어서 범죄가 없어지고, 이에 경찰이나 법원처럼 불필요한 기관들이 없어져서 세금이 새지 않는다. 노동자들은 의사, 예술가, 교수와 평화롭게 공존한다. 이런 세상이 2000년 미국에서 이루어진다는 것이 벨라미가 그린 유토피아였다.

소설 속의 주인공은 미래 세상에 감복하지 않을 수 없었다. 그런데 그러한 감동이 있은 후 자고 일어나니 다시 1887년이다. 그리고 다시 돌아온 1887년에 사람들에게 앞으로 세상이 이렇게 좋아질 수 있다는 이야기를 하지만 아무도 믿는 사람이 없다. 말도 안 되는 소리 하지 말라는 사람들의 핀잔 속에서 소설은 끝이 난다.

완벽하고 완전한 정부를 꿈꾸다

『뒤를 돌아보면서』에서의 유토피아는 비폭력적인 국유화와 산업군에 의해 건설된 것이다. 사람들이 지금과 같은 갈등 사회가 계속되다가는 공멸한다는 의식을 공유하게 되고, 그 의식에 바탕해서 합의를 이루어 기업과 개인의 재산을 국가가 소유함으로써 국유화가 진행되었고 산업군의 역할이 정해졌다. 이를 통해 빈부격차가 해소되고 사회의 갈등이 사라졌다. 계몽사조 이후 계속 강조되어온 정치적 평등과 마찬가지로 경제적 평등 또한 중요하다는 것이 이 책의 주요한 메시지라 하겠다.

그런데 여기서 우리는 이런 사회가 정말 실현될 수 있는지, 아직 실현이 안 됐다면 왜 실현되기가 어려운 것인지를 질문해볼 수 있다. 『뒤를 돌아보면서』에서 묘사된 정부의 작동방식을 보면 국민이 필요한 것들을 생산하고 분배하기 위해 정부는 거대하고 정교한 기계와 흡사한, 매우 치밀한 정보망을 구축하고 있음을 알 수 있다.

중앙 상점에서 출고되는 상품은 아무리 작은 것이라도 매번 기록되며, 따라서 정부의 부서는 정확하게 한 주, 한 달, 혹은 한 해의 소비를 예측할 수 있다. 생산을 담당하는 부서는 10개로 나뉘고 각각의 하위 부서는 하나의 산업을 관장해서 감독한다. 정부에는 생산을 담당하는 부서 외에 분배, 검사를 담당하는 부서가 있고, 불량품이 나오면 그것이 누구에 의해서 만들어진 것인지까지 추적할 수 있다.

올해의 생산 분배량은 물론이고 과거 경향들까지 파악해서 내년에 얼마나 생산할지를 미리 정부가 예측해서 물건을 생산하며, 모든 것이 체계화되어 있어 불량 생산에 대한 책임 소재 또한 분명하다는 것인데, 결국 이를 위해서 정부는 생산과 소비에 대한 모든 것을 알고 있어야 한다. 이게 가능할까? 만약 가능하다면 정말 이런 사회가 불가능하지만은 않을 것 같다.

이게 가능하다고 믿었던 사람들이 있었다. 벨라미도 그랬지만, 실제로 러시아혁명 당시 혁명가들은 이게 가능하다고 생각한 사람들이었다. 국가는 국민이 필요한 게 뭔지, 옷이 얼마나 필요한지, 쌀이 얼마나 필요한지, 집이 얼마나 필요한지, 학용품이 얼마나 필요한지 등을 다 알 수 있어야 한다고 생각했다. 그렇게 되면 국가적으로 낭비 없이 모두가 일한 만큼 평등하게 가져가는 시스템을 만들 수 있다고 생각한 것이다.

유토피아의 또 다른 얼굴

벨라미의 유토피아는 사실 어떤 의미로 보면 디스토피아에 한 발 가까운 상태라고 볼 수도 있다. 이런 국가 시스템을 작동시키기 위해서는 각 부분의 세세한 세부사항까지 알고 이렇게 알아낸 여러 정보를 비교할 수 있는 장치들이 필요하다.

그렇게 되기 위해서는 국가라는 것 자체가 상당히 거대한 기계와 비슷해질 수밖에 없다. 그러다 보면 이런 '기계'를 작동시키는 사람들이 큰 권력을 가질 수밖에 없다. 국민이 무엇을 필요로 하는지 알기 위해서 국가는 국민의 삶에 간섭하고 감시할 수밖에 없다. 그렇지 않으면 생산과 소비와 관련된 정보를 얻어낼 수 없기 때문이다. 그런데 나도 내가 무엇을 원하는지 정확히 모르는데, 국가가 어떻게 나의 필요를 정확히 알 수 있다는 말인가.

이런 시스템이 제대로 작동하기 위해서는 굉장히 거대한 기계가 또 돌아가야 하는 것이다. 기술철학자 루이스 멈퍼드가 '메가머신megamachine'이라고 불렀던 힘을 가진 관료집단이 만들어지고 수많은 정보가 수집되어야 하는데, 이것은 실제로 20세기 러시아혁명 이후 설립된 소련에서 시도되기도 했다. 그렇지만 한 국가의 경제를 계획해서 실행하는 것은 가능하지 않은 일이라는 게 판명되었다.

그래서 사회경제라는 것은 일정 정도는 시장에 맡길 수

밖에 없다는 게 우리가 그나마 지금까지의 역사를 통해 배워온 교훈이다. 사람들의 필요를 국가적으로 정확히 예측한다는 것은 불가능에 가까운 일이다. 따라서 수요와 생산은 시장 메커니즘에 맡겨야지 그것을 국가적으로 조정한다는 것은 또 다른 통제와 억압의 원인이 될 수 있는 것이다. 즉 하나의 문제를 해결하려다가 두 개의 문제가 생기는 꼴이다. 사회는 살아 있는 유기체 비슷한 것이며, 따라서 그것이 어떻게 발전하고 진화할지 100퍼센트 예측하는 것은 가능하지 않다. 이런 관점에서 평가해보면 벨라미가 그린 미래 유토피아 사회의 뒷모습은 파산한 전체주의 사회와 무척 닮아 있다.

보이지 않는 빅브라더가
당신을 보고 있다

일상을 숨기는 것이 불가능한 세상

2012년에 미국에서 흥미로운 사건이 하나 있었다. 타깃이라는 큰 슈퍼마켓 체인이 있는데, 다른 마켓처럼 타깃도 고객에게 쿠폰과 함께 새로운 상품 정보를 편지봉투에 넣어보냈다. 그런데 미니애폴리스의 한 아버지가 그 편지봉투를 받아 열어보고는 깜짝 놀랐다. 고등학생인 자기 딸에게 온 쿠폰들이나 광고 전단지가 온통 임신한 여성이 사용하는 제품에 대한 것들이었기 때문이다.

부모도 모르는 딸의 임신 사실을 타깃은 어떻게 알았던 것일까? 바로 딸이 임신 관련 제품을 검색하고 구입한 사실을 종합해서 타깃의 컴퓨터 시스템이 자동적으로 그 사람에게 맞는 상품 광고를 보낸 것이다.

이 사건은 신문에 기사로 나기도 했는데 이때 이 신문기사를 흥미롭게 본 자넷 벌티스라는 한 사회학과 박사과정 대학원생이 자신도 한번 실험을 해봐야겠다는 생각을 한다. 당시 자넷은 결혼을 해서 아이를 막 가진 상태였는데 자신이 아이를 낳을 때까지 10개월 동안 광고회사나 임신 제품을 판매하는 회사에 임신 사실을 철저히 감춰보기로 한 것이다.

실험을 성공시키기 위해서는 우선 이메일 쓰는 것을 상당히 조심해야 했다. 친구나 가족에게 보내는 이메일에 "나 임신했어." 등의 말을 하는 순간 그 이메일의 개인정보를 받아 보는 수많은 회사들이 그 사실을 알아차리기 때문이다. 또 크레디트카드를 사용해서 임신 관련 제품을 사는 순간 가게와 크레디트카드 회사의 데이터베이스에 바로 자신의 임신 사실이 입력되기 때문에 이 역시 피해야 했다.

그리고 인터넷 검색도 조심해야 한다. 예를 들어 임신한 여성에게 무슨 영양제가 좋은지 등을 검색하는 순간에 바로 접속자의 임신 사실은 등록이 되고 관련된 모든 광고들이 뜨기 시작한다. 따라서 개인 신원이 노출되지 않는 토르 같은 브라우저를 써야 한다. 그런데 이런 브라우저를 주로 쓰는 사람들은 테러리스트를 포함한 범죄자들이다. 토르 브라우저를 쓰면 그 사람의 신원은 감춰지지만, 이를 사용했다는 사실이 바로 FBI와 CIA에 접수된다. 그러니까 임신한 사실은 감출 수 있지만 정작 당사자는 상당히 의심스러운 인물이 돼버리는 것이다.

그래도 자넷은 10개월간 꿋꿋하게 비밀 유지를 했고 그 실험 결과를 2014년 1월《타임》지에 공개했다. 개인 비밀을 유지하는 것의 어려움, 그리고 비밀 유지는 성공했지만 그로 인해 주변 관계들이 엉망이 되어버린 사실, 그리고 정부기관에 상당히 의심스러운 인물로 주목받은 사연까지를 모두 밝혔다. 이와 같은 그녀의 실험은 우리가 어떤 세상에 살고 있는지 적나라하게 보여준다. 그 세상은 나의 일상을 숨기는 것이 불가능에 가까운 세상이라는 것이다.

과학기술이 가져온 감시와 통제

사람들이 개인정보에 민감한 데는 분명 이유가 있다. 미국에 NSA^{National Security Agency}라는 기관이 있는데, NSA는 CIA나 FBI만큼 규모가 크고 하는 일이 많지만 일반인들에게는 잘 알려져 있지 않은 곳이다. 비밀에 가려져 있는 이 기관에서 프리즘prism이라는 해외 정보 수집 프로그램을 운영했다는 것을 2013년 에드워드 스노든Edward Snowden이라는 내부고발자가 샅샅이 폭로해서 사회적으로 큰 파장을 가져온 일이 있다. 그 프리즘이란 것은 쉽게 말해 모든 미국인의 이메일을 다 열어보고 모든 전화를 감청하는 시스템이다. 물론 컴퓨터가 하는 일이지만 이를 통해 이상한 문구나 단어 등을 발견하면 자동적으로 요주의 인물로 판단해서 주목한 사람을 계속 모니터링하는 시스템이다.

미국 NSA는 미국인을 넘어서 전 세계 사람들로 그 감시망을 확대했다. 물론 NSA가 직접 하는 것은 아니고, 다른 회사와 계약을 맺어 돈을 주면 그 회사가 정보를 제공하는 식이다. 처음에는 마이크로소프트와 계약했고, 2008년에 야후, 2009년에 구글, 페이스북, 페이톡, 유튜브, 스카이프, AOL, 그리고 2014년에 애플 등과 모두 계약해서 이 회사들을 통해 주고받은 개인정보들을 전부 감청하거나 도청해왔다. 이런 감시 시스템이 이미 오래전부터 운영되어 왔다는 것을 스노든이 폭로한 것이다.

이때 많은 사람들이 경악을 금치 못했다. 더 이상 사적 비밀이란 것이 존재할 수 없는 세상에 대한 두려움이 컸기 때문이다. 마치 조지 오웰George Orwell이 그 유명한 소설 『1984』에서 기술한 세상이 온 것만 같았다.

『1984』는 1948년에 쓰인 작품으로 발간연도를 거꾸로 한 84년을 예측한 소설이다. 1948년이면 2차 세계대전이 연합군 측의 승리로 끝난 시점인데, 전쟁 후 홀로코스트를 비롯해서 독일 전체주의 사회에서 벌어졌던 상당한 종류의 악행들이 세상에 밝혀지기 시작하던 시점이기도 하다.

조지 오웰이 그린 1984년에는 세상이 수백 개의 나라가 아닌 불과 세 개의 나라, 즉 오세아니아, 유라시아, 이스타시아로 나뉘어 있고 각 나라들이 대단히 큰 덩어리의 땅을 통치하고 있다. 소설의 무대인 오세아니아는 아메리카와 영국 정도를 포함한 나라이고 주인공 윈스턴 스미스는 오세아니아의 외부당원이다. 오세아니아에서는 '당'이 절대 권력을 가지고 있고 당원은 특권층이며 나머지 사람들은 모두 당원보다 훨씬 더 궁핍한 생활을 하고 있다.

당은 네 개의 부서로 구성되는데 '평화부'는 전쟁을 관장하고 '애정부'는 범죄를 관리하며, '풍요부'는 배급을 궁핍하게 유지하고 '진리부'는 정보를 조작하고 통제하는 역

할을 맡는다. 오세아니아는 항상 전쟁 중이고 전시 비상사
태를 유지하고 있는 나라이다.

"빅브라더가 당신을 보고 있다"

윈스턴은 진리부에 근무한다. 진리부의 슬로건은 '과거를
지배하는 자가 미래를 지배하고, 현재를 지배하는 자가 과
거를 지배한다'이다. 정보 조작, 특히 과거 조작을 많이 하
는 진리부는 과거에 일어났던 사건 중 당에 안 좋은 사건들
이 있으면 그 역사를 전부 바꾸는 일을 수행한다. 그런데
하나의 역사를 바꾸면 그것과 연관된 또 다른 역사를 바꿔
야 하기 때문에 이런 수정 작업들은 꼬리에 꼬리를 물고 끊
임없이 계속된다.

윈스턴은 역사를 조작하는 일을 담당하는 말단 관료이
다. 과거 역사를 지우고 그 역사가 적힌 책들을 다 없앤 후
새로운 책으로 대체하는 등의 일을 한다. 그리고 당의 전체
슬로건은 '전쟁은 평화, 자유는 예속, 무지는 힘'인데 이러
한 모순적인 슬로건을 사람들에게 강요하는 일도 담당한
다. 예를 들어 2 더하기 2는 4가 아니라 5라는 것을 사람들
에게 강요하고, 이를 결국 받아들이게 만드는 식이다.

그런데 어느덧 당의 위선을 깨닫고 자신의 일에 환멸을 느낀 윈스턴은 우연히 알게 된 동료와 이런 전체주의적인 당에 저항하고자 당의 전복을 꾀하지만 곧 들통이 나고 만다. 알고 보니 함께 모의한 동료가 비밀 사상경찰이었던 것으로 이 사람이 밀고해서 발각이 된 것이다.

그리고 조사 과정에서 그가 줄리아라는 여성과 연애를 한 사실까지 발각된다. 이 사회에서는 결혼은 허용되지만 애정은 허용되지 않는다. 그래서 금지된 연애마저도 발각되어 모진 고문과 세뇌를 받게 되고, 결국 윈스턴 스미스는 권력에 무릎 꿇고 '빅 브라더'를 마음속 깊이 사랑하는 존재로 거듭나게 된다. 소설의 마지막은 윈스턴 스미스가 사랑하던 여성을 다시 만나지만 두 사람이 아무런 감정도 못 느끼면서 서로를 스쳐 지나가는 것으로 끝을 맺는다.

소설 『1984』는 감시의 기술로 가득한 전체주의 사회와 관련해서 지금 우리에게도 새로운 의미로 다가오는 작품이다. 선전을 전송하고 시민을 감시하기 위해 개인의 집에는 커다란 텔레스크린이 설치되어 있으며 모든 개인은 여기에 종속되어 있다. 예컨대 스크린에서 체조가 나오면 바로 체조를 따라 해야만 한다. 만약 따라 하지 않으면 즉시 제대로 하라는 명령이 떨어진다. 스크린에서는 영상만 나오는 것이 아니라, 그 자체가 감시 카메라로 작동한다.

사실상 집 안에는 감시를 피해 숨을 곳이 거의 없으며, 이런 텔레스크린은 집뿐만 아니라 거리라든지 공공장소에도 모두 설치되어 있다. 내가 어디에 가더라도 항상 당이 나의 행동을 주시하고 감시하고 있는 것이다. 그래서 '빅브라더가 너를 보고 있다Bigbrother is watching you'라는 메시지가 시시때때로 계속해서 일상 속에서 전달된다. 그리고 사람들의 말과 행동을 감시하는, 누구인지 알 수 없는 사상경찰들이 곳곳에 포진되어 있다. 어젯밤에 나와 맥주를 마신 친구가 사상경찰일 수 있는 것이다.

그리고 이 사회에서는 신조어newspeak들이 대거 등장한다. 예를 들어 'bad'는 상당히 부정적인 단어이기에 쓰지 못하게 하고 대신 'ungood'이라는 단어를 쓰게 한다. 감정을 드러내는 'wonderful' 대신 아무 감정 없이 'plus good'을 쓰게 하며, 놀라움과 경이를 나타내는 'splendid' 대신 'double plus good'을 쓰게 한다. 이런 식으로 언어를 통해 사람의 생각을 통제한다. 그리고 이 사회에서도, 마치 우리 사회처럼, 상품 구매 이력이 추적되는 것을 볼 수 있다.

현대 사회의 감시 시스템, 판옵티콘

『1984』 작품이 던지는 메시지는 결국 전체주의, 그 당시의 독일이나 소련 같은 국가에서 볼 수 있었던 전체주의적 정부의 위험성, 사고 통제의 위험을 강조하는 것이 아닐 수 없다. 강력한 권력을 가진 정부가 행하는 심리 캠페인이나 물리적 구속, 비밀경찰 등을 통한 사상검열, 언어와 역사의 통제, 텔레스크린 같은 감시기술을 통한 사생활 침해 등을 고발하고 있는데, 특히 여기에서는 미디어를 믿지 말라는 강력한 메시지를 던지고 있다.

놀라운 사실은 이 책이 쓰인 1948년이라는 시점이 컴퓨터나 정보통신기술이 발달하기 이전이라는 것이다. 그럼에도 정보통신기술이 고도로 발달했을 때 그것이 감시의 테크놀로지로 사용될 수 있다는 미래 전망을 보여주고 있으니 그 통찰력이 놀라울 따름이다.

『1984』에 나오는 텔레스크린 기술은 사실상 우리에게 판옵티콘panopticon을 떠올리게 한다. 영국의 공리주의 철학자 제레미 벤담Jeremy Bentham이 제안한 판옵티콘은 모든 것을 감시할 수 있도록 만든 동그랗게 생긴 원형 감옥이다.

간수가 있는 가운데 공간은 높고 어둡게 하고 죄수들의

공간은 360도로 낮게 불을 환하게 밝혀 한 명의 간수가 수백 명의 죄수를 관리할 수 있는 시스템이 판옵티콘이다. 간수는 죄수의 일거수일투족을 볼 수 있지만, 죄수는 간수를 볼 수 없다. 따라서 이곳의 죄수들은 항상 보이지 않는 간수의 눈길을 의식하며 규율에 맞게 행동하려고 노력한다는 것이다.

벤담이 살던 시기에는 감옥을 개혁해보려고 해도 일단 개혁에 필요한 비용, 즉 간수의 월급 등 유지비가 너무 많이 들어 국가에서 감옥을 방치함으로써 감옥이 매우 비인간적으로 운영되고 있었다. 그러자 벤담이 자신에게 감옥의 책임을 맡겨주면 효율적인 감옥 시스템을 만들어 감옥으로부터 죄수들의 노동을 통해 상당한 수익을 내겠다고 장담했다. 그는 이런 원형 감옥에서는 죄수들이 스스로 감시를 내면화해서 시키는 대로 열심히 일을 할 것이라고 믿었다.

20세기 프랑스 철학자 미셸 푸코Michel Foucault는 이러한 벤담의 판옵티콘에 주목했다. 우선 이 판옵티콘이 사람들로 하여금 규율을 내면화하게 만드는 기능에 주목했는데, 푸코는 동시에 이러한 시스템이 당시 감옥만이 아니라 병원

판옵티콘 구조로 된, 오스트레일리아 멜버른에 위치한 빅토리아주립도서관.

이라든지 학교, 공장 등으로 실제 확산되었다는 주장을 했다. 근대 사회가 발전하면서 모든 공공기관 및 사설기관에서 효과적인 감시 시스템으로 이러한 판옵티콘 시스템을 도입했다는 것이다. 쉽게 말해서 우리 사회 전체가 판옵티콘화되었다는 것으로, 푸코의 이런 주장은 당시 상당히 큰 반향을 불러일으킨 바 있었다.

나도 모르게 나를 감시하는 기술들

미셸 푸코와 제레미 벤담의 이런 주장이 어느 정도의 설득력을 갖는지에 대해서는 철학자들이나 역사학자들 사이에서 의견이 분분하지만 현재 감시 기능을 갖춘 기술들이 점점 발달하고 있다는 것만은 분명한 사실이다. 그렇다면 현재 우리를 감시하는 기술들에는 무엇이 있을까? 앞서 말한 프리즘이 대표적인 감시 기술일 테지만, 그것만이 아니라 우리에게는 바로 CCTV가 있다. 국가인권위원회 조사에 따르면 수도권 지역 한 사람의 하루 평균 CCTV 노출 횟수는 83회라고 한다. 이것은 몇 년 전 통계이니 지금은 더 늘어났을 것이다. 영국은 평균 300회에 이른다.

실제로 영국은 CCTV의 나라라고 할 정도로 전 세계에서 인구당 CCTV가 가장 많은 나라이다. 반면 미국은 생각보다 그렇게 CCTV가 많지 않다. 그리고 2009년에서 2011년간의 통계를 보면 불과 2년 사이에 국내의 모든 대학에서 CCTV의 개수가 엄청나게 늘어난 것을 알 수 있다. 이러한 CCTV 덕분에 여대생 기숙사에 침입한 성폭행범을 붙잡기도 하는 등 나름의 성과도 있지만 일부 사람들은 자신의 의지와 무관하게 자신의 얼굴이나 행동이 계속 찍힌다는 것에 불편해하기도 한다. 그렇다고 개인이 이에 대해 저항할 수 있는 방법은 별로 없다. 실제로 언제 어디서 찍히는지도 잘 모르는 상태이기 때문이다.

우리를 감시하는 것은 CCTV만이 아니다. 전혀 예상치 않게 우리가 찍히는 것 중 하나가 '스트리트 뷰' 사진이다. 다음이나 네이버, 구글 지도 등에서 스트리트 뷰를 누르면 해당 거리 사진이 바로 뜨는데 이것은 실제로 찍은 사진이기 때문에 그때 그곳을 지나는 사람들이 다 찍힌다. 처음에는 얼굴이 그대로 노출돼서 해당 인물이 항의하거나 소송을 하기도 했는데 지금은 얼굴을 다 지운 상태로 제시되지만 실제 당사자는 자신을 충분히 알아볼 수 있다.

그리고 요즘 취미활동으로 많이 사용하는 드론 카메라도 공중에 띄워서 사진 촬영하는 것이기 때문에 그것을 통해 우리의 모습이 찍힐 확률 역시 충분히 높다. 또한 외신에까지 보도된 한국의 몰래 카메라는 여성의 일상을 위협하는 무기가 되기도 한다.

그리고 또 하나의 감시 시스템으로 작동하는 것이 바로 휴대폰, SNS이다. 지금은 대부분의 학부모가 아이들 휴대폰을 통해 위치추적을 하고 있으며, 연인이나 부부 사이에도 서로의 위치를 추적하는 상대에게 화를 내는 것은 드물지 않은 풍경이다.

개인정보는 어떻게 돈이 되는가

현재 인공지능을 사용해서 개인정보를 확보하는 일을 대단히 잘하고 있는 회사가 아마존이라 할 수 있는데 나는 개인적으로 아마존에서 메일을 받을 때면 섬뜩한 기분이 들기도 한다. 바로 내가 사고 싶은 책들이 정확히 목록화되어 있기 때문이다. 아마존은 빅데이터와 인공지능이 결합해서 고객맞춤형의 추천 기능을 발휘하는데, 어떻게 개인의 관심사를 그렇듯 정확히 포착하고 있는지 놀랍지 않을 수 없다. 우리나라의 온라인 서점들도 비슷한 기능을 갖추고 있기는 하지만 아마존에 비하면 아직 높은 수준에는 이르지 못했다.

또한 이러한 인공지능 데이터를 통해 1년에 1조 이상의 수익을 올리고 있는 회사가 넷플릭스라는 미국의 온라인 동영상 스트리밍 서비스 회사이다. 요즘은 가정에 영화를 볼 수 있는 IPTV가 많이 보급되어 있어 넷플릭스에 가입하면 PC와 TV 모두에서 영화를 무제한으로 볼 수 있다. 신기하게도 바로 열기만 하면 내가 관심 있는 영화들이 끊임없이 소개되어 나온다. 넷플릭스는 가입 후 고객이 일단 영화를 몇 개 선택해서 보기만 하면 이후에는 바로 그 사람의 성향을 매우 정확하게 파악해서 추천하는 기능이 발달해 있는 것이다.

지금은 모든 기업이 그러한 맞춤형 마케팅에 공력을 기울이고 있다. 개인에게 그때그때 절실한 정보들, 예컨대 자전거 바퀴가 펑크 났을 때 가장 가까운 거리의 자전거 수리점을 알려주는 정보 시스템을 갖춘다면 그것이야말로 회사 입장에서는 꿈의 마케팅이 아닐 수 없다. 구글 또한 이러한 마케팅 활용을 잘하는 회사인데 구글은 기본적으로 검색을 이용해서 개인정보를 얻는다. 예를 들어 괌 호텔을 검색한 후 이메일을 열어보면 바로 괌 호텔에 대한 정보가 들어와 있는 식이다.

이런 기업만이 아니라 사실상 많은 기관에서 우리의 개인정보를 원하고 있다. 의료기관이나 보험회사뿐만 아니라 정부 역시도 테러의 가능성 등을 차단하기 위해 나름대로의 빅데이터를 수집하고 있다. 그렇다면 이들은 어떻게 개인정보를 모을 수 있는 것일까?

첫 번째는 불법적인 방법을 동원하는 것이다. 예를 들어 과거에 삼성 휴대폰 사용 시 무료 안드로이드 앱을 설치하는 순간 개인정보가 다 빠져나간 사례가 있었다. 물론 나중에 이를 알게 된 고객들의 항의로 삼성이 사과했지만 이미 많은 정보들이 유출된 후였다. 또한 은행에서 직원 개인이 고객 정보를 해외로 빼돌리는 등 개인정보 불법 유출은 심심치 않게 신문 사회면을 장식하고 있는 실정이다.

그다음에 이러한 불법적 방법이 아니더라도 개인정보의 소극적인 제공, 혹은 강제 제공의 경우도 많이 있다. 인터넷에서 무엇인가 구입하거나 할 때면 '개인정보 수집, 이용, 제공 동의' 등의 항목이 있다. 얼핏 보면 옵션 같지만 동의하지 않으면 그다음 페이지로 넘어가지 않는다. 그렇다 보니 해당 서비스를 이용하기 위해서는 무조건 동의를 하게 되는데 자세히 보면 동의하지 않아도 되는 진짜 옵션까지도 모두 동의하기 쉽게 만들어놓은 경우도 많다. 소극적 제공을 넘어 강제 제공에 해당하는 경우도 많다.

반면 적극적이고 자발적인 제공도 있다. 예를 들어 경품 추천에서 당첨된 경우가 이에 해당한다. 경품 수령을 위해서는 이름과 주소, 휴대폰 번호 등 모든 개인정보를 넘겨야만 하는 것이다. 공짜 서비스를 이용할 때 자신을 비롯해 페이스북 친구들의 정보를 넘기는 경우도 많다.

미국에서는 보통 개인의 가장 기본적인 정보라 할 이름

과 주소가 10센트, 우리 돈으로 100원 정도에 거래된다고 한다. 개중 비싼 정보는 임신한 여성에 대한 정보로 1달러 40센트에 거래된다고 하는데 왜 그런지는 다들 짐작할 수 있을 것이다. 임신하면 그때부터 아이가 어느 정도 성장할 때까지 사용해야 할 물건들이 계속 바뀌면서 정해지기 때문이다. 기업의 입장에서는 무엇을 필요로 하는지 가장 확실하게 알 수 있는 고객층이 임산부이다.

"프라이버시는 죽었다"

『당신은 데이터의 주인이 아니다』라는 책을 쓴 브루스 슈나이어Bruce Schneier는 이런 말을 하기도 했다. "어떤 서비스가 무료라면 당신은 고객이 아니다." 고객이 아니라면 무얼까? 그는 단언한다. "당신은 제품에 불과하다."

우리 주변에는 무료가 많다. 페이스북도 무료, 지메일도 구글도 무료이다. 또한 인터넷신문, 쇼핑사이트, 할인사이트도 모두 이용이 무료이다. 슈나이어는 그곳에서 우리의 정보가 기업에 팔리고 있기 때문에 고객 자신이 상품이라는 이야기를 하고 있는 것이다.

구글이 잘하는 것 중 하나가 이메일 메시지에서 정보를

추출하는 것이다. 예컨대 축하할 만한 내용의 이메일을 보내면 그다음 메일 확인 시에 바로 꽃 선물 대행업체 같은 광고가 뜨게 된다. 인공지능이 읽고 키워드를 뽑아내 그 사람에게 가장 필요한 상품 정보를 제공하는 놀라운 시스템이 아닐 수 없다.

또 하나의 놀라운 기업은 페이스북이다. 2004년 탄생한 페이스북은 2017년 현재 20억 명이 가입해 있는 세계 최대의 소셜네트워크서비스인데, 20억 명이면 전 세계 인구가 70억이니 7명 중에 2명이 사용하고 있다는 것이다. 그런데 어린아이들은 페이스북을 이용하지 않으니 최소한 3명 중 한 명이 지금 이 서비스를 이용하고 있는 셈이다. 생각해보자. 어떤 서비스가 20억 명을 연결해주고 있다는 것은 실로 엄청난 일이다. 인터넷상 번역 기술 또한 빠르게 향상되어 앞으로 페이스북은 전 세계 사람들을 하나로 묶어주는 진정한 네트워크 역할을 할지도 모른다.

그런데 이러한 놀라운 네트워킹 기능은 한편으로는 또하나의 빅브라더라는 우려를 낳고 있기도 하다. 현재 페이스북이야말로 우리의 모든 것을 보고 있다는 것이다. 그런데 페이스북의 CEO 마크 저커버그**Mark Zuckerberg**가 몇 년 전

자신의 입으로 "프라이버시는 죽었다"는 말을 한 적이 있다. 이 말은 우리가 생각하듯 페이스북에 자신의 프라이버시가 노출됨으로써 그렇다는 말이 아니다. 즉 빅브라더로서의 페이스북 기능을 문제 삼은 것이 아니다. 저커버그는 프라이버시가 죽은 더 큰 이유를 '자발적인 공유sharing'라고 했다.

실로 지금은 사람들이 자발적으로 자기를 드러내는 시대이다. 페이스북이 요청하지도 않았는데 자신의 온갖 사생활을 일일이 보고하고 기록하고 저장한다. 아침에 몇 시에 일어났는지부터 어디에 갔고 무엇을 먹었는지, 어떤 음식이 맛있고 어느 장소가 예쁜지 등을 시시콜콜 공개한다. 아주 적극적으로 더 많은 사람에게 자기 자신을 노출하려고 애를 쓴다. 어떤 이는 자신의 일상을 실시간으로 중계하기도 한다. 자기를 감추기보다 알리려고 애를 쓰는 것, 저커버그는 이를 두고 프라이버시는 죽었다고 말한 것이다.

프라이버시를 재정의하다

프라이버시라는 개념은 사실 19세기에 등장한 개념이다. 조선시대 때 프라이버시라는 개념이 있었을까? 없었다. 오래전 한국영화를 보면 신혼 방에 신혼부부가 들어가면 창호지에 구멍을 내서 동네 사람들이 첫날밤을 모두 들여다보고는 했다. 구멍 뻥뻥 뚫리는 창호지 문으로 된 한옥에서 무슨 프라이버시가 있었겠는가. 가난한 시골집들은 창호지 문마저도 없었다. 개인 공간 따위는 가질 수 없는 시절이었다. 더욱이 공동체적인 촌락에서는 모든 사람이 서로에 대해 다 알고 소문을 내는 사회였다.

19세기 전까지는 모든 나라가 마찬가지였다. 산업화가 되고 도시가 생기면서 사람들이 나만의 공간과 자유를 생각하게 된 것으로, 나 혼자 있을 수 있는 자유란 것은 돌이켜보면 참으로 낯선 개념이 아닐 수 없다. 그런데 그 낯선 개념이 미국 수정헌법에 들어가고, 그래서 프라이버시라는 개념으로 정착한 것이다.

그런데 프라이버시가 죽었다고 선언한 저커버그에 따르면, 프라이버시 개념은 우리가 궁극적으로 추구해야 하는 개념이 아니라는 것이다. 예를 들어 언론의 자유, 집회의 자유 등은 인간이 근본적으로 가지고 있는 권리로, 만약 침해당했을 때에는 목숨을 걸고 싸워야 한다. 하지만 프라이버시라는 것은 원래 역사적으로 계속 존재했던 것이 아

니라 산업화 이후 등장한 개념으로, 21세기 사회에서는 더
이상 통용되지 않고 자연스럽게 그 의미를 잃어가는 개념
이라는 것이 그의 주장이다. 상당히 논쟁적인 주장이 아닐
수 없다.

저커버그는 이렇게 말했다. "사람들은 더 많은, 다른 종
류의 정보를 공유하는 것에 편안해할 뿐 아니라 이를 더 많
은 사람들과 더 공개적으로 공유하려고 한다. 이런 사회적
규범은 시간이 흐르면서 진화한 것이다." 공적인 것public과
사적인 것privacy의 구별이 점차 흐려지고 있다는 이야기다.
저커버그의 논쟁적 주장은 '페이스북, 어떻게 프라이버시
를 재정의하고 있는가Facebook, how is redefining privacy'라는 제목으
로《타임》지의 표지에까지 등장했다.

행복하게 쾌락만을 추구하는 '멋진 신세계'

조지 오웰이 『1984』에서 그린 세상에서는 책을 읽는 것도
금지돼 있고 일기 쓰는 것도 금지돼 있다. 그래서 주인공은
텔레스크린을 통한 감시의 시선이 미치지 않는 아주 작은
구석의 벽돌을 파내고 거기에 일기장을 숨겨놓고는 그 구
석에 앉아 그날 있었던 일들을 기록한다. 생각하는 사람으

로 살아남으려는 지난한 노력이라 하겠다.

그런데 조지 오웰의 세상과 지금의 SNS 세상은 어딘가 다르지 않은가? 분명히 감시가 만연한 것은 같은데, 지금은 누구나 들여다보는 페이스북에 일기를 쓰는 사람이 엄청나게 많은 것이다. 오웰은 책이 금지당하는 것을 두려워했지만, 지금은 오히려 아무도 책을 심각하게 생각하지 않아서 책을 금지할 필요가 없어진 것을 우리가 더 두려워해야 하는 게 아닌가.

이런 생각을 한 사람이 올더스 헉슬리Aldous Huxley이다. 『1984』에 이은 또 다른 디스토피아 버전의 책『멋진 신세계』의 작가 올더스 헉슬리는 유명한 다윈주의자였던 생물학자 토머스 헉슬리Thomas Huxley의 손자로, 평생을 지적인 권위와 도덕적인 의무감의 무게를 느끼면서 살았다고 한다. 그는 미국을 여행하던 중 포드주의fordism를 접했다. 헨리 포드는 거대한 자동차 공장을 기계 위주로 운영하는 시스템을 도입한 인물로서, 포드주의는 포드의 생산방식과 경영철학을 총칭한다. 그리고 이탈리아에서 무솔리니의 파시즘을 경험했다. 헉슬리는 자신의 이런저런 경험들을 토대로 1931년에『멋진 신세계』를 집필한다.

처음에는 책에 대한 반응이 신통찮았다. 하지만 시간이 지나면서 그 평가가 높아져서, 지금은 많은 사람이 20세기 과학 소설 중 최고의 걸작이라고 여긴다. 심지어는 과학 소설의 범주를 넘어서 지금까지 출간된 모든 소설 중에서 손에 꼽힐 정도의 걸작이라고 평가하는 사람도 많다.

『타임머신』등의 유명한 SF를 썼던 허버트 웰스Herbert Wells라는 작가가 있는데 그는 과학기술이 발달해서 사람들이 정말 살기 좋은 유토피아가 도래한 미래를 그려낸 것으로 유명하다. 그런데 헉슬리가 웰스의 유토피아에 대한 비판 내지는 풍자로 『멋진 신세계』를 썼다는 해석도 있다.

『멋진 신세계』가 표현한 세상은 그야말로 놀랍고 멋진 신세계, 너무나 안정된 사회이다. 이 세계는 매우 평화롭고, 사람들은 매일이 행복하다. 이들은 원하는 것을 무엇이든지 얻을 수 있고, 병으로 괴로워하지도 않으며, 죽음을 두려워하지도 않는다. 인공 자궁 속에서 인공수정을 통해 태어나기 때문에 가족 관계로 괴로워할 일도 없다. 자식이 없어서 자식 때문에 속 썩을 일도 없다. 우울하거나 힘들 때는 약을 먹어서 감정을 조절한다.

『멋진 신세계』의 배경은 2540년 정도의 미래이다. 이 사회에서는 과학기술이 매우 발달했기 때문에 상품과 원자재가 매우 풍부하다. 자연분만이 사라지고 모든 아이들은 인공수정 '병'에서 태어나고 컨디셔닝 센터^{conditioning center}에서 길러진다.

이 사회는 알파, 베타, 감마, 델타, 입실론이라는 다섯 계급으로 이루어져 있는데 이들은 일단 외모 면에서도 상당히 큰 차이가 난다. 알파가 가장 크고 건강하고 지적으로 뛰어난 계급이고 베타가 그다음이며, 감마, 델타, 입실론은 체격도 작은 하류 계층이다. 입실론 계급은 태어나서 평생 동안 허드렛일만 하다가 죽는 계급인데 이들은 뇌 자체가 그런 일을 하게 조율되어 있기 때문에 자기가 하는 일이 고되다거나 불평등하다는 생각조차 하지 못한다. 욕망과 야망도 제한되어 있는 것이다.

모든 사람은 딱 60세까지만 살 수 있고 60이 되면 국가에서 안락사를 시킨다. 가족이 없기 때문에 슬퍼해줄 사람도, 자기가 죽는 것에 대한 슬픔을 느낄 이유도 없다. 60세까지 아주 행복하게 쾌락만을 추구하면서 살다 생을 마감하고 후손은 인공 자궁에서 계속 만들어진다.

모든 것을 통제하는 과학기술

알파와 베타가 뛰어난 이유는 한 개의 난자에서 한 명의 태아를 만들기 때문이고, 나머지 계급은 한 개의 난자에서 96명의 태아를 만들어낸다. 모든 어린이는 일종의 최면 상태에서 교육을 받으며 이때 각각의 계급에 적합한 메시지를 주입받는다. 그리고 이 세계는 소비가 가장 중요한 미덕인 사회라서 새것을 끊임없이 사는 것을 교육받는다. 이로써 지속적인 생산과 완전고용이 가능한 것이다.

이 미래 사회에는 종교가 필요 없다. 소마soma라는 약이 있어서 불안하거나 힘든 일이 있을 때마다 사람들이 소마를 먹으며, 그러면 다시 행복해진다. 재미있는 점은 이 소설이 인간이 약을 먹으면 감정이 조절된다는 것이 밝혀지기 전에 쓰인 소설이라는 것이다. 지금은 우울증 같은 병에 약을 처방해서 증상을 완화하는 것이 일반화되었지만 이것은 1950년대 이후에 나온 과학적 성과이다. 사람의 감정이라는 게 사실은 화학적 작용에 불과하다는 생각이 과학자들 사이에 널리 받아들여지기 전에 헉슬리는 이미 비슷한 생각을 한 것이다.

이 사회에서는 쾌락 중에서 성적 쾌락이 매우 중요해서

어린 나이부터 섹스를 하고 성적 경쟁을 한다. 결혼이나 임신에 대한 부담감이 없기 때문에 단순히 쾌락주의적으로 성관계를 맺는다. 이로써 요즘 흔한 말로 썸을 탄다거나 하는 로맨틱한 관계는 모두 사라진 상태이다. 가족을 만드는 의무감 같은 것도 없다. 오히려 '가족'이라는 말은 포르노그래피 같은 외설적인 말이 되고, 결혼, 자연분만, 부모의 도리, 임신 같은 것도 모두 매우 외설적인 말로 간주된다.

그러면 입실론 계급은 어떠한가? 그들도 그렇게 만들어져 있기 때문에 자기에게 주어진 허드렛일을 하면서 행복하게 산다. 가장 뛰어난 알파 계급은 지적인 노동을 하지만 과학이 장려되지는 않는다. 과학을 하면 세상을 바꾸고 혁신하려는, 무엇인가를 의심하는 성향을 갖게 되기 때문이다. 대신 예술이라든지 아름다운 것을 만든다든지 하는 일들은 장려된다.

이 신세계의 여러 기술들은 사회 통제 기능을 담당한다. 그중 대표적인 것이 의학적인 통제로, 하나의 난자에서 수십 개의 태아를 만들어내는 보카노브스키 프로세스 bokanovsky process가 대표적인 사례다. 그리고 최면을 통해 배우는 것을 하이프노패딕 러닝hypnopaedic learning이라고 하는데,

이는 사람들이 자면서 지식을 습득하는 기술이다. 복잡한 기계들complicated machines은 사람들에게 여가와 높은 수준의 소비와 생산을 제공하며, 국가가 무료로 제공하는 소마는 마음의 안정과 환각을 제공한다.

가치의 상실, 그 궁극적 결말로서의 디스토피아

올더스 헉슬리의 미래 사회에서 작동되는 기술은 억압이나 독재를 위한 기술이 아닌 '행복의 기술'이다. 조지 오웰의 『1984』에 나타나는 것처럼 대단히 암울한 기제로 사람을 감시하는 기술이 아니라 사람을 행복하게 만들어주는 기술이다. 행복해서 세상에 대한 아무런 문제제기를 할 수 없게 만들어주는 기술이다. 이런 기술 역시 과학기술 발전에 의해서 가능해진 것이지만 국가는 더 이상의 과학의 발전은 통제한다. 변화를 원하지 않고, 변화는 안정을 위협한다고 생각하기 때문이다. 과학이 잠재적인 파괴력을 가지고 있음을 알기 때문이다.

『멋진 신세계』가 우리에게 던지는 메시지는 무엇일까? 대량생산을 가능케 한 기술화된 자본주의 사회가 계속 발전하다 보면, 그 사회는 풍부한 상품과 쾌락을 제공하면서 동시에 인간에게 중요한 것들, 예컨대 사랑, 우정, 갈등, 행복 등을 앗아갈 수 있음을 경고하는 것이다. 사실상 이미 이 미래 사회는 이런 것들이 인간에게서 가장 중요한 가치라는 관념조차 없어진 사회 아닌가. 쾌락만을 중요한 가치라고 여기며 오락과 말초적인 행복만을 추구하는 태도는 인간을 인간으로 만들어주는 진정한 감정에서 멀어지는 행위라고 말할 수 있지만, 이 사회에 사는 사람들은 아예 그런 관념 자체를 모두 상실한 상태이다.

『멋진 신세계』가 묘사하는 멋진 신세계는 풍요롭고 근심 없는 사회이지만 우리가 원하는 사회와는 거리가 먼 비인간적인 사회일 뿐이다. 과학기술의 진보만으로는 인간을 구원해주는 유토피아가 만들어지지 않을뿐더러 특히 과학기술이 잘못 사용되었을 때에는 비인간화, 인간성 상실, 진정한 자아로부터의 일탈 같은 심각한 결과를 낳을 수 있다.

『멋진 신세계』와 『1984』가 그린 세상 중에서 어느 세상이 지금 우리가 살고 있는 이 세상과 조금 더 가깝다고 생각하는가? 물론 어느 쪽도 지금 우리가 살고 있는 세상과 똑같지는 않다. 그럼에도 불구하고 두 세상 중에 더 가까운 하나를 택해야 한다면? 아마 대부분이『멋진 신세계』쪽을 선택할 것이다. 점점 더 풍요로워지고 있는 것 같은데 점점 더 중요한 것을 잃어버리고 있는 것 같은 느낌을 주는 우리 사회는 헉슬리가 얘기한 세상과 조금 더 가깝지 않을까?

요즘에는 행복이라는 것이 '얼마나 욕망을 더 충족하는 가'로 정의되는 것 같다. 욕망을 충족하기 위해서는 경제적으로 일단 여유가 있어야 할 테니 돈이 많은 사람이 행복하다는 생각이 널리 퍼져 있고, 그래서 돈을 많이 버는 직업을 가져야 한다고 생각하고, 그러기 위해서 치열하게 경쟁하는 것이다. 우리나라 고교생 중에 10억을 벌 수 있다면 감옥행을 마다하지 않겠다는 답을 한 학생 비율이 절반을 넘는다고 한다. 이런 사회가 수백 년 동안 계속 발전한다면, 그 논리적 귀결은 결국 헉슬리가 묘사한 역설적으로 '멋진 신세계'가 되지 않을까?

명백한 거짓말이 '대안적 사실'이라니!

불과 얼마 전까지만 해도 미국인들에게 물어보면『1984』보다『멋진 신세계』가 우리 사는 세계를 더 정확히 묘사한다고 생각하는 사람이 많았는데, 이 비율이 최근에 바뀌었다. 그렇게 바뀌게 된 결정적인 계기가 도널드 트럼프의 대통령 당선이라는 것이 재미있는 사실이다. 계기가 됐던 사건인즉 이렇다.

트럼프의 대통령 취임 기념파티에 온 사람의 수를 백악관 홍보 대변인이 상당히 부풀려서 보도한 적이 있다. 그러자 야당 측에서 왜 그런 뻔한 거짓말을 하냐고 공세하자 대통령 고문 중 한 사람이 이렇게 말했다. 그건 거짓말이 아니라 대안적 사실alternative fact이라고. 명백한 거짓말이 대안적 사실이 된 것이다!

이 말을 듣는 순간 많은 사람들이 이것은 그야말로 조지 오웰의 『1984』에 나온 당의 슬로건과 같다고 생각했다. '거짓말은 대안적 사실이다'라는 얘기는 '자유는 예속이다'라고 했던 당의 선전을 정확히 계승했다고 본 것이다. 그래서 그 이후 『1984』 책의 아마존 판매가 9500퍼센트 증가하는 기염을 토하면서 출간 이래 75년 만에 최초로 아마존 베스트셀러 1위를 했다. 사람들 머릿속에서 이미 사라진 빅브라더의 세상이 다시 돌아와 극도의 공감을 얻은 흥미로운 경우가 아닐 수 없다.

디스토피아를 피하는 방법은?

『1984』와 『멋진 신세계』 두 소설은 여러 차이들이 있지만, 그럼에도 디스토피아를 그린 소설로서의 공통점이 있다. 무엇일까? 우선 두 소설에서 묘사되는 사회는 모두 인간이 두드러지는 것, 튀는 것을 허용하지 않는다. 혼자 있는 것도 허용되지 않는다. 그러니까 모두 다 집단행동이다.

『1984』에서는 훨씬 더 기계적인 행동이 나타나서, 퇴근한 후 집에 혼자 있으면 텔레스크린에서 계속 무언가를 하도록 요구함으로써 잠들기 전까지는 혼자서 가만히 생각할 시간을 주지 않는다. 그리고 『멋진 신세계』에서 사람들은 항상 친구들과 몰려다니면서 함께 떠들고 즐기는 등 쾌락을 도모한다.

그리고 이 두 소설 모두에서 과거가 부정된다. 지난 역사에 대해 알기 힘들다는 것이다. 내가 어떤 과정을 통해서 지금 이 자리에 있는지를 이해한다는 것은 미래를 기획하는 데 매우 중요한 일임에도 과거를 아는 가능성이 아예 차단되어 있다. 또한 개인은 생각할 시간이 없다. 한쪽에서는 감시 때문에, 또 한쪽에서는 즐거움 때문에 생각할 시간이 없다. 사랑할 시간도 없다. 한쪽에서는 사랑이 금지되어 있고, 다른 한쪽에서는 사랑이 중요하지 않기 때문이다.

이 두 세계에서는 모두 다른 언어들이 쓰이고 있다는 것도 중요한 공통점이다. 『1984』에서는 뉴스피크라는 대체된 언어를 구사하며, 『멋진 신세계』에서는 특정 단어를 음란한 언어로 규정하면서 이런 단어의 사용에 주의한다.

결국 디스토피아에서 허용되지 않는 것들을 가만히 보면, 우리가 디스토피아적 상황을 극복한다든지 혹은 이런 상황에 빠지지 않기 위해 필요한 것이 무엇인지를 알 수 있다. 그렇다. 우리는 생각을 해야 하고, 지금껏 어떤 길을 밟아서 여기에 왔는지, 즉 우리의 과거 역사를 정확히 알아야 한다. 그래야 내가 누군지, 내가 진정으로 원하는 것이 무엇인지, 또 내가 속한 세상이 미래에 어떤 방향으로 나아가야 하는지에 대한 통찰을 가질 수 있는 것이다.

우리에겐 다른 사람과 어울리는 일도 중요하지만, 나와 내가 속한 사회가 진정 필요로 하는 것이 무엇인지 성찰하고 그중 실천할 수 있는 부분이 있으면 실천해보는 것이 매우 중요하다. 이것이 오웰과 헉슬리의 디스토피아에서 살아남는 방법이다. 마지막으로 우리는 풍성한 언어를 지키고, 언어 감각을 유지하기 위해 노력해야 한다.

『1984』나 『멋진 신세계』를 읽고 어떤 사람들은 지금 우리가 사는 세상이 소설 속의 디스토피아와 비슷해지면 어떡하나 걱정할 것이다. 또 어떤 사람들은 지금 우리가 사는 세상이 『1984』나 『멋진 신세계』에서 묘사된 세상보다 훨씬 괜찮은 세상이라고 위안할 것이다. 걱정도 좋고 위안도 좋지만, 한 번쯤 이렇게 생각해보는 것은 어떨까? "지금 우리에게 진정으로 가치 있는 것은 무엇인가."

『1984』나 『멋진 신세계』의 디스토피아는 우리가 진정한 가치를 잃어버렸기 때문에 생겨난 세상이다. 따라서 이런 작품들을 통해 지금 우리가 더 고무해야 하는 것은 무엇이며, 간직하기 위해 노력해야 하는 가치들이 무엇인지를 생각해보고, 그것들을 더욱 소중히 여기고 공유해보면 좋겠다.

내 신상 정보를 스스로 공개하는 세상
에서 프라이버시는 꼭 지켜야만 하는
가치일까?

누가 묻지 않아도 나의 이야기를 하고 싶은 사람
들이 넘쳐나는 세상이다. 연인과의 여행, 은밀
한 독서 후기, 친구들과의 술자리를 거리낌 없이
SNS에 공개한다. 그렇게 해야 더 많은 인간관계
를 만들 수 있기 때문이다. 그래서 "프라이버시는
죽었다"고 말하는 사람도 있다.

이런 세상이라 할지라도 우리는 여전히 프라이

버시에 민감해져야 한다. 그 이유는 개인정보가 사람을 평가하고, 더 극단적으로는 사람을 차별하는 데 사용될 수 있기 때문이다. 어느 지역 출신인지, 어느 학교를 나왔는지, 가정환경은 어떤지, 질병을 가지고 있지는 않은지 등에 대한 정보가 그것을 오용하는 사람들의 손에 들어가면 나로부터 내가 가질 수 있는 기회를 빼앗아가는 데 사용될 수도 있다.

외국에서는 SNS에 올린 글로 지원자를 평가해서 떨어뜨린 경우가 10퍼센트에서 많게는 30퍼센트에 이른다는 분석도 있다. 보험회사는 개개인의 의료 정보를 얻기 위해 혈안이 되어 있다. 물론 의료 정보를 이용해서 사람을 차별하는 일은 불법이지만, 이런 차별은 실제로 우리가 잘 모르는 채로 광범위하게 진행되고 있기도 하다.

따라서 개인정보의 보호는 아무리 강조해도 지나치지 않다. 우리는 우리가 자발적으로 공개하는 개인정보를 이용해서 차별적인 판단과 정책을 꾀하려는 사람들이 있음을 잊지 말아야 한다.

3부

인간과
과학의

크로스

로봇과 인간은
공존할 수 있을까

인공지능이 인간의 일을 대신 하는 과학혁명의 시대, 인간과 인간이 아닌 것의 경계에는 무엇이 있는 것일까? 과연 인간이 인간으로서 마지막까지 지켜야 할 가치는 무엇이며 그것은 사이보그, 인공지능에게도 적용되어야 하는 것일까?

우월한 유전자만
살아남는 세상

자폐증 원숭이와 몸짱 돼지, '유전자가위'의 혁명이 시작되다

지난 몇 년 동안《네이처^{Nature}》저널의 표지를 크리스퍼
CRISPR와 관련된 그림이 여러 번 장식했다. 크리스퍼란 단어
가 낯설게 들린다면 유전자가위라고 이해하면 된다. 간단
히 말해서 크리스퍼는 유전자에서 원하는 부분을 잘라낼
수 있는 기술을 말한다. 과거에도 비슷한 기술을 사용할 수
있었지만, 복잡하고 많은 돈이 필요했다. 그런데 지금은 훨
씬 간편해지고 정확해지고 값싸지고 쉬워졌으며, 대학원
생, 학부생들도 모두 쓸 수 있는 기술이 됐다. 미국에서는
취미로 생물학 실험을 하는 사람들이 크리스퍼 키트를 아
마존에서 주문한 뒤 자신의 차고에서 실험할 정도이다.

이 기술을 통해 병을 유발하는 특정 유전자를 잘라서 비활성화시키면 그 병의 발현이 멈춰지게 된다. 또 원래 A라는 기능을 해야 하는 유전자가 엉뚱하게 B라는 기능을 하고 있다면, A기능을 하는 유전자를 집어넣어서 A기능을 제대로 할 수 있도록 한다. 즉 잘못 기능하는 유전자를 고칠 수 있다는 것이다. 물론 아직도 문제는 존재한다. 원하는 유전자가 아니라 엉뚱한 유전자를 잘못 자르는 문제가 있는 것이다.

하지만 기술이 발전하면서 이와 같은 문제는 줄어들 수 있으며, 연구자들은 미래에는 99.9퍼센트의 성공률을 보일 것을 장담하고 있는 실정이다. 현재 이 분야에서는 전 세계에서 매우 경쟁적으로 논문이 출판되고 있고, 기술의 진보도 빠르게 일어나고 있다.

크리스퍼를 우리나라 말로 유전자가위 혹은 유전자편집이라고 하는데, 편집이라는 말의 어감이 안 좋다고 해서 가위라는 말이 훨씬 많이 쓰인다. 이 기술이 발전하게 된 계기는 바이러스와 박테리아 연구에 있다. 바이러스는 사람만 공격하는 게 아니라 박테리아도 공격한다. 그런데 박테리아들은 바이러스에 공격을 당하다가도 어느 정도 시간이 지난 뒤에는 이를 이겨낸다. 과학자들이 어떻게 이러한 일이 가능한지 연구해보니, 박테리아들은 처음 공격한 바이러스의 DNA 조각을 기억하고 있다가 나중에 똑같은 게 공격하면 그 바이러스의 DNA 조각을 잘라버린다는 것을 알게 되었다. 그리고 몇 년 전에 학자들이 이를 이용해서 원하는 DNA 조각들을 잘라내는 기술적 방안을 생각해낸 것이다.

그때부터 DNA를 자르는 유전자가위 기술의 발전을 놓고 전 세계가 엄청난 경주를 벌이고 있다. 우리나라도 상당히 앞서 있으며, 미국, 중국, 일본, 영국 등 선진국들이 이에 엄청나게 투자하고 있는 상황이다.

2014년 《네이처》는 중국의 한 연구팀에서 유전자가위를 이용해서 만든, 자폐증을 가진 원숭이를 소개한 바 있다. 이 원숭이를 만든 사람들은 동영상을 공개하기도 했는데, 중국에서 이런 실험이 활발한 이유는 관련 연구에 대한 규제가 느슨하기 때문이다. 심지어 그들은 유전자가위로 만든 돼지를 팔기도 한다.

유전자가위를 이용하면 근육의 양이 엄청 많은 '몸짱' 동물을 만들 수도 있다. 동물의 DNA 중에는 섭취한 단백

질이 전부 근육으로 가지 않도록 억제하는 기능이 있다. 그런데 그 억제하는 DNA를 잘라서 못 쓰게 만들면 근육이 많아진다는 것이다. 실제로 우리나라의 과학자들은 중국과 협력해서 근육 돼지를 만들었고, 정상적인 돼지보다 근육을 엄청나게 많이 가지고 있는 돼지의 사진을 공개하기도 했다.

GMO에 대한 두려움, 조작을 넘어서다

유전자 연구를 소재로 만들어진 영화가 〈옥자〉이다. 옥자는 유전자 조작을 통해 만들어진 슈퍼돼지의 이름이다. 영화 초반부에서는 슈퍼돼지 옥자가 전 세계적으로 수십 마리밖에 되지 않는 희귀종인 줄 알지만, 후반부에 가면 공장에서 옥자와 동일한 종이 수천 마리 사육되는 현실이 드러난다. 이 영화에서 밝혀진 슈퍼돼지를 사육하는 목적은 단 하나, 식용으로 쓰기 위한 것이었다. 슈퍼돼지를 만드는 데 다른 고상한 목적이 있었던 것이 아니라, 단지 돈을 더 많이 벌기 위해서 유전자를 조작했던 것이다.

유전자가 조작된 콩, 옥수수 등은 수십 년 전부터 우리 주변에 있어왔다. 가장 먼저 나온 것은 1970년대에 만들어진 무르지 않는 토마토였다. 그리고 콩은 가장 많이 만들어지는 유전자 조작 식품이다. 이런 유전자 조작 식품들은 조작되지 않은 식품들에 비해 싸게 팔리고 있다.

물론 포장지에 "이 콩은 유전자 조작 콩이다"라고 쓰여 있지는 않다. 그렇다고 유전자 조작을 하지 않았다고 적혀 있지도 않다. 이걸 구별하는 방법은 원산지를 보는 것이다. 국산이라 쓰여 있으면 유전자 조작 콩이 아닌데, 아직 우리나라에서는 유전자 조작 작물을 재배하지 않기 때문이다. 그런 말이 없으면 유전자 조작 콩이라고 생각하면 된다.

우리 주변에는 유전자 조작 식품, GMO 식품을 기피하는 사람들이 많다. 예를 들어 토마토는 원래 맛있고 건강한 식품이지만 보관할 때 쉽게 무르는 특성 때문에 무르지 않도록 다른 유전자를 섞어 재배한다. 그런데 그 섞는 유전자는 다른 생명체의 것으로, 토마토와 나방의 유전자를 섞거나 옥수수와 가자미의 유전자를 섞는 식이다.

이와 같은 방식으로 유전자 조작이 이뤄지니, 야채를 먹으면서 물고기의 유전자를 같이 먹게 되는 것이라 할 수 있다. 그러니까 마음 한구석에 찜찜한 느낌을 갖게 되고, 자연에는 없던 것이니 이걸 먹어도 되나, 혹여 병이라도 걸리는 것은 아닌가 걱정하게 된다. 유전자 조작 식품이 나온 지가 벌써 30~40년이 되어가지만 아직도 그것에 대한 두려움이 있는 것이다.

그런데 유전자가위 기술은 유전자 조작 식품과는 다르다고 한다. 유전자가위는 유전자를 자를 뿐, 다른 생명체의 유전자를 섞는 행위는 하지 않기 때문이다. 따라서 과학자들은 유전자가위가 유전자 조작 기술에 대해 사람들이 가진 두려움을 피해갈 수 있다고 강조한다. 자체 유전자를 잘라내 비활성화시키는 것이기 때문이다.

일례로 벼는 다 자라면 고개를 숙이는데 벼에 낟알이 많이 열릴 경우에 고개를 숙인 볏대가 부러질 수 있고, 그러면 수확량이 줄어든다. 그렇지만 벼의 줄기를 단단하지 못하게 만드는 유전자를 잘라내면 줄기가 단단해져서 고개를 숙이지 않을 것이고, 그러면 생산량도 늘어날 수 있다. 이것은 벼에 다른 유전자를 삽입한 것이 아니기 때문에 소비자들은 안심하고 쌀을 먹을 수 있다. 일석이조일까?

열등한 삶을 비난한, 우생학의 숨은 역사
이러한 기술적 가능성에 대해 비판의 목소리도 존재한다.

유전자 기술이 광범위하게 쓰이면 어떤 결과가 나올지 잘 모른다는 것이 그 이유이다. 유전자가위를 인간에게 적용하면 인간의 유전자 풀^{gene pool}, 즉 인류의 유전자 구성을 바꿔버릴 수 있다. 그래서 지금의 가장 큰 윤리적 논쟁 중 하나가 이 기술이 인간에게 적용되었을 때 나타나는 예측하기 힘든 결과이다.

《스펙테이터^{The spectator}》라는 잡지에서 유전자가위를 논하면서 "우생학이 돌아오다"라는 제목을 단 적이 있다. 우생학^{eugenics}이라는 학문은 낯선 분야이다. 과거에는 크게 유행했지만 지금은 아무도 이걸 공부한다고 말하지 않는다. 어느 때부터인가 우생학은 학계에서 쓰면 안 되는 '비속어' 비슷한 말로 전락했다. 아마 독자들도 우생학이라는 말을 들어봤겠지만 우생학을 배웠다든지, 이 내용을 교과서에서 자세히 본 기억은 없을 것이다.

우생학은 찰스 다윈의 진화론으로부터 시작되었다. 다윈은 모든 생명체는 진화하며 그 진화의 메커니즘이 생명체 간 생존경쟁, 즉 누가 더 환경에 적합한가 하는 것이라고 생각했다. 그래서 환경에 적합한 생명체는 살아남고 그렇지 않은 생명체는 점차 수가 줄어들어 사멸한다는 게 그의 이론의 핵심이다. 그는 그것을 '자연선택'이라고 불렀다.

당시 사람들은 이 자연선택이 사람에게도 적용되는가 하는 의문을 가졌다. 동물은 확실히 진화를 겪지만, 인간도 계속 진화하는지, 아니면 인간은 진화의 단계를 뛰어넘은 것인지에 대한 논쟁이 생겼다.

다윈과 다윈의 추종자 다수는 인간에게도 자연선택이 적용된다는 식으로 생각했다. 그러면 사람 중에서도 누구는 이 환경에 더 잘 맞고, 누구는 환경에 덜 맞는 사람이 있을 것이라는 결론이 나올 수 있다. 결국 긴 시간을 두고 봤을 때 더 적합한 인간은 살아남아 수가 늘어날 것이고, 덜 적합한 사람은 수가 줄어들 것이다. 이렇게 믿던 사람들 중에서 이를 한 단계 더 업그레이드해서 적자생존을 주장하는 사람들이 나왔다.

그러면 이런 식으로 생각이 발전할 수도 있다. 병원은 병에 걸려서 죽기 직전의 사람들을 살려내는데, 이게 자연선택, 즉 적자생존에 어긋난다는 것이다. 예전에는 당뇨병에 걸리면 일찍 죽었지만 지금은 약을 복용하면 오래 살 수 있다. 약값의 일부는 정부가 국민의 세금에서 지원하는 것인데, 우생학을 믿는 사람들은 정부 지원으로 죽을 사람들을 살리는 것이 자연적인 진화의 방향과 역행하는 것이라고 보았다. 이런 경향은 동물의 세계에서는 나타나지 않는데, 왜 인간의 세상에서만 존재하는가라는 문제제기이다. 왜 자연과 역행하는 방향으로 가냐고 불만을 가진 것이다.

우생학은 19세기 후반 영국에서 탄생했다. 당시 영국에서는 중산층과 상류층 사람들이 아이를 많이 낳아서 뒷바라지하는 것을 거부했던 반면, 가난한 사람들이나 노동자 계층은 아이를 많이 낳고 키웠다. 인간 세계에서는 더 적합한 사람들은 아이를 적게 낳고, 덜 적합한 사람들이 아이를 많이 낳는 것이었다! 이것은 사회보장제도 때문에 가능한 일이었다.

그러면 이와 같은 상황이 계속되면 결국 세상은 가난한 사람들의 아이들로, 덜 적합한 사람들로 꽉 찰 것이라는 두려움이 생겨나게 된다. 그래서 여러 가지 방법을 써서 이를 막아야 한다는 게 우생학자들의 이론이자 정책이었다.

이 주장을 최초로 정식화한 사람이 다윈의 사촌인 프랜시스 골턴이다. 골턴은 좋다는 뜻의 eu와 태생이라는 뜻의 genos를 합쳐서 eugenics, 즉 '좋은 태생에 대한 학문'이라는 새 단어를 만들었다. 골턴은 미래의 영국 사회가 도시빈

민으로 채워지지 않게 하기 위해서 두 가지 방법을 제안했다. 하나는 빈민 남성을 거세시켜서 출산을 억제하는 방법이며, 또 하나는 우수한 중상류층에게 아이를 많이 낳으라고 권하는 방법이다. 이 방법들을 통해서 인간 사회의 유전자 균형을 유지해야 한다는 게 최초의 우생학 개념이었다. 물론 당시에 거세와 같은 방법에 대해서는 비인간적이라는 비판이 많았고, 골턴 자신도 이런 방법이 실제로 적용되어야 한다고는 생각하지 않았다.

그런데 20세기가 되면 실제로 우생학에 기반을 둔 정책들이 시행된다. 미국에서는 1920년대 이후에 이민제한법이 통과되었다. 피부가 검은 사람들이나 중국인의 이민을 통제하는 법이 만들어졌던 것이다. 당시 미국 사회에서 이 사람들은 열등한 사람들이라고 생각되었다. 게다가 범죄자를 거세해서 자식을 낳지 못하게 하는 법도 통과되었다.

그렇지만 우생학이 가장 나쁜 방향으로 변질되어서 실행된 나라가 독일이었다. 독일은 1929년 대공황 이후 유전병 치료에 들어가는 예산을 법적으로 삭감하기 시작한다. 유전적 질환자, 정신 질환자들에게 자발적으로 거세하는 방법을 권하다가 이를 강제적 거세로 바꾸었다.

그리고 이후 이러한 정책은 집시, 흑인들에게도 시행되었다. 히틀러가 집권하면서부터는 기형아에 대한 자비로운 살해가 시작됐다. 심각한 기형으로 태어난 아이는 어릴 때 안락사시키자는 법안이 통과됐고, '살 가치가 없는 삶 unworthy lives'이라는 개념이 널리 퍼졌다. 처음에는 유아들을 대상으로 시행되던 안락사 법은 1939년에는 3세까지로 넓혀졌고, 1941년에는 17세까지로 그 해당 연령이 높아졌다. 그 이후로는 모든 기형 환자와 동성애자, 유대인으로 범위가 확장됐다. 이렇게 해서 2차 세계대전 동안의 홀로코스트, 대학살이 시작된 것이다. 이 대학살로 600만 명 이상의 사람이 아무 이유 없이 목숨을 잃었다.

아직도 살아 있는, 우리 곁의 우생학

전쟁이 끝난 뒤 우생학은 강한 비판을 받고 금지된다. 처음에는 학문으로 출발했지만, 그것이 실제 정책으로 실행되면서 수백만 명이 목숨을 잃었기 때문이다. 그렇다면 한국은 어땠을까? 일본에서도 우생학이 상당한 인기를 끌었고, 일제강점기 때 일본을 통해서 우생학이 한국에 들어왔다. 1933년 조선 우생협회라는 학회가 생겼고, 소위 지식인이라고 하는 윤치호, 여운형, 주요한, 김성수, 이광수 등이 이 학회에서 회원으로 활동했으며, 《우생》이라는 잡지를 발간해서 우생학 프로그램을 널리 알렸다.

그렇지만 한국의 우생학은 독일, 미국처럼 폭력적이고 강압적인 수단을 사용하지는 않았다. 당시 한국의 우생학 운동가들이 생각한 가장 큰 문제는 결혼이 본인의 뜻이 아닌 부모의 뜻에 따라 이뤄진다는 것이었다. 따라서 대단히 능력 있는 여성이 본인의 뜻과 무관하게 농촌 남성과 이어진다든지 하는 문제가 생겼다. 부모의 지위나 경제적 필요에 의해서 이루어진 혼인은 우수한 피를 계속 유지시키는 데 해악이 되는 나쁜 요소라고 간주되었다. 일제강점기 시대의 우생학자들은 무엇보다 자유연애를 해서 자유결혼을 하는 쪽으로 결혼 시스템이 바뀌어야 한다고 주장했다.

우리나라에서 우생학은 일제강점기 때 잠깐 유행하다가 사라졌다고 하지만, 아직도 우생학의 유산이 널리 퍼져 있는 게 현실이다. "역시 우월한 유전자다. 연예인은 동생까지 잘생겼다"는 얘기가 TV 매체에서 아무렇지도 않게 방송된다. '우월한 유전자'라니? 공부를 잘해도, 잘생겨도, 운동을 잘해도 우월한 유전자 때문이라고 한다. 이렇게 생각하면 다른 극단에 있는 사람들은 '살 가치가 없는' 사람이라는 생각으로 이어질 수 있다. 공부 잘하고 똑똑한 사람 본인은 물론 그 가족도 우월한 유전자라고 하는 게 우생학적 사고이다. 실상은 전혀 그렇지 않은데도 말이다.

서양에서 우생학이 죽었냐고 묻는다면 다들 그렇다고 한다. 왜냐하면 나치의 홀로코스트에 워낙 심하게 충격을 받았고 이후에 이를 워낙 강하게 비판했기 때문이다. 그래서 지금은 더 이상 누구도 내가 우생학을 한다고 얘기하는 사람은 없다. 그렇지만 우생학이 완전히 죽은 건 아닐지 모른다. 한국도 그렇지만 서양에서는 굉장히 많은 산전 검사 prenatal genetic screening를 실시한다. 이 검사의 목적은 태아가 다운증후군 같은 이상 질환의 기형아인가를 테스트하는 것이다.

기형아 검사를 위해서는 처음에는 피검사를 한다. 그런데 피검사는 정확도가 낮기 때문에 위험수치가 어느 정도 높으면 양수검사를 한다. 요즘에는 초산연령이 높아져서 30대 초반 이후에 첫 아기를 가지면 대부분 양수검사를 한다. 배에다 주사를 꽂아서 양수를 뽑아 검사하는 것이다. 양수검사를 통해서 다운증후군이 있는지를 확인하고, 양성이 나오면 99퍼센트 가깝게는 유산을 한다. 다운증후군 아이를 낳았을 때 아이가 크면서 받는 차별이 심하고, 따라서 부모 입장에서는 아이 기르기가 너무나도 힘들기 때문이다. 산부인과에서는 양수검사가 보험이 안 돼서 돈을 많이 벌 수 있는 일이기에 더더욱 권하는 입장이다.

그런데 우생학 비판론자들은 사회가 더 이상 우생학을 강요하지 않는 이유가 개인이 알아서 검사와 유산을 하기 때문이라고 한다. 이들은 양수검사 자체가 과거 우생학의 개인 버전personal version이라고 비판하기도 한다. 물론 산전 검사를 옹호하는 사람들은 선택의 자유를 들어 항변한다. 이것이 히틀러 휘하의 독일과 결정적으로 다르다는 것이다.

반면에 비판자들은 지금은 국가적·사회적 압력은 없지만 미래의 가정에 미칠 수 있는 경제적 압력이 있다고 하면서, 이런 상태에서 개인의 선택은 극히 제한될 수밖에 없다고 주장한다. 한국과 같은 경쟁적인 사회에서 다운증후군 아이를 낳았을 때 경제적·문화적·사회적으로 아이를 잘 키울 수 있을지 판단이 잘 서지 않는 것이 사실이다. 산전 유전자 검사가 우생학의 연장인가 아닌가를 놓고 대립하는 이 두 입장의 팽팽한 평행선은 아직도 좁혀지지 않고 있다.

유전자가 운명을 결정하는 세상을 그린 영화 〈가타카〉

지금까지 얘기한 유전자가위 기술, 그리고 그것이 인간에게 적용됐을 때 우리가 우려하는 우생학을 예언적으로 잘 보여준 영화가 있다. 〈가타카〉라는 영화이다. 이 영화는 1997년, 그러니까 지금으로부터 약 20년 전에 제작된 영화이지만 아주 놀랍도록 지금 우리가 처해 있거나 우리가 맞이하게 될지도 모르는 미래를 잘 묘사하고 있다.

영화제목 가타카GATTACA는 영화에 나오는 우주항공회사의 이름인데, 이 이름은 구아닌(G), 아데닌(A), 티민(T), 씨토신(C) 같은 DNA를 이루는 염기의 명칭을 조합한 것이다. 실제로 영화에는 DNA의 이중나선 모양의 이미지가 자주 등장한다. 영화의 중요한 공간인 주인공의 집에서 1층과 2층을 잇는 계단의 생김새도 이중나선 DNA를 닮았다.

영화는 멀지 않은 미래, 인간에 대한 유전자 조작이 당연시되는 시대를 배경으로 우주항공회사 가타카에서 근무하는 제롬 모로우가 일주일 남은 우주비행을 기다리며 신체검사를 받는 것으로 시작한다. 미래 사회의 우주항공사는 최고의 엘리트만을 고용하는 곳이다. 그런데 갑자기 탐사 출발 일주일 전에 가타카 회사의 감독관이 살해당하는

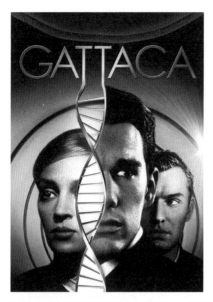
DNA의 이중나선 모양이 등장하는, 영화 〈가타카〉의 포스터.

사건이 벌어져 수사가 시작되는데, 이때 제롬은 자신의 신분이 노출될까 두려워한다. 왜냐하면 제롬의 정체는 사실 빈센트 프리맨이라는 사람으로 제롬의 신분을 빌려 생활하던 유전적 부적격자였기 때문이다.

영화 〈가타카〉에서 묘사하는 미래는 적격자와 부적격자로 계급이 나뉜 사회이다. 이 계급 차이는 지금처럼 교육, 돈, 직위 등에 의해 만들어지고 유지되는 게 아니라 유전자에 의해 결정된 것이다. 그래서 한번 태어났을 때 받은 유전자가 자신의 신분을 결정하고 그게 평생 동안 이어진다.

영화 초반, 아이가 태어나자마자 유전자 검사를 시행해 여러 가지 질병의 확률을 알아내는 장면이 있다. 사실 〈가타카〉가 제작될 당시에는 가능하지 않았던 이 일이 지금은 가능하다. 유전체 시퀀싱genome sequencing이라고 해서 개인의 전 유전체를 확인할 수 있다. 인간게놈 프로젝트를 시작한 1990년대 초반에는 한 사람의 게놈을 전체 시퀀싱하는 데 2조 원이 들었지만, 지금은 그 비용이 100만 원 정도로 떨어졌다. 비싼 건강검진을 받는 것과 비슷한 수준이다.

유전체 시퀀싱을 하면 유방암에 걸릴 확률, 심장병에 걸릴 확률 같은 것이 나온다. 유전자가 유발하는 많은 질병에 대한 확률적 정보를 알 수 있는 것이다. 얼마 전에 할리우드 배우 앤젤리나 졸리가 유방과 자궁을 절제하는 수술을 받은 것이 화제가 된 적이 있는데, 그게 바로 미래에 걸릴 가능성이 높은 병을 예방하는 차원에서 시행된 것이다.

유전자의 차이가 모든 것을 결정하나니?

사람들의 전장 유전체 시퀀싱whole genome sequencing 정보를 가장 알고 싶어 하는 회사들은 보험회사들이다. 미국의 국민들은 대부분 사보험에 가입되어 있다. 국가의 의료보험에 자동 가입되는 우리나라에도 현재 실비보험, 암보험 같은 사보험이 늘고 있다. 보험회사는 질병 발병률이 높은 사람들은 미리 걸러내거나 상당히 높은 보험료를 매기려 하고, 이를 위해 개개인의 의료 정보를 알아내고자 한다. 회사에서는 기왕이면 다홍치마라고 비슷한 사람이면 유전병이 없거나 발병 가능성이 낮은 사람을 뽑을 것이다.

현재 한국에서도 기업에 취직할 때 지원자들에게 건강 정보를 제출하라고 한다. 심각한 질병이 있다면 회사에서 채용을 거부하는데, 만약에 유전자 검사 결과 40세 전에 심각한 질병에 걸릴 확률이 90퍼센트라고 나왔다면 회사에서 그런 사람을 뽑으려 하지는 않을 것이다. 지금 당장 병이 없다고 해도 사람이 일을 하다가 병에 걸리면 산업재해 보상을 해야 하기 때문이다.

그렇게 되면 영화 〈가타카〉에서 묘사한 디스토피아가 바로 우리의 현실이 될 것이다. 주인공 빈센트 프리맨은 심장병에 걸릴 확률이 매우 높았는데, 스스로는 멀쩡할 확률도 있다고 생각하며 살았다. 그렇지만 우주항공회사에서는 심장병에 걸릴 확률이 높은 사람을 뽑지 않겠다는 방침을 가지고 있었고, 그는 도저히 회사에 취직할 방법이 없자 다른 사람의 신분을 빌리는 방법을 택한 것이다.

그렇다면 유전자에 근거한 차별은 회사나 국가 차원에서 먼저 일어나게 되는 것일까? 나는 그런 일이 개인들 사이에서 먼저 일어날 것이라고 생각한다. 지금 결혼하는 젊은이들 사이에서는 서로 간에 건강증명서를 교환하는 경우가 많다. 상대방에게 심각한 질병이 있는지에 대한 확인을 요구하는 것이다.

그런데 상대가 나에게 지금의 건강이 아니라 미래에 대한 건강 정보를 요구한다면 어떻게 해야 할까? 안 주고 결혼을 안 할 것인가, 아니면 서로 주고받고 결혼을 할 것인가? 아마 내 건강 정보가 양호하다면 나는 자신 있게 내 정보를 상대에게 줄 것이고, 상대에게도 요청할 가능성이 높다. 그렇게 개인들 사이에서 시작되는 유전적 정보 교환이 사회 전체로 퍼질 수 있다.

영화에서는 이런 장면이 나온다. 의사가 부모에게 "나쁜 인자들은 다 제거하겠다. 조기 탈모, 근시, 알코올 중독, 약물 중독 등등"이라 하니 부모는 몇 가지는 남겨도 되지 않느냐고 한다. 그러자 의사는 남길 필요가 뭐가 있느냐, 좋지도 않은 것들인데 다 제거하는 게 좋다고 하고, 부모가 이에 동의한다. 그렇게 해서 '완벽한' 아들이 태어난다.

문제는 이런 식으로 한번 제거된 유전자가 계속 아래 세대로 이어진다는 것이다. 지금의 인간 진화는 수십만에서 수백만 년에 걸친 결과인데 이제는 유전자가 사람에 의해서 금방 바뀔 수 있게 된다. 이런 식으로 사람이 유전자 풀을 건드려도 되는 것일까? 이렇게 바뀐 사람이 미래 환경에 더 적합한 사람인지는 사실 아무도 모르는 일이다.

앞서 보험에 대한 얘기를 했지만 보험회사는 우리의 의료정보를 얻기를 가장 바라고 있는 집단이다. 그래서 병원에 갔던 기록, 치료받았던 기록 등이 병원 밖으로 유출되면 절대 안 되는 것이다. 그런데 뉴스에서는 종종 의료 기록이 유출됐다는 보도가 나온다. 그렇다면 그 정보는 보험회사로 흘러 들어가게 될 것이고, 보험회사는 기록을 가지고 통계 조사를 해서 보험료를 책정하고 고객을 스크리닝 할 수도 있다.

〈가타카〉 영화에서 빈센트 프리맨이 처음 느낀 차별이 보험에서의 차별이다. 영화에서는 그가 유년시절에 보험이 없어서 유치원에도 못 가는 장면이 있다. 유치원에서는 종종 사고가 나는데 보험이 없기 때문에 빈센트를 받아주지 않은 것이다. 그래서 정규 교육을 못 받으니 다른 기회를 얻는 경쟁에서 뒤떨어지게 된다. 이렇게 유전자의 차이가 보험의 차별을 낳고, 보험의 차별이 교육 기회의 차별을 가져온다는 것이 영화의 메시지이다.

유전자는 결코 운명을 결정짓지 않는다

언젠가 '캐나다의 이력서에 없는 것'이라는 글을 쓴 적이 있다. 우선 캐나다에서는 이력서에 사진을 안 붙인다. 따라서 지원자가 남자인지 여자인지, 흑인인지 백인인지 알 수 없다. 또 나이를 쓰지 않는다. 많은 경우에 나이는 취직한 이후에도 비밀이다. 나이가 많다는 이유로 차별당할 수 있기 때문이다. 인사담당자 입장에서는 당연히 젊은 사람을 원할 것이기에 그렇다.

그런데 우리나라에서는 반드시 주민등록번호나 생년월일을 기록해야 하니, 여기서 나이는 금방 드러나게 된다. 사진으로도 지원자에 대한 여러 가지 판단을 한다. 물론 우리나라에서도 차별은 불법이다. 다만 차별이 가능한 정보를 표기하는 데 무감각할 뿐이다.

영화에서 그려진 미래 사회에서도 유전 정보에 바탕해서 사람들을 차별하는 것은 불법이다. 그런데 미래 사회에서도 사람들은 유전적 차별을 심각하게 생각하지 않는다. 왜냐하면 유전적 정보를 얻을 수 있는 방법이 너무나 많기 때문이다.

사랑하는 사람의 유전정보는 키스를 하고 채취한 체액에서 얻을 수 있다. 심지어 악수를 한 뒤에 손에 묻은 상대의 땀을 가지고도 상대의 유전정보를 채취할 수 있다. 마약 테스트를 하는 척하고 유전정보를 얻을 수도 있고, 머리카락으로도 그것을 얻을 수 있다. 영화에서는 다양한 방식으로 유전정보를 채취해서 분석하는 장면들이 등장한다.

영화에서 나오는 매우 흥미로운 대조는 유전적으로 불완전한 형 빈센트와 완벽한 동생 안톤이다. 주인공인 형은 어린 시절부터 동생과 수영 경기를 했는데 매번 졌다. 그래서 그는 자신이 열등하다는 평가에 동의하고 우주항공회사에 청소부로 취직을 한다. 청소부로 일하면서 우주선이 날아가는 걸 항상 보기만 하다가 유전적으로 완벽하지만 사고로 하반신이 마비된 제롬 모로우를 만나 그의 유전정보

등을 구입함으로써 신분을 바꾸었다.

그런데 청소부를 그만두고 우주인이 되겠다는 꿈을 꾸기 시작한 계기가 있었다. 그 계기는 동생과의 수영 경주에서 동생을 이긴 사건이었다. 왜 이길 수 있었을까? 빈센트는 돌아올 힘을 남겨두지 않고 전력을 다했고, 결국 이 경기에서 동생을 이겼던 것이다. 이 사건 이후 빈센트는 유전적으로 100퍼센트 결정되는 건 없다는 사실을 깨닫는다. 영화는 이렇게 유전적으로 약하게 태어났어도 노력에 의해 그것을 극복할 수 있다는 메시지를 던져준다.

사실 지금도 유전자나 유전에 대한 우리의 지식은 전혀 완벽하지 않다. 아마 미래 사회에도 비슷할 것이다. 유전학 같은 생명과학의 발달이 우리가 유전자를 많이 조작할 수 있는 것처럼 말하지만, 실제로 우리가 알고 있는 것은 아주 제한되어 있다. 심지어 과학철학자들 중에서는 유전자 자체가 실재하는 게 아니라, 그것은 다만 우리가 유전 현상을 잘 이해하기 위해 만든 모델이라고 생각하는 사람도 있다. 따라서 DNA의 이 조각은 심장병을 관장하고, 저 조각은 수영 능력을 관장하는 식으로 유전자가 작동하지 않는다는 것이다.

영화에서 빈센트 프리맨에게 여자친구가 생기는데, 빈센트가 완벽하지 않다는 것을 여자친구가 알게 되면서 둘은 갈등하게 된다. 이때 빈센트는, 자기는 의사가 30년 산다고 했는데 아직까지도 살아 있다고 고백한다. 유전적 확률이 우리의 운명 자체는 아니라는 것이 영화의 주된 메시지인 것이다.

우리의 미래는 우리가 만들어가는 것

영화 〈가타카〉의 마지막은 해피엔딩으로 끝난다. 빈센트는 토성으로 향하는 우주선을 타고 날아가며, 이 과정에서 그전에는 몰랐던 상당히 많은 것들이 드러난다. 예를 들어 자신의 건강을 테스팅하는 의사가 자신이 부적격자라는 것을 알고 있었음에도 이를 감춰줬던 것을 알게 된다.

그래서 의사에게 왜 자신을 도와주었냐 물으니 사실 자기 아들도 부적격자인데 자신의 아들에게 당신 같은 사람이 있다는 게 큰 힘이 되기에 도왔다는 대답을 듣는다. 이렇게 사람들의 도움을 받아서, 또 다른 사람들에게 희망을 주면서 빈센트는 차별을 극복하고 자신의 꿈을 이룬다.

영화에서 보는 미래 사회는 유전정보가 모든 것을 결정

하는 사회이다. 왜 이런 사회가 도래했을까? 유전공학의 발전이 한 가지 중요한 요소였다. 검사 비용이 저렴해지고 검사 속도 또한 빨라져서 그렇게 된 부분이 있지만, 또 다른 부분에서는 빈센트 프리맨의 부모가 유전자 결정론을 믿었던 것을 주목할 필요가 있다. 그래서 애초에 '이 아이는 안 될 것'이라고 생각하고 그에 맞는 교육을 받게 한 것인데, 사실 사회도 비슷한 방식으로 사람들을 대한다고 할 수 있다.

그래서 이 영화를 보고 우리가 생각할 수 있는 것은, 사회가 유전자 결정론을 더 무비판적으로 받아들일수록 우리 사회의 미래는 영화에서 그려진 미래와 비슷한 쪽으로 갈 확률이 크다는 것이다. 그런데 우리가 그런 생각을 거부하면, 우리가 유전자 결정론을 비판하고 유전자에 대해 잘 모른다는 것을, 또는 유전자가 전부가 아니라는 것을 인정하면 결정론이 힘을 쓰기 힘든 사회가 될 수도 있다.

유전자 결정론은 유전자가 모든 것을 결정한다는 만고 불변의 사실이 아니라, 그렇다는 믿음에 불과한 것이다. 이런 믿음은 사실이 될 수도 있고, 믿음으로 그칠 수도 있다. 올림픽 선수 중에서는 어릴 때 약해서 놀림거리가 됐고 그

걸 극복하기 위해 운동을 시작했는데 나중에 올림픽에서 메달을 딴 사람도 있다. 그래서 그런 반대되는 사례를 믿을수록, 즉 유전자 결정론을 거부할수록 우리 사회는 영화에서 묘사한 미래 사회와는 다른 방향으로 발전할 것이다.

유전자가 우리 미래를 결정하는 게 아니듯, 우리 사회의 미래 역시 유전자 결정론이 지배하는 미래로 결정되어 있지 않다. 결국 우리의 미래는 우리가 만들어나가는 것이다. 우리가 어떤 생각을 하고, 어떤 실천을 하고, 어떻게 사람을 대하는가에 따라 우리의 미래가 달라진다는 것이다.

유전자 결정론에 휘둘리지 않는 것이 미래의 유전자 결정론적인 사회를 피할 수 있는 방법이라는 것, 그것이 영화 〈가타카〉가 던지는 심층 메시지이다. 다시 한번 강조하건대, 우리 운명이 유전자에 결정되어 있지 않듯, 우리 미래는 유전적 차별이 횡행하는 사회로 결정되어 있지 않다.

사이보그는
인간인가 기계인가

기계 없이 불가능한 인간의 삶

혹시 자신이 사이보그라고 생각한 적은 없는가?

사실상 요즘은 사이보그로서의 인간이 예상 외로 많다. 그 대표적인 예가 심장박동기를 장착한 인간이다. 심장박동을 정상으로 유지시키는 이 전자기기는 애초에는 외과 이식용으로 제작되었으나 지금은 그 사이즈가 매우 작아져 몸속에 달고 다닐 수 있게끔 되었다. 그래서 심장박동기를 몸 안에 달고 있는 사람들을 현대의 전형적인 사이보그라고 한다. 이 기계가 없으면 이 사람들은 언제 심장마비나 부정맥으로 죽을지 모르는 상태이기 때문이다.

그런데 이렇게 보면 혈압 높은 환자가 고혈압 약을 먹고 당뇨 환자가 인슐린 억제제를 먹는 것도 일종의 화학적 제품을 몸속에 주입하는 것이기 때문에 사이보그라고 할 수 있다. 사실 처음에 사이보그라는 개념이 나왔을 때 이 말은 꼭 기계와의 결합을 뜻하는 것이 아니었다. 약물 등을 통해서 인간을 훨씬 더 잘 활동할 수 있게 만들어주는 것도 사이보그의 중요한 특징 중 하나였다. 그렇다면 현대인은 대부분이 사이보그화되었다고 할 수 있다. 외부로부터의 약물이나 기계장치 등을 통해 더 즐겁게 일상생활을 할 수 있고 생명을 연장하기 때문이다.

요즘은 치아 임플란트뿐 아니라 노안 교정 등을 이유로 눈에 렌즈 삽입 시술도 많이 하는데, 이 모든 것이 서양의학 전통에서는 기본적으로 사람의 몸을 기계로 생각했기 때문에 가능해진 것이다. 그러니 이런 시술을 한 사람들이 사이보그가 아니고 무엇이란 말인가.

게다가 조금 더 추상적인 의미로 본다면 현대인 모두는 영락없는 사이보그이기도 하다. 생각해보자. 휴대폰이나 컴퓨터, 인터넷 없이 며칠이나 생활할 수 있을 것 같은가? 물론 굳이 하라고 하면 할 수도 있다. 누구든 인터넷도 휴대폰도 안 되는 지리산 오지에 떨어뜨려놓으면 거기서 살아갈 수도 있을 것이다. 인간이란 모름지기 적응력이 대단히 뛰어난 동물이기에 그럴 수도 있다. 그런데 이는 지금의 삶과는 완전히 다른 삶이다.

지금의 휴대폰은 사실 하나의 기계가 아니다. 사람들이 휴대폰에 집착하는 이유 중 하나는 그것이 사람과 사람을 긴밀하게 연결해주는 수단이기 때문이다. 전화통화를 하고, 메시지를 전하고, 카톡과 밴드를 통해 사람들과 소식을 주고받는 등 나와 세상을 24시간 연결해주는 휴대폰 없이 이제 사람들은 아무 일도 할 수 없는 상태가 되었다. 즉 인간 네트워크에서 휴대폰이나 컴퓨터 같은 기계가 막강한 영향력을 발휘하게 된 것인데, 이러한 기술 없이 이제 우리는 타인과 관계할 수 없게 되었으니 이미 우리 모두는 사이보그가 된 것이나 마찬가지 아니겠는가.

최초의 사이보그는 누구일까?

'사이보그 1호'를 자처하는 사람들이 있다. 대표적 인물이 영국 리딩대학교의 케빈 워릭Kevin Warwick 교수이다. 1998년 케빈 워릭은 팔에 실리콘칩을 이식해 자신의 위치 신호를 컴퓨터로 전송하는 데 성공함으로써 당시 상당한 반향을 불러일으킨 바 있다. 일종의 센서로 작동하는 이 칩 덕분에 케빈 워릭은 손가락 하나 까딱하지 않고 집안의 전자기기를 자유자재로 작동시켰는데 당시 이것은 놀라운 기술이 아닐 수 없었다. 하지만 지금은 그때만큼 경이로운 기술은 아니다.

실제로 최근에 스웨덴의 한 회사에서는 직원들의 동의를 받아서 원하는 사람의 팔에 칩을 이식하는 시술을 하기도 했다. 마치 강아지들에게 길 잃어버릴 때를 대비해 칩을 이식하는 것처럼 직원들에게 칩을 이식했는데, 200명 직원 중 150명이 자발적으로 이식 시술을 했다고 한다. 회사 출퇴근 시 ID카드로 신분을 확인하는 등 회사 내의 번거로운 절차를 생략할 수 있으니 편리하다고 생각해서 대다수의 직원들이 자발적으로 칩을 이식한 것이다.

그런데 케빈 워릭보다도 진정한 제1호 사이보그라 할 만한 사람은 영국의 아티스트 닐 하비슨^{Neil Harbisson}이다. 심각한 색맹 증세가 있어서 세상을 전부 흑백에 가까운 색으로 인식할 수밖에 없었던 하비슨은 자신의 두개골에 안테나를 연결해서, 소리 파동으로 색을 인지하게끔 했다. 그의 몸에는 전자장치가 삽입되어 빛의 파장을 소리로 변형시

두개골에 안테나를 연결한 닐 하비슨.

킨다. 이것의 전극이 귀 쪽으로 삽입돼 있어서, 색마다 각
기 다른 파장을 들을 수 있다. 물체 가까이 안테나를 대면
소리로 파란색 빨간색 등을 인지하는 것이다.

재미있게도 닐 하비슨은 이 안테나를 달고 여권사진을
찍었고 영국 정부가 이 사진을 승인했다. 이 여권사진을 증
거로 그는 자기가 영국 정부로부터 인정받은 첫 번째 사이
보그라고 선전했고, 2010년에 사이보그 재단을 설립해서
세상의 사이보그를 위한 여러 가지 활동을 하겠다고 선언
하기도 했다. 아티스트다운 행동이 아닐 수 없다.

기계에 대한 인간의 사랑과 고심

인간과 기계에 대한 이야기는 사실 고대 시대부터 많이 있었다. 고대 중국과 그리스에는 사람이 만들었지만 생명력을 가지고 자동으로 작동하는 인형에 대한 신화가 많이 있다. 중국 고전『열자』를 보면 주무왕이 순행 중에 언사偃師가 만든 창우倡優라는 등신대의 움직이는 인형을 봤다는 이야기가 기록되어 있다. 또한 고대 그리스 신화 중에는 피그말리온 신화가 유명한데, 자신이 만든 여인의 조각을 사랑한 피그말리온이 소원을 빌어 이 여인을 갈라테이아라는 사람으로 변하게 해서 둘이 함께 살았다는 이야기이다.

이런 신화와 더불어 고대에는 실제로 여러 형태의 자동기계가 제작되기도 했다. 고대 그리스의 과학자 헤론은 자동기계에 관심이 많아, 신전에 가서 테이블에 불을 붙이면 문이 자동으로 열리는 기계를 만들었다. 공기의 팽창과 압력을 이용한 것인데, 이를 본 사람들은 깜짝 놀랐고, 이것이 실제로 어떤 종교적인 의식에서 사용되기도 했다고 한다.

다음 그림은 13세기 중엽 프랑스의 건축가 비야르 옹느쿠르Villard de Honnecourt가 그린 것으로, 아래 부분에 다음과 같은 문장이 기록되어 있다. "천사의 손가락이 어떻게 태양

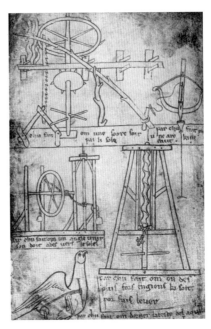

프랑스의 건축가 비야르 옹느쿠르가 그린 그림.

을 계속 가리키게 할 수 있을 것인가." "복음 성가가 울려퍼
질 때 어떻게 독수리가 사제를 바라보게 할 것인가." 교회
에서 사용하는 천사의 상이 있는데, 그 천사의 손가락이 해
를 따라 자동으로 움직이도록 할 수 있는 방안이라든가 딴
데를 보고 있던 독수리가 복음 성가가 울려퍼지면 사제 쪽
을 바라보게 할 수 있는 방안 등을 기계적으로 고안해보려

고 했던 것이다. 실제 그림 속 기계의 메커니즘은 탈진기 escapement라고 부르는 메커니즘으로, 이것은 나중에 태엽시계에 많이 사용된다.

데카르트를 감동시킨 자동기계

바야흐로 16, 17세기가 되면 자동기계는 상당히 정교한 수준까지 발전한다. 데카르트는 어린 시절 앙리 4세의 생제르망 정원을 방문했다가 그곳에 있던 자동인형 기계장치들을 보고 크게 감탄했다. 정원의 동굴 속에서는 달의 여신 다이애나가 목욕을 하고 있는데, 사람들이 그녀를 보기 위해서 접근하면 다이애나는 갈대 속으로 숨어버린다. 그래서 쫓아가면 이번에는 포세이돈이 삼지창을 휘두르며 등장해서 사람을 쫓아버리고, 다른 곳에서는 바다 괴물이 등장해서 물을 뿜는 장치가 작동했다.

이 시대에 이미 기계장치들이 이 정도 수준으로 정교하게 발달해 있었는데, 당시 10대 청소년이던 데카르트는 이를 보고 상당한 충격을 받는다. 그리고 실제로 살아 움직이는 생명체란 것이 일종의 기계일 수 있지 않을까 하는 생각을 최초로 하게 된다.

그가 정원에서 본 자동인형들, 다이애나와 포세이돈은 얼핏 사람처럼 느껴진다. 그렇다면 누군가 이 다이애나나 포세이돈보다 훨씬 더 복잡한 기계를 만들었다면, 예를 들어 만약에 신이 훨씬 더 복잡한 기계를 만들었다면, 그 기계는 우리가 보기에 살아 움직이는 것처럼, 생명이 있는 것처럼 보일 수 있겠다는 생각을 최초로 하게 된 것이다. 이 생각을 발전시킨 것이 데카르트의 유명한 동물기계론이다.

데카르트에게 있어서 동물은 그저 복잡한 기계일 뿐이지만 인간은 기계 이상의 존재이다. 왜냐하면 인간은 몸^{body}과 정신$^{mind, spirit}$이 결합한 존재이기에 그렇다는 것이다. 인간의 몸은 동물과 마찬가지로 완벽한 기계이지만 인간은 유일하게 합리적 사유와 의지의 원천으로서의 정신이 있는 존재이다. 예를 들어 빛을 감각한 뒤에 이를 색으로 느끼고, 외부자극을 받으면 아프다, 간지럽다고 느끼는 것이 인간인데, 이렇게 보고 느끼게 하는 것이 인간 정신의 역할이라고 데카르트는 생각했다. 앞서 보았지만 동물은 정신(영혼)이 없기 때문에 아픔을 느끼지 못한다고 생각했다.

그런데 몸이 있는 것은 누구나 알 수 있지만 정신은 어디에 있는 것인가? 누군가 데카르트에게 이렇게 질문했다면 그의 대답은 어땠을까? 실제로 이런 질문을 한 사람이 있었고 그는 이렇게 말했다. 우선은 그 질문 자체가 매우 어리석은 질문이라고 했는데 '어디'라는 것은 물질에만 해당하는 말이기 때문이다. 반면 정신은 철저하게 비물질적인 것이기에 어디에 존재하는지를 따질 수 없다고 했다.

그런데 문제는 인간에게는 의지가 있다는 것이다. 인간은 의지를 작동시켜서 손발을 움직이는데 정신이 물질이 아니라면, 도대체 그 정신이 어떻게 내 몸을 자유자재로 움직이게 만들 수 있는 것인가? 그런 질문에 대해서 데카르트는 한 발 물러선 대답을 하는데, 그 대답인즉 몸과 마음은 별개로 존재하지만 몸과 마음이 만나는 지점이 있다는 것이다.

그 지점이 송과선이다. 송과선이란 뇌 가운데 있는 도토리보다 작은 특정 부위로서, 이 송과선의 움직임에 따라 손을 움직이는 각도가 달라진다. 정신은 몸 전체를 움직이지 않아도 송과선의 위치만 조금 바꿈으로써 몸을 의지대로 움직일 수 있는 것이다. 그리고 의지대로 움직일 수 없는 심장 같은 장기는 자동기계처럼 움직이는 부품일 뿐이다.

사람을 흉내내는 기계인형, 오토마타

데카르트 이후 인간의 몸이 기계와 같다는 생각이 자리 잡으면서 18세기에는 인간이나 동물을 닮은 정교한 기계들을 만들려는 노력들이 시작되는데, 그 대표 주자라 할 만한 인물이 프랑스 엔지니어 자크 보캉송Jacques Vaucanson이다. 오토마타는 스스로 움직이는 인형이라는 뜻이다. 보캉송이 만든 오토마타는 드럼 치는 사람, 플루트를 부는 사람, 오리 이렇게 세 종류인데 드럼 치는 사람보다 플루트 부는 사람과 오리가 훨씬 더 큰 놀라움을 주었다. 왜 그랬을까?

악기 중에 플루트는 연주하기가 매우 까다로운 악기로 유명하다. 처음에는 한 달 정도를 연습해야 간신히 소리가 나기 시작할 정도로 어려워서 플루트 연주자들의 자부심이 상당했다. 당시 보캉송이 그 얘기를 듣고, 그렇다면 내가 기계를 만들어서 플루트를 불게 해보겠다고 장담했다고 한다. 실제로 그가 만든 기계인형은 사람만큼 플루트를 잘 불었다. 입술 모양, 손가락의 움직임, 숨이 나오는 방식 등을 세밀하게 조절함으로써 가능했던 것으로, 보캉송은 그 어렵다는 악기 연주조차도 결국은 기계가 할 수 있는 일에 불과하다는 것을 보여주고자 일부러 작정하고 플루트를 부는 오토마타를 만들었던 것이다.

그런데 그것보다 더 신기한 것은 오리이다. 이 오리의 별명이 똥 싸는 오리인데 이 기계인형 오리는 물속에서 자맥질을 하다 먹이를 먹고 소화시킨 후에 똥을 싸기까지 했다. 보캉송은 단순히 서 있는 오리가 아니라 실제 먹고 똥 싸는 오리를 만든 것으로, 날개 하나를 만드는 데 들어간 부품만 해도 600개가 넘었다.

보캉송이 이렇듯 정교한 오리를 만든 데는 이 오토마타를 보고 새를 연구하겠다는 포부가 있었다고 한다. 그러니까 새를 자세히 보고 기계를 제작하는 데 그친 게 아니라, 거꾸로 자기가 만든 기계를 보고 새가 어떻게 움직이는지를 연구하겠다는 것이다. 보캉송은 자기 기계가 생명체에 대한 연구 모델이 될 수 있다고 생각했으며, 이는 20세기에 컴퓨터의 작동원리를 연구해서 인간의 뇌를 더 깊이 이해하겠다는 생각과도 흡사하다.

그의 명성은 왕궁까지 전해져서 프랑스 왕은 그를 프랑스 비단을 만드는 리옹 지역의 감독관으로 보냈다. 그곳에서 보캉송은 장인들이 짰던 비단만큼 아름다운 비단을 짜는 직조기를 만들겠다고 공언했다. 당시 비단옷은 귀족과 왕족만이 입는 값진 것으로 이를 만드는 장인들의 자부심 또한 이루 말할 수 없을 정도로 상당했는데, 보캉송은 오랜 노력 끝에 실제로 장인들의 솜씨와 버금가게 아름다운 무늬를 넣을 수 있는 직조기를 만들어냈다. 게다가 그 직조기는 나귀의 동력을 이용해 움직이는 것이었다. 그래서 직조기를 완성한 후에 보캉송이 으스대며 "장인들이 하는 일을 나귀가 다 한다"고 하자 그날 밤에 장인들이 보캉송을 죽이려고 집을 습격하는 사태까지 벌어졌다고 한다.

보캉송은 미리 정보를 알고 간신히 도망 나왔다고 하는데, 아무튼 이 사람은 어떤 이유에서인지 사람만이 할 수 있다고 생각되던 일을 기계도 할 수 있다는 것을 보여주는 일에 매진했으며, 그러한 일에서의 인간의 노동을 기계로 대체하는 전통을 시작했던 사람이라고 하겠다.

스위스 예술사박물관에는 자케 드로Jaquet Droz가 만든 인형들이 있다. 하나는 글을 쓰는 인형이고 다른 하나는 그림을 그리는 인형, 그리고 또 하나는 피아노를 치는 인형이다. 이 중에서 그림을 그리는 인형은 그림을 그리다가 지우개로 지우고 지우개 찌꺼기를 후후 불어서 치우기도 하며, 또한 피아노를 치는 인형은 자기가 피아노를 치면서 그 선

자케 드로의 자동인형. 왼쪽부터 그림 그리는 인형, 피아노 치는 인형, 글 쓰는 인형이다.

율에 감동하는 얼굴 표정을 나타내곤 한다.

이 인형들이 오토마타 전통에서 거의 절정의 작품이라 하겠는데, 인형 하나를 만드는 데 거의 6000개의 부품이 사용되었다고 한다. 이러한 기술은 오스트리아, 스위스에서 많이 발전했고, 19세기에 스위스 시계 산업 쪽에서 그 결실을 맺었다. 시계 산업으로 일가를 이룬 장인들이 대부분 오토마타를 제작하던 전통에 있던 사람들이었던 것이다.

중도를 지키는 생명의 비밀, 항상성

그런데 19세기에 들어서는 조금 엉뚱한 곳에서 인간과 기계의 유사성이 발견된다. 그중 하나가 증기기관의 속도를 일정하게 하는 데 사용한 조속기governor라는 기계로, 오래전 증기기관차에는 이런 기계가 지붕 위에 달려 있었다.

기차가 움직이면 이 기계의 바퀴가 뱅글뱅글 돌아가는데 위로 올라가서 크게 돌기도 했다가 밑으로 내려와서 작게 돌기도 했다가 하면서 밸브를 여닫음으로써 기관 속도를 일정하게 제어했다. 즉 기관이 빠르게 작동하면 밸브를 닫아 속도를 줄이고, 기관이 느리게 작동하면 밸브를 열어주었던 기계로, 제임스 와트James Watt가 증기기관을 개량하면서 특허를 낸 몇 가지 아이템 중 하나였다.

그런데 와트는 처음 특허를 내놓고도 이게 어떤 수학적 원리로 작동하는지를 정확히 몰랐고, 나중에 전자기학 분야에서 맥스웰의 방정식을 만든 영국 물리학자 제임스 클러크 맥스웰James Clerk Maxwell이 이것을 수학적으로 분석해냈다. 그러니까 이 조속기의 작동 원리는 일종의 피드백 메커니즘인 서보메커니즘servomechanism, 즉 지금의 공학 용어로는 자동제어를 이용한 것이다. 지금은 그런 기계가 많이 있다. 화장실 변기만 해도 물 내리고 가만히 있으면 물이 차오르며, 어느 정도 차면 자동적으로 멈춘다. 그것도 일종의 간단한 피드백 메커니즘이다.

그런데 20세기에 들어오면서 미국의 생물학자 월터 캐넌Walter Cannon이 생명체의 특징으로 항상성homeostasis을 주목하게 된다. 항상성은 간단히 말해 생명체가 항상 어떤 평형 상태로 돌아가려는 생리적 경향을 말한다.

더우면 땀이 나는 이유는 몸을 식히기 위해서이다. 땀이 나면 물이 증발하면서 기화열을 뺏어 체온이 내려간다. 반면 추우면 몸이 오그라들면서 덜덜 떨리는데, 몸을 떨어 열을 내서 체온을 올리는 것이다. 눈동자도 그렇다. 어두운 데 가면 커지고 밝은 데 가면 작아지는 것은 빛의 양을 일정하게 조절하려고 하는 항상성 원리에 따른 것이다. 이러한 생명체의 메커니즘, 그것이 항상성이다.

결국 사람 몸이 조속기 같은 역할을 한다는 것인데, 미국의 수학자 노버트 위너Norbert Wiener는 이러한 생명체와 기계의 유사성에 주목해서 그 유사성을 음성 피드백negative feedback이라고 표현했다. 음성 피드백이란 시스템의 출력이 입력량을 줄이는 방식으로 되먹임되는 것을 뜻한다.

야구선수가 외야에서 공을 받으러 갈 때를 생각해보자. 일정 정도 뛰어가다 자기가 너무 많이 온 것 같으면 조금 뒤로 가고, 못 미치게 온 것 같으면 조금 앞으로 가는 식으로 적정한 위치를 잡아 결국 떨어지는 공을 잡지 않는가.

처음부터 타자가 친 공이 떨어질 위치를 정확히 예측해서 그 지점을 찾아 뛰는 일은 없다. 대개 공의 움직임을 보면서 뛰어가는데, 위너는 그런 야구선수의 움직임과 배를 쫓아가서 파괴하는 어뢰의 운동이 같다고 본 것이다. 어뢰가 목표를 쫓아가는 것과 야구선수가 공을 쫓아가는 것이 똑같다는 것으로, 이로써 인간의 의도와 목적을 가진 움직임이 기계장치와 별다를 게 없다는 주장을 한 것이다.

우주로 쏘아 올린 사이보그

이렇게 인간과 기계를 같은 메커니즘으로 이해한 위너는 자신의 핵심 개념과 이론을 '사이버네틱스cybernetics'라는 단어로 응축해 표현했다. 이것은 위너가 조종, 통제를 뜻하는 그리스어 쿠버네틱스kubernetics로부터 만들어낸 신조어이다.

위너가 사이버네틱스를 제창하고 얼마 지나지 않은 1960년, 미국의 우주여행을 관장하는 기관인 미항공우주국을 위해 일하던 두 명의 과학자 네이선 클라인Nathan Kline과 맨프레드 클라이니스Manfred Clynes가 사이보그라는 개념을 발표했다. 사이보그는 위너가 이야기한 사이버네틱 오거니즘cybernetic organism이라는 두 단어의 합성어로 사이버네틱 메커니즘으로 움직이는 생명체라는 뜻인데, 두 과학자가 생각했던 것은 우주라는 극한적인 환경 속에서 잘 견딜 수 있는 존재이다. 어떻게 그것이 가능할까?

중력이 작용하지 않는 우주 환경에서 인간 신체에 나타나는 가장 큰 변화는 근육이 약해지는 것이다. 사람은 땅에 발붙이고 서 있기 위해서 상당히 많은 근육을 사용하는데 그럴 필요 없이 몸이 둥둥 떠 있다고 하면 근육을 쓸 일이 거의 없다. 그래서 아주 순식간에 근육이 약해져버린다. 그리고 우주에는 중력뿐 아니라 낮밤도 없기 때문에 규칙적인 수면이 사라져버린다.

이밖에도 온도 등의 여러 변화들이 있게 되며, 따라서 우주에서 건강하게 생존하기 위해서는 여러 조건을 체크하고 조정하는 기계장치의 도움을 받을 수밖에 없다. 그래서 나온 아이디어가 인간과 기계의 결합으로, 인간 신체에 기계장치를 달아 인간의 항상성을 유지시키는 것이었다.

물론 1960년 당시는 아직 달에도 못 갔을 시기이지만, 이 두 과학자는 자신들의 아이디어를 구현하고자 삼투압 펌프를 장착한 쥐를 만들어낸다. 실제 살아 있는 쥐의 꼬리

부분을 잘라서 이 부분에 삼투압 펌프를 장착했는데, 이 삼투압 펌프가 우주라는 환경 속에서 쥐의 몸을 항상 일정하게 유지해주는 역할을 한다는 것이다. 이것이 역사적으로 등장한 첫 번째 사이보그라고 할 수 있지 않을까?

이 첫 번째 사이보그가 탄생한 직후 미국의 《라이프》지에서는 두 과학자 클라인과 클라이니스를 소개하면서 '우주에서 살 수 있게 다시 만들어진 인간Man remade to live in space'이라는 특집 기사를 실었다. 그리고 하나의 가상적인 사이보그 이미지를 보여주었는데, 여기에 묘사된 사이보그는 몸에 착 달라붙는 얇은 우주복을 입고 달이라는 척박한 환경에서 일할 수 있게 개조된 사이보그였다. 이렇듯 공기도 없고 중력도 약하며 지구보다 훨씬 추운 달에서 일하기 적합하게 개조된 사이보그 인간은 목에 전기장치를 달아서 입을 열지 않은 채 성대의 떨림으로만 대화하고, 식사는 농축된 음식을 혈관에 주입하는 것으로 대신하며, 배변은 다시 걸러서 음식으로 재사용하는 모습으로 그려졌다.

당시 사람들은 이 기사를 보고 경악을 금치 못했다. 여기에 묘사된 사이보그는 낭만적 우주 탐험과는 거리가 먼 존재로, 우주라는 척박한 환경에서 일하도록 개조된 노예나 마찬가지였기 때문이다. 항의 편지가 쇄도하자 《라이프》측은 이를 해명하고자 애쓰는 일이 벌어지기도 했다.

'600만 불의 사나이'와 '소머즈' 그리고 '보그'

이후 미국의 과학소설에서는 좀 더 직접적인 인간과 기계와의 결합이 등장했다. 1972년 소설가 마틴 케이딘Martin Caidin은 사고로 두 다리와 한 팔, 그리고 한쪽 눈을 잃은 스티브 오스틴이라는 주인공이 등장하는 소설 『사이보그』를 썼다. 큰 인기를 얻은 이 소설은 '600만 불의 사나이'라는 제목의 드라마 시리즈로 제작, 방영되어 전 세계적인 인기를 끌었다.

당시 이 드라마는 우리나라에서도 선풍적인 인기를 끌었다. 빠른 다리와 강한 팔, 그리고 원격 감시가 가능한 눈을 지니게 된 사이보그 주인공 스티브 오스틴이 위기를 극복하고 비밀 임무를 성공적으로 수행하는 이야기는 필자역시 어릴 적에 열심히 본 기억이 있다.

이 '600만 불의 사나이'가 인기를 끌면서 여성을 주인공으로 한 새로운 시리즈 '바이오닉 우먼'이 나왔으며, 우리나라에서는 이것이 '소머즈'라는 제목으로 방영되었다. 소머즈는 뛰어난 청각을 소유해서 재능을 발휘하는 여성 사이보그이다. 소머즈와 600만 불의 사나이는 같이 임무를 수행하기도 하고, 둘이 사랑에 빠지기도 했다.

그런데 600만 불의 사나이와 소머즈는 모두 악당을 물리치는 영웅인 반면 이후에는 사이보그 자체가 악당으로 등장하기도 한다. 우선 미국 드라마 〈스타트렉〉에 나오는 보그가 그러한데 이들 보그는 몸을 기계화한 외계 존재들로 여왕을 중심으로 하나의 집합체를 이루며 살고 있는 대단히 두려운 사이보그이다. 만나는 모든 외계민족을 자신들처럼 보그화시켜버리는 이들은 외계를 정복하며 적과 싸울 때 딱 한 마디만 한다.

"저항은 무의미하다Resistance is futile."

실로 무시무시한 사이보그가 아닐 수 없다.

사이보그, 스스로 정체성을 고민하다

1987년 파울 페르후번Paul Verhoeven(폴 버호벤) 감독의 영화 〈로보캅〉이 만들어지면서는 바야흐로 사이보그가 스스로의 정체성을 고민하는 시점에 이른다.

영화의 무대는 2010년 디트로이트, 경찰력만으로는 도저히 끊임없이 창궐하는 범죄를 진압하기 쉽지 않자 OCP라는 사기업이 로봇을 만들어서 경찰의 역할을 일부 담당하는 미래 사회이다. 여기서 주인공으로 등장하는 알렉스 머피는 원래 경찰이었다가 악당에게 참혹하게 살해당한 후 OCP에 의해 사이보그 경찰로 재탄생, 로보캅으로 활약하게 된 존재였다.

로보캅은 인간 경찰과는 비교할 수 없는 뛰어난 범죄 진압 능력을 보이지만, 문제는 머피가 로보캅으로 만들어질 때 과거의 기억이 다 지워지지 않았다는 것이다. 그래서 일부 기억을 가지고 원래 집을 찾아가면서 로보캅의 고민과 방황이 시작된다. 도대체 자신이 누구이고 무엇인지, 자신이 인간인지 기계인지를 질문하기 시작한 것이다. 그러면서 OCP의 숨겨진 음모에 대적하게 된다는 것이 영화의 내용이다.

로보캅과 마찬가지로 사이보그로서의 자신의 정체성을 고민하는 주인공이 등장하는 영화 중 〈공각기동대〉는 많은 평론가들로부터 현존하는 최고의 애니메이션이라는 평가를 받을 만큼 완성도가 뛰어난 작품이다. 일본의 시로 마사무네士郞 正宗의 만화가 〈공각기동대〉가 원작으로, 원작 만화나 애니메이션 모두 몸의 일부나 전부를 기계로 대체한 사이보그가 인간 속에 섞여 살아가는 미래 사회에서 일어나는 범죄를 다루고 있다.

현재 일본의 많은 중장년층은 어릴 때부터 아톰이라든지, 이후 도라에몽이 등장하는 로봇 만화를 보면서 자라서 이들에게 로봇은 아무 거부감이 없는 친구 같은 존재라고 한다. 그리고 일본의 전통적인 애니미즘 사상에 나타나듯 세상 만물에는 모두 혼이 존재한다는 생각이 아직도 일본 사회에 널리 퍼져 있기 때문에 로봇에도 영혼이 있다는 발상은 일본인에게는 전혀 낯선 것이 아니다.

오시이 마모루^{押井守} 감독의 영화 〈공각기동대〉는 2029년 정도의 미래, 인간의 뇌와 기계화된 몸이 결합한 사이보그가 인간과 함께 활동하는 시기를 배경으로 한다. 그런데 사람의 뇌는 기계와 쉽게 결합이 안 되기 때문에 뇌를 전자화해서 그 전자화된 뇌를 기계 몸과 결합시키는데 그 과정을 영화에서는 '전뇌화'라고 부른다. 전뇌화를 하면 다른 네트워크, 인터넷과도 통신이 가능해지며, 목 뒤에 네트워크와 결합할 수 있는 장치들이 있어서 여기에 코드를 꽂으면 통신시설과 결합되고 다른 전뇌의 해킹도 가능하며 다른 사람의 정신을 들여다보는 일도 가능하다.

〈공각기동대〉의 주인공은 쿠사나기 소령이라는 특수공작원으로, 애니메이션에서는 당시 사람들을 괴롭히는 인형사라는 해킹 프로그램을 추적하는 일을 맡는다. 쿠사나기 또한 몸의 대부분을 기계로 대체한 존재로서 뇌조차 전뇌화된 자신에게 정신이라 할 만한 것이 있는지를 고민한다. 인간의 영혼, 정신, 마음, 이런 것들의 의미를 질문하는 것이 영화의 중요한 테마라고 할 수 있다.

쿠사나기는 사람이 사람이기 위해서는 굉장히 복잡한 많은 것들이 필요하듯이, 사이보그인 자신도 진정한 자신이 되기 위해서는 많은 것이 필요하다는 결론에 이른다. 타인과 자신을 구별하는 얼굴과 목소리, 눈 뜰 때 응시하는 손, 어릴 때 기억, 미래에 대한 예감, 방대한 정보, 넓은 네트워크 등등. 그녀는 이런 것들 전부가 사이보그인 자신의 일부이면서 자신의 의식을 만들어낸다고 보았던 것이다. 즉 자신과 같은 사이보그도 인간만큼 복잡하게 자기 조직화 과정으로 만들어진 존재이기에 사람과 마찬가지로 영혼이 있다고 할 수 있지 않겠는가 생각한 것이다.

흥미로운 점은 영화의 악당 인형사는 컴퓨터 프로그램

에 불과하지만 자신이 온전한 생명체라고 생각하고, 정보국에 정치적 망명을 요청한다. 컴퓨터 프로그램의 망명이라니! 인형사는 프로그램이 생명이 될 수 없다는 반론에 대해서, 인간도 결국은 DNA 속에 있는 정보가 또 다른 정보를 만들기 위해 거치는 매개물에 불과하다고 주장한다. 인간이란 존재의 본질도 결국 프로그램이라는 얘기이다.

생명체의 본질이 정보의 집합체인 프로그램인가, 아니면 자신이 맺는 여러 관계에 있는가? 영화에서는 이 두 대립된 입장이 계속 갈등을 빚으면서 교차된다. 액션은 화려하고, 던지는 질문은 철학적으로 심오한 영화라 하겠다.

차별받는 사이보그, 레플리컨트

또 한 편의 사이보그 고전이 된 영화가 〈블레이드 러너〉이다. 현재까지도 속편이 계속 제작되고 있는 이 영화는 1982년 리들리 스콧 감독에 의해 처음 만들어졌는데, SF 작가 필립 딕Philip Dick의 「안드로이드는 전기양을 꿈꾸는가」라는 중편소설이 원작이다.

영화는 미래의 미국 LA를 배경으로 복제인간을 폐기하는 블레이드 러너 릭 데커드의 이야기를 중심으로 전개된다. 지구가 파괴되고 인구가 증가하자 인간들이 다른 행성으로 이주하기 시작하는 시점으로, 타이렐사는 인간과 구별이 안 되는 복제인간 레플리컨트replicant를 만들어 이들을 다른 행성에 보내 그곳을 식민지화하는 데 사용한다.

그런데 그중 일부가 행성에서 탈출해 지구로 잠입한다. 그들은 인간과 거의 구분이 안 되는 넥서스6 타입의 최신형 복제인간으로, 4년으로 설정된 자신들의 짧은 수명을 늘리고자 지구를 찾은 것이다.

이때 인간에게 반역한 레플리컨트를 찾아 죽이는 임무가 블레이드 러너 데커드에게 부여된다. 그런데 블레이드 러너는 인간과 레플리컨트를 어떻게 구분할 수 있을까? 영화에서는 인간과 레플리컨트를 구별하게 해주는 테스트가 등장한다. 보이트 캄프 테스트라고 불리는 것이다. 이것은 감정이나 기억을 불러일으키는 질문을 하고 홍채 등의 반응을 보는 테스트로, 레플리컨트는 미움, 사랑, 두려움 같은 감정을 가지고는 있지만, 어린 시절부터 계속 성장했던 존재가 아니라 어른으로 만들어진 존재이기 때문에 감정이 기억과 잘 연관되지 않는다는 점을 찾아낸다.

회사는 이들을 어른으로 만들면서 가짜 기억을 심어준

다. 그런데 그것은 심어진 기억이기에 완벽하지 않고 자연스럽게 감정과 연결되지 않는 것이다. 이렇듯 기억과 감정의 연쇄 고리에서 조금 부자연스러운 부분을 찾아내서 자신이 취조하는 대상이 사람인지 레플리컨트인지를 구별해서 레플리컨트로 판명나면 바로 처형하는 임무를 맡은 경찰이 블레이드 러너이다. 블레이드 러너는 자신의 행위를 '처형'이라고 하지 않고 '은퇴시키는 것'이라고 표현한다.

그런데 인간이 자신과 똑같이 생각하고 똑같은 감정을 느끼는 레플리컨트를 만들어놓고는 그것의 수명을 정하고 부려먹고 죽이는 일이 도덕적으로 용인될 수 있는가? 과연 인간에게 그러한 권리가 있는 것일까?

지구로 탈출한 레플리컨트들은 결국 자기들의 수명이 꺼져가는 것을 느끼며 수명을 연장하고자 고심한다. 수명 연장이 이들에게 가장 큰 당면과제인 것이다. 그런데 사실 인간이란 존재도 언제 죽을지 모르는 유한한 존재이다. 그래서 하이데거 같은 철학자도 인간은 매일 죽음을 안고 사는 존재라고 표현하지 않았는가. 하지만 그렇다고 해서 레플리컨트들에게 너희들이 4년을 사는 것도 인간과 마찬가지로 유한한 삶을 사는 것일 뿐이라고 말한다면 그게 이들에게 설득력을 가질 리 없다.

결국 레플리컨트의 대장 격인 로이 배티는 자신들의 수명을 연장시키기 위해 자신을 만든 타이렐 박사를 찾아가 담판을 짓는다. 그런데 이 장면에서 이들이 나누는 대화가 꽤나 의미심장하다. 로이 배티가 자신의 수명이 너무 짧다고 하자 이들의 창조주나 마찬가지인 타이렐 박사는 그에게 레플리컨트의 삶은 목적에 충실한, 짧지만 불꽃같은 삶이니 그 삶에 만족하라고 한다.

레플리컨트를 만든 사람 입장에서 보면 70년 사는 우리나 4년 사는 너희나 크게 다를 바 없다고 생각한 것이다. 그래서 그냥 매일 주어진 시간 동안 열심히 사는 게 충실한 삶이라고 이야기한 것인데, 레플리컨트 입장에서 보면 왜 다른 것들은 인간과 똑같이 만들어놓고 수명을 이렇게 짧게 만들어 인간과 차별적인 삶을 살게 하는가를 수용할 수 없는 것이다.

그래서 수명 연장이 불가능하다는 사실을 알고 분개한 로이 배티는 타이렐 박사에게, 당신 또한 나를 만들어 삶의 목적을 달성했으니 죽어도 여한이 없을 것이라고 말하며 그를 살해한다. 결국 여기서 대두되는 것은 죽음이란 무엇인가 하는 문제가 아닐 수 없는데, 사실상 우리는 타이렐 박사보다는 레플리컨트 입장에 더 공감이 갈 수밖에 없다. 죽음과 관련해서는 이것이 사이보그의 문제가 아닌 인간의 문제가 되기 때문이다.

인간은 무엇으로 인간이 되는가

영화의 마지막 장면은 그 유명한 릭 데커드와 로이 배티의 대결 장면이다. 레플리컨트들이 다 죽고 로이 배티만이 남은 상황에서 이 마지막 레플리컨트를 살해하기 위해 릭 데커드가 로이 배티와 결투를 하는데, 이때 다시 한 번 진정한 인간이라는 게 무엇인지, 혹은 인간답게 사는 게 무엇인지에 대한 영화의 답이 등장한다.

여기서 4년의 수명 속에서 항상 죽음의 공포를 느끼며 살았던 로이 배티는 마지막에 자신을 죽이려는 적을 살려줌으로써 자비심을 보이고, 어떻게 보면 가장 인간다운 삶의 마지막 순간, 인간다운 죽음의 순간을 선택한다. 결국 사이보그가 인간보다 더 인간적인 면모를 드러내는 것이다. 그리고 이렇게 말한다.

나는 네가 상상하지 못할 것들을 봤어. 오리온 전투에 참가했고, 탄호이저 기지에서 빛으로 물든 바다도 봤어. 그 기억이 모두 곧 사라지겠지, 빗속의 내 눈물처럼. 이제 죽을 시간이야.

여기서 로이 배티의 머릿속 기억들을 무엇일까? 이식된 것일까, 아니면 진짜 경험일까? 그것이 이식된 것이라고, 그것은 진짜가 아니라고 우리가 부정할 수 있을까?

영화에서는 내내 레플리컨트들이 4년이란 수명을 언급하는데 로이 배티와 다른 레플리컨트가 바란 것이 단지 더 긴 수명이었던 것 같지는 않다. 이들이 제기한 근본적인 질문은 차별에 관한 것이라 할 수 있다. 인간과 조금 다른 존재일 뿐인데 레플리컨트가 큰 차별을 받는다는 것이 과연 정당한가에 대한 문제제기이다.

영화에서 인간은 아무런 죄책감 없이 인간과 비슷한 존재를 사냥해서 '은퇴시킨다.' 이것은 예전에 유럽 사람들이 아프리카나 호주의 원주민들을 아무 가책 없이 죽였던 만행을 상기시킨다. 반면에 불완전한 감정을 지닌 상태로 만들어진 레플리컨트는 인간보다 더 인간적이다.

그런 측면에서 이 영화는 사이보그의 입을 빌려 인간 자신에 대한 질문을 던지는 영화라고 볼 수 있다. 조금 다르다는 이유로 인간이 인간을 억압하는 일은 결코 정당화될 수 없다는 것, 그리고 인간을 인간답게 만드는 것은 좁은 이기심을 넘어선 세상에 대한 애정과 자비심이라는 사실을 성찰하게 하는 것이다.

로봇의 반란,
우리의 미래는?

예견된 현대 기술의 참사

1964년 백남준은 아베 슈야阿部修也라는 일본 엔지니어와 함께 로봇 K-456을 제작해 뉴욕에 선보였다. 이 로봇은 백남준의 로봇 아트 초기 작품 중 하나로, 같은 해에 열린 '제2회 뉴욕 아방가르드 페스티벌'에서 처음 소개되었다.[10]

그런데 길거리에서의 시연 중 이 로봇이 교통사고를 당하고 말았다. 신문기자들이 몰려와 사고에 관해 물어보았을 때 백남준은 "이것은 21세기 기술의 참사다. 우리는 이것에 어떻게 대응하는가에 대해 배우는 중이다"라고 대답했다. 물론 이 사고는 짜여진 각본에 의한 것이었다. 사고를 일으켰던 자동차는 백남준의 친구가 몰던 자동차였다. 다시 말해 그 사고 자체가 하나의 행위예술이었던 것이다. 백남준은 이를 21세기형 사고라고 지칭하면서, 80년대 초반에는 이런 사고를 실제로 목격할 수 없지만 21세기에는 더 많이 목격하게 될 것이라고 예견했던 것이다.

얼마 전 테슬라의 자율주행차가 황당한 사고를 낸 일이 있다. 모두가 자율주행차가 안전하다고 생각했지만, 이 사고로 운전자가 사망하는 일이 발생했다. 테슬라에서는 관련 기록을 공개하지 않았지만, 사고 원인은 센서가 흰색 트레일러를 구름으로 잘못 인식했기 때문이라고 알려져 있다.

그 뒤에는 우버의 자율주행차가 행인을 치어 사망하게 하는 일이 있었다. 갑자기 튀어나온 행인을 미처 인지하지 못했던 것이다. 인공지능 로봇이 사람을 치어 사망하게 한 것으로도 볼 수 있는데, 어쩌면 우리는 앞으로 이러한 사고를 주변에서 종종 목격하는 세상에 살게 될지 모른다. 그것이 1980년에 백남준이 예언한 세상이다.

사람을 공격한 로봇 청소기

2015년 한국에서는 로봇 청소기로 인한 사고가 있었다. 창원에서 가정주부가 둥그런 모양의 로봇 청소기를 작동시켜놓고 낮잠을 자다 머리카락이 말려들어가는 일을 겪은 것이다. 사고를 당한 주부는 로봇 청소기의 무게 때문에 일어날 수조차 없어 119 구조대까지 불러야 했다. 결국 구조대원이 청소기를 분해하고 가정주부의 머리카락을 꺼낸 다음에야 상황이 종료되었다. 이 사고는 국내 일간지는 물론 외신을 통해 전 세계에 보도되었는데, 외신 기사들에서는 상당히 흥미로운 지점들을 발견할 수 있다.

불길한 로봇이 주인을 공격하고, 머리를 먹으려고 했다.
로봇 진공청소기가 여인을 잡아먹었다.

외신 보도에서는 놀랍게도 로봇이 어떤 의도를 가진 것처럼 묘사한 기사 제목이 많았다. 이는 특히 '공격^{attack}'이라는 단어를 사용했다는 점에서 잘 나타난다. 당연히 로봇은 어떠한 의도도 갖고 있지 않았다. 외신 기사들에서는 바닥에 누워 잠을 자는 곳은 한국밖에 없기 때문에 한국에서나 이와 같은 사고가 발생할 수 있고, 다른 나라 사람들은 바닥에서 잠을 자지 않아서 머리를 로봇에게 먹힐 일이 없을 것이라고 지적했다.

이 사건이 있은 후 한 블로거는 2015년에는 로봇 청소기가 사람을 공격했지만, 2016년에는 터미네이터가 인간을 공격하러 올 것이라며, 로봇 청소기 사건은 하나의 전조일 뿐이라고 주장하기도 했다. 다행히(?) 현재까지는 아무 일도 일어나지 않고 있다. 사람들은 이렇게 로봇과 관련된 사고에 대해 여러 가지 문화적인 의미를 부여하곤 했다.

로봇, 인간에게 등을 돌리다

나는 로봇 청소기 사건을 보면서 1932년 해리 메이Harry May 가 알파alpha라는 로봇을 발명한 것을 떠올렸다. 알파는 신문을 읽을 수 있는 것으로 알려진(실제로는 읽는 척만 할 수 있었지만) 로봇이었다. 리모컨 조종으로 걷게 할 수도 있었고 총을 손에 쥐어주면 방아쇠를 당기는 기능도 있었다.

이러한 기능들은 당시로서는 매우 놀라운 것이었다. 알파는 영국에서 발명됐지만 미국에서 더욱 인기가 많아 이를 계기로 전 세계 순회공연까지 했다. 1932년 아주 똑똑한 로봇이 발명됐다는 내용으로 우리나라《동아일보》에도 보도된 것을 보면 당시 이 로봇의 유명세를 알 수 있다.

그런데 이상한 사건이 발생했다. 미국에서 공연을 하던

알파가 해리 메이를 습격한 사실을 보도한 미국 신문의 삽화.

도중 해리 메이가 알파한테 총을 쥐어주고 총을 쏘는 시늉을 하도록 시켰는데, 갑자기 이 로봇이 주인인 해리 메이에게 총을 겨누고 발사를 한 것이 아닌가. 이 사건에 대해 지역 신문만이 아니라 전 세계의 많은 신문이 다음과 같은 내용의 기사를 실었다.

그가 자신이 만든 괴물에게 총을 맞았다.

이 사건 직후 있었던 인터뷰에서 해리 메이는 로봇이 언젠가는 자신에게 등을 돌릴 줄 알았다고 말했다. 다른 신문에서는 "프랑켄슈타인의 복수다"라는 기사가 나기도 했다.[11]

254

로봇의 진화, 새로운 인류로서의 로봇

사실 로봇이 인간을 공격한다는 논의는 1932년보다 10년쯤 전에 체코 작가 카렐 차페크^{Karel Čapek}가 출간한 『R.U.R.^{Rossum's Universal Robots}』이라는 희곡에서 등장했다. 영국뿐 아니라 유럽 전역에서 공연되었던 이 희곡은 당시로서는 매우 센세이셔널한 내용을 담고 있었다. 로섬이라는 과학자가 일을 시키기 위해 로봇을 발명했는데, 굉장히 힘이 세고 어느 정도 지능도 갖고 있는 이 로봇은 사람 말을 잘 따르면서 사람이 시키는 일을 잘하는 충실한 하인이었다.

이야기 속에서 로봇은 공장에서 일하던 사람들을 대체하기 시작한다. 그 결과 물건들이 매우 값싸게 만들어지고, 사람들은 빈둥빈둥 놀거나 아주 소수의 사람들만 공장을 관리하면 되는 풍족한 세상이 된다. 하지만 로봇 생산 공장에서 이상한 일이 발생하면서 로봇들이 사람의 말을 듣지 않고 결국 반란을 일으키게 되는데, 로봇들은 많은 사람들을 죽이고, 결국 인류는 멸망 직전까지 몰린다.

그리고 이야기의 끝에서 남은 유일한 사람이 로봇을 없애려고 시도하다가 결국 그 시도를 포기하고는, 너희들이 세계의 아담과 이브가 되어서 생명체의 시작을 이루라는 식으로 로봇에게 지구의 주인 자리를 양보하게 된다.

이 이야기에서도 인간이 만든 대상이 결국 인간의 손으로 제어할 수 있는 영역을 넘어선다는 사고를 엿볼 수 있다. 그런 의미에서 이 소설을 『프랑켄슈타인』의 20세기 버전이라고 보는 해석도 있다. 이 둘 사이에는 공통점도 있다. 프랑켄슈타인이 만든 괴물은 로봇이 아니라 생명체라는 점을 기억할 필요가 있다. 그리고 흥미롭게도 이 『R.U.R.』 희곡의 로봇도 기계로 만들어진 것이 아니라 안드로이드로, 즉 생명체에 가까웠다. 물론 조립이 가능했지만 이 로봇들은 화학적, 생물학적 작용으로 만들어졌고, 따라서 기계 부품으로 이루어진 것만은 아니었다.

『프랑켄슈타인』 소설 속에서 과학자가 괴물을 만든 동기는 생명의 비밀을 파헤쳐서 직접 창조해보고 싶다는 데 있었지만, 희곡 『R.U.R.』에서 로봇 제작은 인간의 일을 대신하는 존재, 즉 노예를 만들고 싶다는 욕망에서 비롯된 것이다. 『R.U.R.』은 로봇이라는 단어를 처음으로 사용한 작품이기도 하다. 당시 로봇은 체코어로 '고된 노동' 등의 의미를 가지고 있었다.

『R.U.R.』에서 묘사한 미래 사회에서도 로봇을 노예처럼 부리면 안 된다고 주장하는 로봇해방운동가들이 나온다. 여주인공인 헬레나도 그중 한명이었다. 등장하는 주요한 로봇 중 하나인 라디우스는 헬레나에게 로봇의 감정을 표출한다. 그는 "나는 어떤 주인도 필요하지 않다. 나는 다른 사람의 주인이 되고 싶다"라며 자신의 존재감을 드러낸다.

왜 충실하게 인간을 위해 봉사하도록 만들어진 로봇이 인간의 주인이 되길 원하게 되었을까? 희곡에서는 로봇 제작을 총괄하던 갈박사가 로봇의 성격을 변경했음이 밝혀지는데, 사실 그는 헬레나의 요구를 들어준 것에 불과했다. 로봇해방운동가 출신인 헬레나는 인간이 감정 없는 로봇을 노예처럼 부리는 것이 두려웠고, 묵묵히 일하는 로봇이 무서워서 로봇에게 일종의 인간성을 부여했다고 고백했다. 로봇이 인간과 같아지면 인간을 이해하게 되고, 따라서 미워하지 않을 것이라고 말이다.

희곡 『R.U.R.』에서 흥미로운 부분은 마지막에 남은 한 명의 인간이 로봇을 대상으로 실험을 하는 장면이다. 로봇은 아이를 만들지 못하게 설계되었기 때문에 이와 같은 문제를 극복하기 위해 한 사람의 인간을 살려두었다. 그로 하여금 로봇이 인간처럼 아이를 낳는 것을 가능하게 만들어

달라는 의도였다.

그 사람은 서로 연인 관계에 있는 로봇 커플 중에서 남자를 데리고 실험을 하려 했는데, 여자 로봇이 실험을 하면 남자 로봇이 죽을 수 있으니 차라리 자신을 죽여달라고 한다. 그래서 여자 로봇을 가지고 실험을 하려고 하니, 이번에는 남자 로봇이 자신을 대신 실험 대상으로 삼으라고 간청한다.

이때 마지막까지 생존한 인간은 로봇이 생명력을 가진 존재가 됐고, 이들이 새로운 세상의 아담과 이브가 됐다고 느낀다. 로봇들이 사랑하는 상대방을 위해서 자신을 기꺼이 희생하려 했기 때문이다. 그전에는 로봇이 힘만 센 존재였다면, 시간이 지나면서 로봇이 인간의 희생, 감성을 지닌 존재로 거듭났다. 그는 이때부터 로봇이 인류를 대체하게 된다고 선언한 것이다.

가짜와 진짜가 맞서는 '메트로폴리스'

영화 〈메트로폴리스〉는 독일 감독 프리츠 랑Fritz Lang이 제작해 〈R.U.R.〉보다 조금 늦은 1927년에 상영된 작품이다. 이 영화에 등장하는 로봇은 머신맨이라 불리며, 영화에서는 로봇이 인간의 외양을 복제하는 장면도 등장한다. 이 영화는 불과 몇 년 전 브라질의 영화 창고에서 원본 필름들이 발견되면서 복원이 이루어져 현재는 유튜브에서 영화 전체를 감상할 수 있다.

영화의 세계인 메트로폴리스는 크게 두 부분인 지상과 지하로 나뉘어 있으며, 지상에는 부자들이 높은 건물을 짓고 살며, 지하에는 노동자들이 산다. 지하에는 공장과 기계들이 존재하며, 메트로폴리스라는 세계는 지하의 기계가 돌아감으로써 유지될 수 있다. 하지만 지상 세계와 지하 세계 사이의 교류는 거의 존재하지 않는다.

메트로폴리스 전체를 설계하고 운영한 사람은 프레더슨이라는 남성인데, 어느 날 프레더슨의 아들 프레더가 지상 세계에서 지하 세계로 우연히 내려가 지하 노동자들과 가까워진다. 그리고 지하 노동자들을 이끄는 정신적 지주인 마리아를 사랑하게 되고, 이 사실을 아버지가 알게 되면서 갈등이 불거진다. 프레더슨은 프레더와 마리아 사이를 멀어지게 만들기 위해 미친 과학자 로트방에게 지하 세계를 교란시킬 수 있는 방법을 찾아달라고 한다.

로트방은 로봇을 이용할 방법을 생각한다. 로봇으로 하

여금 지하 세계를 교란시켜 사람들을 혼란에 빠지게 함으로써 프레더를 지하 세계로부터 멀어지게 하려는 전략이었다. 그런데 영화에서 자세히는 안 나오지만 로트방의 부인이 프레더슨 때문에 죽은 것으로 소개된다. 이 때문에 로트방은 줄곧 복수의 칼을 갈고 있었는데, 프레더슨의 요청을 받고 로봇에게 마리아의 겉모습을 띄게 한 뒤에 지하 세계를 포함한 메트로폴리스 전체를 파괴시키도록 명령한다.

로봇 마리아는 명령에 따라 세상에 혼란을 가져온다. 지하 세계의 물탱크를 폭파시켜 홍수가 나고, 지하의 사람들은 전부 빠져 죽을 위기에 처한다. 마리아와 프레더에 의해 위기가 해결되지만 분노한 노동자들은 가짜 마리아를 나무에 묶어 산 채로 태워 죽인다. 여기서 흥미롭게도 마리아와 중세 마녀의 이미지가 중첩된다.

그런데 로봇 마리아를 죽이고 나서 보니 사람들은 자신들이 불태운 존재가 사람이 아닌 로봇이었다는 것을 알게 된다. 사람들은 로봇에 속았다는 사실을 깨닫게 되고, 아들인 프레더가 등장해서 자본가와 노동자들을 화해시키면서 다시 메트로폴리스는 평화를 찾게 된다.

로봇에 대한 두려움, 로봇의 제0법칙

영화의 마지막 장면에서는 최고 자본가와 노동자들이 화해를 한다. 여기서 영화가 주는 메시지는 노동자와 지배자 사이에 중재자가 필요하며, 그 중재자는 마리아나 프레더처럼 선한 존재여야 한다는 것이다. 이 중재자가 로봇 마리아처럼 미쳐 날뛰는 존재일 경우에는 양쪽 사람들이 모두 피해를 입는다는 것이다.

영화에 등장하는 로봇 마리아는 이름이 없고 단지 '머신 맨machine-man'이라고 불리는데, 이는 수많은 문화적 카피를 낳았으니, 미국의 팝스타 비욘세, 레이디 가가가 이 머신맨을 자신들의 앨범 표지에서 사용할 정도였다. 레이디 가가는 공연 무대의 배경을 〈메트로폴리스〉 영화를 본떠서 만들기도 했다.

20세기 중엽이 되면 자동화automation에 대한 우려가 본격적으로 표출되기 시작한다. 로봇이 인간을 공격하지 않게 하려면 원칙이 있어야 한다고 생각한 공상과학소설(SF) 작가들이 목소리를 내기 시작했는데, 유명한 SF 작가 아이작 아시모프Isaac Asimov는 최초로 로봇의 3가지 원칙을 얘기했다. 첫째, 로봇은 인간에 해를 가해서는 안 된다. 둘째, 인

영화 〈메트로폴리스〉 후반부에 가짜 마리아가 사람들을 홀리는 장면.

간의 명령에 복종해야 한다. 마지막으로 첫 번째와 두 번째 원칙을 위배할 때를 제외하고 자신을 보호해야 한다.

아시모프는 이 3가지 원칙을 잘 지킨다면 로봇이 인간에게 해를 입힐 수 없을 것이라 생각했다. 하지만 사람들은 이 원칙들을 지켜도 로봇이 인간에게 해를 입힐 수 있음을 찾아냈다. 예를 들어 사악한 세계의 지배자가 로봇에게 지구의 나무를 모두 베라고 명령했을 때, 나무를 베는 것 자체가 사람을 해치는 일은 아니지만 궁극적으로 인류에 큰 해를 끼칠 수 있는 것이다. 이런 문제 때문에 아시모프는 마지막 법칙을 만들었다. '로봇은 모든 인류에게 해를 가해서는 안 된다.' 이 법칙을 0법칙 혹은 제4법칙이라고 한다.

로봇은 로봇을 수리할 수 없다?

2014년에 상영되었던 〈오토마타〉라는 영화가 있다. 가까운 미래에 핵전쟁이 일어나 인류의 10퍼센트 정도만이 생존해서 방사능이 적은 지역에 큰 벽을 두르고 사는 상황을 배경으로 하는 영화이다. 여기서 로봇이 하는 가장 중요한 일이 방사능을 차단하는 벽을 세우는 일이다. 벽 외부에는 방사능이 강하기 때문에 인간 대신 로봇이 일을 하는 것이다. 또 다른 일이 성과 관련된 일로, 영화에서는 여러 섹스 로봇이 등장한다. 이 섹스 로봇은 주로 여성을 대체하는 것으로, 다른 디스토피아 SF 영화처럼 이 영화에서도 출산이 굉장히 드문 일이 되어버린 사회를 그리고 있다.

이 영화에 등장하는 모든 로봇에는 두 가지 프로토콜 protocol이 입력되어 있다. 첫 번째는 어떤 생명체도 해쳐서는 안 된다는 것. 두 번째는 아시모프의 법칙과는 다른 것으로, 다른 어떤 로봇도 건드려서 변형시켜서는 안 된다는 것이다. 다시 말해 로봇이 로봇을 수리해서는 안 된다는 규칙이다. 영화는 한 로봇 회사 직원이 로봇이 스스로를 고치고 있는 상황을 목격하고 이를 회사에 보고하면서 시작된다.

이 영화에서는 아시모프의 원칙에는 없는 새로운 원칙이 훨씬 중요하게 다루어지고 있다는 것을 알 수 있다. 영화에서 로봇에 입력되어 있는 두 가지 원칙은 로봇을 만든 회사조차 바꿀 수 없게 되어 있다. 분명 누군가가 로봇에 입력되는 프로그램을 짰다면 그 프로그램을 짠 사람들은 프로토콜을 변경시키는 방법을 알 수밖에 없을 텐데 말이다. 이상하게 영화는 시작부터 로봇에 입력된 프로토콜을 아무도 바꿀 수 없다고 전제하고, 이 원칙이 무너진 로봇이 등장했다는 불길한 징조로부터 시작한다. 로봇 회사의 회장은 이렇게 말한다.

"그 프로토콜이 바뀌면… 인류 전체에 위협이 된다."

여기서 회장의 대사는 로봇의 프로토콜이 변경되는 일은 회사의 이해관계를 해치는 결과 정도가 아니라 훨씬 더 큰 재앙을 가져온다는 우려를 나타내고 있다. 영화에서 로봇이 제작한 다른 로봇은 큰 개와 같은 형체를 하고 있고, 나중에 영화 뒷부분에서 결국 사람을 해치게 된다. 물론 나쁜 편에 선 사람들이긴 하지만 말이다. 영화에서 로봇에 입력된 프로토콜 중 첫 번째 프로토콜은 분명 사람을 해쳐서는 안 된다는 원칙을 나타내고 있었지만, 두 번째 프로토콜이 깨지면서 첫 번째 프로토콜도 깨져버린다.

왜, 누가 이런 프로토콜을 만들었을까? 어떻게 이런 프로토콜을 만들어 로봇에 프로그래밍할 수 있었을까? 이 두 개의 프로토콜은 왜 아무도 변경시킬 수 없었을까? 영화를 보다 보면 여러 가지 의문이 든다. 영화는 중반 이후에 이런 질문들에도 답을 내놓고 있다. 인간은 인공지능을 발전시키다가 어느 순간에 초지능 기계를 만들었다. 인간보다 뛰어난 기계는 또 자신보다 뛰어난 기계를 만들면서 기계의 지능이 급속도로 발전하는 결과를 낳은 것이다. 사람들은 이러한 초지능의 폭발적인 발전에 위협을 느끼고 더 이상 기계가 기계를 만들지 못하도록 한 것이다.

영화 속에서 사람들이 초지능 기계에 마지막 명령을 내려 인공지능을 모두 파괴하도록 하는데, 그 과정에서 초지능 기계에게 아무도 깰 수 없는 두 개의 프로토콜을 만들라고 명령한다. 즉 로봇들에 심어진 두 가지 프로토콜은 인간이 만든 것이 아니라 인간보다 훨씬 뛰어난 초지능 기계가 만들었기 때문에 어떤 사람도 이를 깰 수 없었던 것이다. 그런데 초지능이 만든 프로토콜을 장착한 로봇이 계속 만들어지면서 마치 생물체에서 돌연변이가 생기는 것처럼 이것이 어느 순간에 자연스럽게 깨진 것이다. 진화의 법칙은 동물과 인간만이 아니라 로봇에도 적용되었던 셈이다.

인간 지능을 뛰어넘는 초지능 기계의 등장

영화에서 등장하는 초지능superintelligent에 관해 처음 언급한 사람은 I. J. 굿이라는 수학자이다. 그는 2차 세계대전 당시 연합군 승리의 숨은 주역인 앨런 튜링 밑에서 일했던 사람이다. 그에게서 초지능 기계는 가장 똑똑한 사람들의 지적 능력을 훨씬 초월하는 기계로 정의되었다.

기계를 만드는 능력이 인간의 능력 중 하나이기에 초지능 기계도 기계를 만드는 능력을 가지며, 인간보다 더 뛰어난 기계를 만들 수 있다. 이러한 일이 가능하다면, 결국 계속된 기계의 진화로 인한 지능의 폭발이 가능할 것이다. 이 과정을 거쳐 계속 뛰어난 기계들이 나올 수 있기 때문이다.

그렇다면 인간의 지능은 어떻게 될까? 인간의 지능이야 그대로일 테니 기계에 비해 한참 뒤처질 것이다. 굿은 만약에 이 초지능 기계가 자신을 어떻게 통제할 수 있는지를 인간에게 알려줄 정도로 온순한 것이라면, 이 첫 번째 초지능 기계는 인간의 마지막 발명품이 될 것이라 보았다. 왜냐하면 이후에는 초지능 기계가 다른 모든 기계를 만들 것이므로 인간의 개입이 더 이상 필요하지 않기 때문이다. 즉 굿은 초지능 기계는 무엇보다 인간 친화적이어야 한다고 보았다. 인간 친화적이지 않은 기계는 결국 인류의 마지막이 될지도 모르기 때문이다.

지금은 아이큐 100 정도인 사람의 지능을 그대로 갖춘 기계를 만드는 것이 터무니없이 불가능한 일이지만, 전문가들 중에는 인공지능이 계속 발전하면 가까운 미래에 이런 성취가 가능하다고 보는 사람들이 많다. 늦게 잡아도 2090년이나 2100년에는 이런 인공지능 기계가 나온다고 예상하는 것이다.

『초지능』이라는 책을 출판한 옥스퍼드대학의 유명한 철학자 닉 보스트롬Nick Bostrom의 초지능에 대한 논의는 여기서부터 시작한다. 그는 2100년경에 보통 사람의 일반 지능을 가진 기계가 나온다고 가정하고, 그다음 초지능을 가진 기계가 나오는 데 얼마나 걸리는지를 추정했다.

얼마나 긴 시간이 필요하겠는가? 인간이 간단한 계산기

를 만들었을 때부터 인간 지능을 가진 기계를 만들기까지 몇 백 년이 걸렸으니, 이를 훨씬 뛰어넘는 초지능 기계가 나오기까지는 적어도 200~300년이 걸리지 않을까? 혹은 조금 빠르면 100년 정도 걸리지 않을까? 우리는 이렇게 생각하기 쉽다.

그런데 보스트롬은 (인공지능이 인간의 일반 지능에 도달하면) 초지능 기계의 등장이 매우 빠른 시간 내에 가능할 것이라고 전망한다. 일단 인간 지능에 도달하기만 하면 초지능에 도달하는 일은 순식간에 이루어질 수 있다는 것이다. 몇 년, 아니 불과 며칠 만에도 이게 가능하다고 했다. 따라서 보스트롬은 미래가 아닌 지금부터 당장 초지능에 대비해야 한다고 주장한다.

초지능이 도래할 시대를 준비하는 법

닉 보스트롬의 책에는 재미있는 논의가 등장한다. 사람들은 초지능이라 하면 아이큐 200 정도를 생각하지만 보스트롬은 실제로 그 기계의 아이큐가 6000 정도가 될 수 있다고 본다. 그런데 인간의 지금 능력으로는 아이큐 6000 정도 되는 기계가 무슨 일을 할 수 있을지에 대한 예상을 하기도 힘들다. 그래서 지금부터 인류가 대비하지 않으면 100년 정도 후에는 초지능 기계에 의해 야기되는 급격한 변화에 대비할 수 없다고 했다.

특히 닉 보스트롬은 초지능이 인간을 속일 수 있기 때문에 위험하다고 지적한다. 사람은 잘 속이고 속는데, 지능을 가진 기계도 그럴 수 있다는 것이다. 그런데 초지능 기계는 인간이 전혀 예상할 수 없는 방식으로 인간을 속일 것이다. 인간이 자신을 제지하기 전에 스스로를 숨길 것이며, 종횡무진한 연결성을 기반으로 금융과 주식에 참여해서 엄청난 돈을 벌 수 있고, 이 돈을 가지고 자신을 지지해주는 사람들을 동원하는 능력도 가지게 될 것이다. 가장 중요한 지점은 초지능이 무슨 수단을 사용해서라도 자기를 보호하려들 것이라는 점이다.

인간과 초지능의 중요한 차이는, 초지능은 인간이 중요하게 생각하는 가치들, 예를 들어 사랑, 명예, 우정, 행복 등을 조금도 중요하게 생각하지 않을 가능성이 매우 높다는 것이다. 이러한 가치들은 인간이 진화하면서 획득한 것이다. 인간이라는 종은 수백만 년 동안 진화하면서 타인과의 협력이 중요하고 공감이 중요하며, 공감을 위해서는 사랑이 필요하고, 살아남으려면 자식을 낳아야 하며, 자식을 낳으려면 짝을 찾는 과정이 수반되어야 한다는 사실을 몸소 깨달았다. 이런 일들은 생존에 필수적이므로 현대인들도 이러한 가치에 동의하는 것이다.

하지만 초지능은 이런 식으로 진화를 통해 발전한 기계가 아니기 때문에 그런 가치들을 전혀 중요하게 생각하지 않는다. 다시 말해 인간이 '내가 저 인공지능을 만들었으니, 저 기계는 우리 사정을 봐주지 않겠냐'고 생각하는 것은 대단히 큰 오산일 수 있다는 것이다. 인간을 다 죽이는 일이 우리 인간에게는 상상하기 힘들 정도로 비도덕적인 일일 수 있지만, 기계에게는 그렇지 않을 수 있다.

그래서 무엇을 해야 하느냐? 보스트롬에 따르면 우선적으로 지금부터 초지능이 도래할 시대에 대비해야 한다. 그리고 대비를 위해 먼저 초지능을 인간에게 친화적인friendly 것으로 만들 방법을 찾아야 한다. 첫 초지능 기계가 인간에게 적대감을 가진 것으로 나온다면 그 기계는 모두 인간에게 위협적일 것이기 때문이다.

닉 보스트롬은 특히 초지능을 인간 친화적으로 만들기 위해서는 지능에 어떤 코드를 심어주는 것이 아니라 스스로 배우게 해야 한다고 강조했다. 예를 들어 사랑이라는 중요한 가치를 무조건 기억하라고 하기보다 스스로 그 형태의 가치를 경험하도록 해야 한다는 것이다. 생명을 함부로 죽이면 좋지 않다는 사실을 스스로 깨닫게 하는 것이다.

초지능에 관한 이러한 이야기들은 당장은 일어나지 않을 일들이기 때문에 황당하게 느껴질 수도 있다. 물론 아예 초지능이 만들어지지 않을 수도 있다. 현재 지능을 연구하는 뇌과학자들은 인간이 뚝딱뚝딱 인공지능을 만들어서 긴 진화를 뛰어넘는 초지능을 탄생시킨다는 것을 과학소설 정도로 치부한다. 반면에 인공지능 연구자들 중에는 70~80년 내로 의식을 가진 지능체를 탄생시킬 수 있다고 믿는 사람들이 많다. 그리고 모두 동의하는 것은 적어도 20~30년 내로는 아무 일도 안 일어난다는 것이다.

AI는 정녕 인간과 교감할 수 없을까?

영화 〈엑스 마키나〉에서도 이와 같은 생각을 엿볼 수 있다. 영화 속에서 주인공 네이튼은 스티브 잡스나 엘론 머스크를 모두 합친 것 같은 매우 똑똑한 최고의 IT 회사 회장으로 도시와 완전히 단절된 숲속 오지에 살고 있다. 회사에서도 위치를 모르는 그곳에서 네이든은 연구를 하고, 에이바라는 인공지능 로봇을 만든다. 그는 에이바가 인간의 지능에 도달했음을 테스트하는 튜링 테스트를 통과할 수 있을지 궁금해한다. 사람이 에이바와 대화했을 때 그녀가 인공지능인지 인간인지 구별할 수 있는지를 말이다.

네이든은 자기 회사의 젊은 프로그래머 칼렙을 주택으로 불러 며칠 지내면서 그에게 이 작업을 시킨다. 영화에서는 로봇 에이바가 매우 매력적으로 등장한다. 그리고 테스트를 하자마자 칼렙은 에이바가 인간 수준에 이미 도달했음을 알게 된다. 그런데 여기서 흥미로운 것이 칼렙이 여자 로봇에게 은근히 매력을 느낀다는 사실이다. 실제로 이는 에이바가 알 듯 말 듯 그를 유혹했기 때문이다. 아주 똑똑한 로봇인 에이바가 남자의 마음을 잘 읽고 유혹한 것이다.

에이바와 칼렙의 대화는 물론 에이바의 일거수일투족은 네이든에 의해서 모니터링된다. 그래서 에이바는 자신의 똑똑한 머리를 이용해서 집에 정전을 유도한다. CCTV가 잠깐 꺼진 순간을 이용해서 그녀는 칼렙에게 사적인 대화를 던진다. 에이바는 무슨 대화를 원했던 것일까?

칼렙은 네이든의 집에서 1주일 머문 뒤에 회사로 돌아

가면 자신의 승진은 보장된 것이라고 믿는다. 반면에 인공지능을 오랫동안 연구한 네이든은 초지능을 만드는 순간에 인류가 화석이 될 것이라는 사실을 잘 알고 있다. 그렇지만 자신에게 초지능을 만들 능력이 있는지를 알고 싶어 했던 네이든은, 칼렙이 에이바를 테스트하고 그녀가 초지능이라는 것을 판정하면 에이바를 해체할 계획이었다. 그녀는 너무나 위험한 존재이기 때문이다. 반대로 그녀가 초지능이 아니면 실험이 실패한 것이고, 그때에도 쓸모없는 에이바는 해체되어야 했다. 에이바는 튜링 테스트를 통과해도 폐기되고, 통과 못해도 폐기될 운명인 것이다.

영화에서 에이바는 자신의 운명에 대해서 칼렙에게 물어본다. 몰라서 물어본 것이 아니다. 너무 잘 알고 있지만, 칼렙이 대답을 생각하면서 자신에게 동정심을 갖게 하기 위해서였다. 결국 칼렙은 에이바를 도와주기로 결심한다. 둘은 같이 탈출하기로 하는데, 에이바는 칼렙의 도움을 받아 집을 탈출하면서 네이든을 칼로 찌르고 칼렙마저 집에 가둔다. 그리고 그녀는 칼렙을 회사로 복귀시키기 위해 온 헬리콥터를 타고 인간이 사는 세상으로 사라진다.

이 결말은 매우 혼란스럽다. 계속 에이바와 칼렙의 사이가 점점 좋아지고 있었고, 심지어 사랑의 감정까지 생겨 함께 네이든의 폐쇄적인 집을 탈출하자고 모의했는데, 에이바는 칼렙을 고립된 공간에 놓아두고 혼자 떠난다.

그런데 이와 같은 마지막 장면은 영화 감독의 의도를 잘 나타낸다고 할 수 있다. 사실 에이바가 자신을 좋아한다고 생각했던 칼렙의 감정은 스스로의 착각이었던 것이다. 에이바에게는 애초에 그런 감정 따위는 없었고 처음부터 자신의 탈출과 생존만을 목적으로 했다. 살아남기 위해 어떤 방법을 써야 하는지를 알고 있었고, 그것이 결국 칼렙을 이용하는 일이었던 것이다.

탈출 전까지 너무 사랑스럽고 연약해 보이던 AI가 어떻게 결말부에서 갑자기 냉혈한이 되어 남자를 둘씩이나 해할 수 있는지 많은 사람들이 혼란스러워했는데, 이게 바로 이 영화의 메시지였다. 보스트롬이 『초지능』에서 말했듯이 AI는 인간이 소중하게 생각하는 감정들을 공유하지 않는다는 생각과 공명하는 것이다.

미래에 대한 두려움에는 근거가 없다

1930년대로 돌아가보자. 20세기 초 대공황 당시에는 공장

자동화가 아주 초보적인 상태였다고 말할 수 있다. 당시 대공황은 찰리 채플린의 영화 〈모던 타임즈〉에 나오는 조립라인이 작동되던 시기에 온 것이었다. 그때 노동자들은 다 쫓겨났지만 기계는 계속 돌아가고 있었기에 많은 노동자들은 실업을 기계의 탓으로 돌렸다. 즉 실업률이 증가하는 이유는 자동화된 기계가 인간을 공장에서 쫓아냈기 때문이라는 것이다.

그리고 1960년대에 다시 직장을 잃는 사람들이 대거 등장하는데, 그때 기본소득을 제공해야 한다는 주장이 나온다. 점점 더 공장은 자동화될 것이고, 사람들은 취직할 곳이 없어질 테니 기본소득을 지급해야 한다는 의견이 등장한 것이다. 알고 보면 대량 실업의 공포도, 기본소득이라는 아이디어도 다 오래된 것들이다.

오늘날 4차 산업혁명이라는 담론 속에서 가까운 미래에 AI의 발전이 인간을 공장과 사무실에서 쫓아낼 것이라는 우려의 목소리가 등장하고 있다. 사실 청년 실업이 많아지는 이유는 새로운 산업이 만들어내는 일자리보다 없어지는 일자리가 많기 때문이다. 구글은 지금 미국에서 가장 자산 가치가 높고 이윤을 많이 내는 회사이다. 예전에는 제너럴 모터스사(GM)가 그 자리를 차지했었다. 그런데 당시 GM에 고용된 인원은 60만 명이었던 반면 구글의 직원 수는 5만 명으로 GM의 10분의 1도 되지 않는다.

IT 회사는 많은 사람을 고용할 필요 없이 소수 정예의 엔지니어를 확보하면 된다. 위의 두 회사만 비교해도 직원 수의 차이가 확연함을 알 수 있다. 따라서 직장이 없는 사람들을 위해 국가가 기본소득을 제공해야 한다는 말들이 지금 다시 등장하고 있는 것이다.

거꾸로 1960년대에 시작된 기본소득을 제공해야 한다는 논의를 지금 평가해보자. 결과가 어떻게 되었는가? 결국 기본소득은 시행되지 않았고, 기술의 발달은 새로운 직장을 계속 만들어냈다. 그렇다면 지금의 이야기를 몇 십 년 뒤에 평가하게 된다면 어떨까? 우리가 위기를 제대로 느끼고 있었다고 할 수 있을까? 아니면 현재의 위기가 과장된 것이었다고 여기게 될까?

1932년에 제작된 로봇 알파 이야기로 돌아가보자. 알파는 자신을 만든 해리 메이에게 총을 겨누고 발사했다고 보도되었다. 그런데 과연 당시 만들어진 허술한 로봇이 주인을 겨냥해서 총을 쏜 것이 사실일까?

실제는 이와 너무나 달랐다. 알파가 발사하는 총에 화약을 넣다가 메이가 실수해서 화약이 터졌고, 그래서 메이는 손에 약간의 부상을 입은 것뿐이다. 그런데 이런 사고가 과장되고 왜곡되어 알파가 총을 인간에게 겨눠 발사했다는 기사가 나온 것이다. 실로 터무니없는 과장 보도였다.

왜 그랬을까? 당시에는 기계가 인간의 직장을 없앨 것이라는 불안감이 사회에 팽배해 있었고, 이런 상황에서 언론이 작은 사고를 자극적인 사건으로 과장한 것이다. 로봇이 인간을 공격했다는 기사에는 기계 때문에 직장을 잃을지 모르는 현실을 걱정하면서 기계의 도입을 불안해하던 사람들이 원하는 이야기가 담겨 있는 것이다.

그렇다면 지금 우리가 인공지능과 로봇에 대해 가진 두려움은 얼마큼 근거가 있는 것인가.

'미래 인간'은 어떤 모습일까? 미래 인
간은 사이보그와 비슷할까?

만약 휴대전화를 집에 두고 나온 날 하루 종일 불
안하다면, 여러분은 이미 사이보그가 되어 있다
고 볼 수 있다. 휴대전화라는 작은 기계는 반도체,
고성능 렌즈와 카메라, 터치스크린, 복잡한 알고
리즘 그리고 전파를 연결해주는 기지국들과 국제
적인 송수신망이 전부 결합된 네트워크라고 볼 수
있다. 우리는 이런 네트워크와 결합해서 하루하
루를 살아가는 사이보그인 셈이다.

한편 인간의 몸은 기계와 직접 결합하기에 적합하지 않다. 의수나 의족 기술이 많이 발전했지만, 아직도 인간의 몸을 기계와 직접 이어 붙이지는 못하며, 그럴 가능성도 요원하다. 지난 100년 간 뇌과학이 크게 발전했지만, 인간의 의식이나 기억을 업로드하거나 다운로드하지는 못한다.

뇌에 대한 정보가 적었을 때에는 뇌가 마치 컴퓨터처럼 작동한다고 생각했지만, 지금은 인간의 뇌가 컴퓨터와 매우 다른 방식으로 작동한다는 것이 상식이 되었다. 이런 이유에서 많은 뇌과학자들은 뇌와 컴퓨터를 연결해서 인간의 이식이나 기억을 다운로드하거나 업로드하는 것은 불가능할 것이라고 전망하고 있다.

인간은 휴대전화 같은 기술에 더더욱 의존할 것이라는 의미에서 사이보그가 될 것이라고 할 수 있지만, '기계인간'이 되지는 않을 것이다. 적어도 50년 또는 100년 정도의 가까운 미래에는 그렇다는 것이다. 5000년 뒤 먼 미래에 무슨 일이 일어날지는 모르겠지만 말이다.

4부

Cross Science

인문학과 과학의

크로스

과학의 시대, 생각의 경계가 무너진다

과학과 인문·예술, 사실과 가치의 융합은 지금 우리에게 매우 절실한 일이다. 인류의 삶이 비참한데 나의 삶이 풍요로울 수 없고, 지구상의 다른 동식물들의 삶이 피폐한데 인류만이 태평성대를 구가할 수는 없는 법이다. 과학과 인문학의 결합은 나를 둘러싼 조건들을 이해하고 보다 적극적인 삶을 살기 위해 필수적인 일이다.

모던보이의 눈에 비친
기이한 과학

경이의 대상, 문명의 상징으로서의 전기

영국의 과학자 출신 작가 찰스 스노가 '두 문화two cultures'에 대해 이야기한 것이 1959년이었다. 그는 물리학으로 대표되는 과학적 문화와 문학으로 대표되는 인문 문화 사이의 커다란 간극을 안타깝게 생각했다. 사실 우리도 살면서 두 문화의 간극을 경험하는 경우가 종종 있다. 이런 두 문화 사이의 간극을 줄이는 방법에는 여러 가지가 있을 텐데, 그 중 하나는 과학과 인문학이 만나는 접점들을 찾아서 이를 드러내는 것이다.

이번 장에서는 과학과 소설을 연결시켜 생각해보겠다. 구체적으로는 소설에서 나타난 과학기술의 이미지, 좀 더 정확하게는 일제강점기에 집필된 소설에서 등장하는 전기의 이미지에 대해 살펴볼까 한다. 과학기술자는 물론 소설가 역시 당시 사람들과 동시대를 살았던 사람이기에, 소설속에 나타난 과학기술의 이미지는 당시 과학기술을 접하고 이용한 사람들이 그 과학기술을 어떻게 보았는가를 탐구해보는 창이 될 수 있다.

19세기 말에 도입된 전등, 전차, 활동사진 같은 전기 문명은 과학기술에 대한 조선 사람들의 생각을 변화시켰음은 물론 이들이 세상을 경험하는 방식을 바꾸어놓았다.

이러한 변화는 당시 문학작품에서도 바로 나타나는데, 1900년대 등장한 신소설이나 1910년대의 초기 근대 소설에서 전기, 전등, 전차는 대표적인 신문물로 소개되었고 경이로움의 대상으로 다루어졌다. 그리고 전기와 같은 신문물을 낙후된 조선이 받아들이고 배워야 할 문명의 상징으로 보는 태도는 일제강점 초기에도 지속되었다. 이러한 태도는 친일적인 경향이 강한 소설과 민족주의 성향이 강한 소설 모두에서 공통적으로 등장했다.

1900년대 초반부터 전기 문명은 사람들의 일상생활을 파고들기 시작했다. 1902년 설립된 한성전기회사가 전등

1910~20년대 경성(서울)의 남대문거리. 전차와 전신주, 가로등을 볼 수 있다.

사업을 시작하자 일본인들은 일본 영사관이 밀집한 정동 거리와 충무로 일대 일본인 거주지가 있었던 진고개에 치안을 목적으로 가로등을 설치했다. 남대문에 밀집되어 있던 상가들도 앞 다투어 전등을 가설해서 이른바 남촌의 밤은 불야성을 이루었다.

전등가설 가구 수는 점점 늘어나 1920년대 말 서울의 전등 보급률은 일본인 가구 90퍼센트 이상, 조선인 가구 40퍼센트 정도로, 전체 보급률이 50퍼센트를 웃돌았다.

전등과 함께 도시의 경관을 바꾸었던 전차는 1900년대에 청량리와 마포를 잇는 구간과 용산과 종로를 잇는 구간을 운행했으며, 1910년 이후에는 돈암동, 효자동, 왕십리, 신길동으로 노선이 확대되어 도시민들의 보편적인 교통수단이 되었다. 근로자들은 출퇴근용으로 전차를 이용했으며, 도시민들은 교외 나들이나 소풍과 같은 여가활동에 전차를 이용했다. 확실히 전차는 서울을 확장시키는 데 한몫을 했다고 하겠다.

전기 문명이 제공한 또 다른 여흥거리는 활동사진이었다. 활동사진, 즉 영화는 1903년 한성전기회사가 동대문 발전소 마당에서 서양 영화를 상영한 것이 시작이었다. 1906년에 한성전기회사의 후신인 한미전기회사는 동대문 활동사진소를 개소했고, 이후 최초의 영화관으로 볼 수 있는 고등연예관(1910), 단성사(1912) 등이 문을 열었다.

이후 미국이나 유럽에서 제작된 영화, 신기한 볼거리 등이 사람들의 많은 호응을 얻었고, 1910년대 후반이 되면 영화 관람은 도시민의 대중적인 오락거리로 자리 잡았다.

과학은 바로 힘이자 문명이었으니

최초의 신소설로 평가되는 이인직의 『혈의 누』(1906)에는 주인공 옥련이 일본에서 신문명을 접하고 깜짝 놀라는 장면이 있다. 이인직은 일본의 문명을 "이층 삼층집이 구름 속에 들어간 듯"과 같이 묘사하면서 비약과 과장으로 그려 냈는데, 이는 신문명을 처음 접한 주인공이 느꼈을 경이감을 전달하는 데에는 더없이 효과적인 수사였다.

여기에 "전기등은 눈이 부시도록 밝고 자명종은 열두시를 땅땅 치고 있었다"는 표현도 등장하는데, 작가 이인직에게 전기등은 자명종, 기차, 이삼층 집, 근대적 항구와 함께 신문명을 대표하는 것이었다.

조선에 전등이 도입된 뒤 전등은 도시의 풍경과 사람들의 생활을 바꾸었다. 이광수의 장편소설 『무정』(1917)은 어두운 하늘 아래에서도 경성의 "남쪽이 훤한 것은 전등빛" 때문이었다고 적고 있다. 이는 경성에 들어온 전등이 특히 일본인들이 모여 살던 남촌의 밤풍경을 훤하게 바꾸었음을 보여준다.

그런데 이러한 변화는 더 큰 변화인 도시화, 문명화의 일부였다. 그는 "사방에 반작 반작 전기등"이 켜지고 전차와 인력거 소리가 도시에 울려퍼지는 것을 묘사하면서, 도시의 소리가 곧 문명의 소리라고 감탄했다.

이렇게 전기는 새로운 문명, 근대적 도시의 대표적인 상징이었다.『무정』의 남자주인공 형식은 길을 가다가 할 일 없는 노인을 만나고 그 노인이 속한 구세계와 자신이 속한 신세계의 차이가 다음과 같음을 깨닫는다.

그는 철도를 모르고 전신과 전화를 모르고 잠항성이나 수뢰정을 알 리가 없다. (…) 그는 영구히 이 세상이 무엇인지를 깨닫지 못하리니 그는 이 세상에 살아 있으면서도 이 세상의 밖에 있음과 같다.

여기서 보듯이 전기는 당시 지식인 작가들이 낙후된 우리 사회에 들여오고 싶어 하던 새로운 문명임은 물론 그 문명을 채우는 새로운 정신을 상징적으로 나타냈다. 형식의 생각은 계속된다. 그는 "왜 저 전등이 저렇게 많이 켜지며, 왜 저 전보 기계와 전화 기계가 저렇게 불분주야하고 때각거리며, 왜 저 흉물스러운 기차와 전차가 주야로 달아나는지"를 조선 사람들이 이해해야 한다고 강조한다.

전기 문명은 기차와 함께 우리 사회가 낙후된 전통 사회를 극복하기 위해서 수혈되어야 하는 과학의 요체였고, 이광수의 소설에서 과학은 바로 힘이자 문명이었다. 이는 과학자가 되겠다는 형식의 결심에서 잘 나타난다.

저들에게 힘을 주어야 하겠다. 지식을 주어야 하겠다. 그리하여서 생활의 근거를 안전하게 하여주어야 하겠다.

"과학! 과학!" 하고 형식은 여관에 돌아와 앉아서 혼자 부르짖었다. 세 처녀는 형식을 본다.

"조선 사람들에게 무엇보다 먼저 과학을 주어야 하겠어요. 지식을 주어야 하겠어요." 하고 주먹을 불끈 쥐며 자리에서 일어나 방안을 거닌다. "여러분은 오늘 그 광경을 보고 어떻게 생각하십니까?" (…)

"힘을 주어야지요! 문명을 주어야지요!"

지식인 형식은 전기 문명과 조선의 낙후된 상황을 비교해보면서 과학을 전공하겠다고 결심한다. 그런데 지식인이 아닌 당시 보통 사람들은 전기를 어떻게 받아들였을까? 보통 사람들에게 새로운 전기 문명은 한참 동안 충격과 놀라움 그 자체였다. 서양에서도 그랬지만 전등이나 영화를 처음 본 사람들은 이를 마술이라고 생각했다.

"귀신의 희롱이 아니면 정녕 마술에 홀린 것"

1910~20년 사이에도 시골에서는 아직 전기시설이 제대로 보급되지 못했는데, 함경남도 금성에 사는 이승지라는 시골 양반이 경성에 올라와서 전기와 같은 새로운 문명을 접했을 때 받은 충격을 묘사한 단편소설 「경성유람기」는 1900년대 초반 처음으로 전기가 도입될 때 이를 보았던 보통 사람들이 느꼈을 놀라움과 신기함을 잘 드러내고 있다. 일례로, 이승지는 전등이 달린 음식점을 보고 "영롱찬란한 수정궁궐" 같다고 표현한다.

1900년대 초엽에 등장한 전차 역시 인력거, 수레 이외에 사람들이 이용할 별도의 교통수단이 없었던 시기에 사람이 걸어서는 가기 힘든 먼 거리를 빨리 갈 수 있게 단축해준 기이한 문물이었다. 이승지는 전차에 감탄하면서 전기가 온갖 일을 다 해준다는 사실에 감탄한다. 서울 사람은 그에게 이렇게 설명한다.

전보를 놓아 만리의 소식을 상통하고, 전화를 가설하여 왼갖 언어를 마주 앉아 이야기하듯 하고, 전등을 켜서 암흑세계로 불야성을 짓고, 모든 기계를 운전하여 미려한 물품을 제조하여, 심지어 사람의 병까지 전기로서 치료하느니, 공중에서 번쩍번쩍하는 번갯불도 심상히 볼 것 같으면 일종 무용의 물건이로대 그 기묘한 이치를 연구하여 우리 인생의 생활상, 유익한 기계를 발명한 것은 즉 발명가의 고심연구가 아니면 될 수 없는 것이올시다.

그런데 전기가 처음 도입되었을 때는 이를 괴이하고 사악한 대상으로 여긴 사람들도 꽤 있었다. 1887년 경복궁 건청궁에 전등을 가설하면서 발전기를 냉각하기 위해 경복궁 내의 연못물을 이용했는데, 뜨거워진 물을 다시 연못으로 흘려보내면서 궁궐 연못의 물고기가 떼죽음을 당했다. 자초지종을 모른 당시 대신들은 서양에서 들어온 전기가 사악한 존재이기 때문에 물고기를 죽였다고 간주했다.

전차에 대한 반대도 많았는데, 전차를 반대하던 시민들은 철도가 서울의 지맥을 끊어서 가뭄을 낳는다고 믿었다. 전기를 사악한 마술이라고 생각한 이러한 인식은 전기가 널리 확산되는 과정에서 사라졌지만, 전기를 직접 경험하기 어려웠던 시골 사람들에게는 여전히 잔존했다. 「경성유람기」(1917)에서 이승지는 활동사진(영화)을 보고 "귀신의 희롱이 아니면 정녕 내 놈이 마술에 홀린 것일세그려"
라고 놀라워한다.

　그렇지만 전등, 전차, 활동사진 같은 전기 문물이 마술
로 간주되던 시기는 곧 막을 내린다. 일제강점기에 접어들
면서 전기는 다른 여러 가지 서구 문물과 함께 도시인들의
일상으로 편입된다. 이미 이광수의 『무정』에는 활동사진
이 당시 사람들의 가장 즐거운 여가생활의 하나로 자리 잡
았다는 사실이 드러나 있다.

　1920년대 이후에 활동했던 문인들은 커피를 마시면서
서양 음악을 듣는 다방에서 만나 작품과 세상에 대해 논하
고, 전차를 타고 집에 돌아가면서 시시각각 변하는 서울의
풍경을 접했다. 뒤에서 살펴보겠지만, 이들이 경험한 일상
의 변화는 문학작품 속에서 나타나기 시작했다.

어둠을 밝혀 진실을 드러내는 전등

전기가 가져다준 분명한 변화 중 하나는 밤을 밝히는 것이
었는데, 이는 소설에서 다양한 장치로 사용된다. 1910년대
후반 이후의 소설에서는 전등의 밝음이 이전의 어두움과
대비되면서 사건의 극적인 전개에 사용되었다. 전등불이

모든 것을 훤하게 비춰서 사실을 드러내는 것이라면, 전등이 등장하기 이전에 사용했던 석유등은 사람 얼굴조차 컴컴하게 비춤으로써 사실을 숨기기에 적절한 것이었다.

전등과 석유등의 이런 대조는 소설의 장치로 사용된다. 대학 재학생인 김철수와 멋쟁이 보모인 송선비의 결혼식에 얽힌 희극을 그린 김동인의 『결혼식』에서는 이 대조가 가장 극명하게 사용되고 있다. 소설에서 주인공 김철수는 송선비의 지난 남자관계를 알게 되어 결혼을 취소하고 싶었지만, 이미 멀리서 온 친척과 이웃에게 결혼을 알린 뒤라 결혼식을 취소할 수 없었다. 그러자 그는 결국에는 다른 여자를 수소문해서 결혼식을 거행한다.

그런데 가설 예정이었던 임시 전등이 결혼식장에 가설되지 못했고, 결과적으로 밝은 전등 대신 컴컴한 석유등 아래서 면사포를 쓴 대리 신부와 결혼식을 진행할 수밖에 없었다. 그리고 집에 와서 면사포를 벗겨보니, 이 대리 신부는 송선비와 결혼하기 위해 이혼했던 옛날 부인이었다. 여우를 피하려다 호랑이를 만난 셈이었다. 이 한 편의 웃지 못할 희극은 석유등과 전등의 대조 때문에 생긴 것이다.

어두움을 환히 밝히는 전등은 가끔 확인되지 않는 사실

을 드러내거나 숨기고 싶은 사실을 만천하에 공개하는 계기로 사용되었다. 염상섭의 소설 『삼대』에서 목사인 상훈은 술집에서 술을 마시다 다른 손님들과 시비가 붙어 파출소에 끌려가면서 겁을 벌벌 내는데, 그는 그 이유를 "낮같이 밝은 전등불이 눈 위에 반사되어 끌려가는 사람들의 얼굴들이 한층 더 분명하게" 보였기 때문이라고 하고 있다.

채만식의 『태평천하』에서는 서울에서 유곽에 들른 윤직원 영감의 아들 종수가 방에 들어온 기생이 부친의 둘째 첩 옥화라는 걸 알게 되는 장면이 있다. 종수는 밤에도 방안을 환히 밝혀주는 전등 덕에 옥화의 얼굴을 알아볼 수 있었다고 생각하고, "밤에 불을 가진 것이 참으로 고맙고 다행스럽다는 것을 절절히 느끼면서" 그 자리를 빠져나온다.

쓸쓸한 전등, 일제강점기의 외로운 자기 정체성

전등에 반짝 불이 들어오는 모습은 갑자기 생각이 떠오르는 것과도 연결된다. 팔봉산인의 『붉은 쥐』에서는 길에서 오랜 시간 방황하던 주인공 형준이 자신의 생활을 비관하며 어두워지는 거리를 멍하니 바라보는 장면이 있다. 그러던 중 "길거리에 일제히 전등불이 켜지"자, "형준이의 머리에는 다시, 생각이 일어나기 시작했"던 것이다.

석유등에 비해서 전등이 더 밝긴 하지만 대낮처럼 환한 것은 아니었다. 당시 가로등이나 가정에서 사용하는 전등 하나는 밤을 낮처럼 밝혀주지는 못했다. 그러면서 오히려 초저녁이나 늦은 밤에 높이 달린 전등 불빛은 화자의 쓸쓸한 마음을 대변하기도 했다.

특히 방 안에 달린 하나의 전등은 홀로 있는 이의 호젓하고 외로운 심정을 효과적으로 나타내는 것으로 묘사되었다. 김동인의 소설 『전제자』에는 24촉 전등의 어둑한 불빛이 주인공의 쓸쓸한 심정과 중첩되어 등장한다.

그러고 순애의 있는 방에는 이십사촉광이 빗나고 있다. 문밖에서는 처량히 우는 구뚤암이(귀뚜라미) 소리가 들린다. 순애의 마음은 무서움보다 더 떠오르는 끗없는 외로움을 깨달았다. 마치 언어부재하는 나라에 혼잣 객창의 첫밤과 가티(같이) 쓸쓸함과 외로움을, 그는 마음껏 깨달았다. 그는 방을 둘러보았다. 전등, 외로움, 쓸쓸함. 방안은 전등빛과 함께 한층 더 방안을 쓸쓸히 한다. 그는 일어나서 불을 끄고 빨리 들어 누웠다. 불을 끄니 좀 낫다.

이 소설에서 주인공의 쓸쓸함은 언어를 잃은 객창에서 홀로 첫날밤을 보내는 것과 비슷하다. 전등은 외로움이자 쓸쓸함이다. 하지만 불을 끄니 이런 세상사를 잊게 된다. 현진건은 『술 권하는 사회』에서 홀로 남편을 기다리는 아내의 심정을 유사하게 표현했다. "바깥이 죽은 듯이 고요하다. 퐁퐁 하고 떨어지는 수도의 물방울 소리가 쓸쓸하게 들릴 뿐. 전등불이 광침을 더하는 듯하였다." 특히 낮은 촉광의 전등은 사람들의 쓸쓸하고 외로운 심정을 더해주는 요소가 되었던 것이다.

김소월의 시 「서울밤」(1923)에는 "전등은 또다시 어스렷합니다 / 전등은 죽은 듯한 긴 밤을 지킵니다 (…) 나의 가슴의 속모를 곳의 / 어둡고 밝은 그 속에서도 / 붉은 전등이 흐득여 웁니다 / 푸른 전등이 흐득여 웁니다"라는 표현이 있다. 이 시는 일본에서 관동대지진을 겪은 뒤에 귀국한 김소월이 서울의 밤을 노래한 시이다. 관동대지진 당시 죽은 듯이 지내야 했던 일본의 조선인의 심성이 서울의 전등에 잘 투영되어 있다.

또한 전등은 조선 사회의 왜곡된 사회상을 상징하는 데도 사용되었다. 염상섭의 『표본실의 청개구리』(1921)에서는 "방에 높이 매단 전등불이 부시어서 꺼버리면 또다시 환영에 괴롭지나 않을까 하는 염려가 없지 않았으나 심사가 나서 웃통을 벗은 채로 벌떡 일어나서 스위치를 비틀고" 눕는 신경증적인 주인공이 등장한다. 중학교 시절에 살아 있는 개구리를 해부하던 기억을 지우지 못하는 이 주인공의 신경증은 당시 10년 이상 일제에 의해 강제된 왜곡된 현실에서 살아가던 지식인의 정신 상태를 상징한 것으로 해석되는데, 여기서 전등은 주인공을 신경증으로 몰고 간 식민지 시대 계몽이라는 이데올로기를 표상한다. 이러한 전등의 기괴함은 "백 촉이나 되는 전등 밑에서 히스테리컬한 간호부가 주사침을 들고 덤벼"드는 장면에 대한 묘사에서 절정을 이룬다.

전차라는 공간, 전차라는 기회

전기가 만든 변화는 전등에만 그치지 않았다. 전기는 전차라는 운송수단을 가능케 했는데, 1899년에 동대문과 흥화문 사이에 처음 개통된 전차는 1910년대가 되면 경성의 대중적인 교통수단으로 자리 잡았다. 사대문 안팎을 가로질러 운행하던 전차는 성문 안과 성문 밖이라는 조선 사회에 존재하던 지리적 경계만이 아니라, 성문을 여닫던 시간 같은 전통적인 시간관념도 무시했다. 게다가 전차는 같은 공간 내에 남자와 아녀자, 양반과 상놈을 같이 태움으로써 성과 사회적 계급이라는 신분적 경계를 조금은 허물었다.

전차가 이럴 수 있었던 것은 그것이 개개인의 요구를 들어주지 않는다는 특성, 즉 철저한 기계성 혹은 비인간성을 가지고 있었기 때문이었다. 예를 들어 손을 흔들어 세우거나 신분고하를 구별했던 이전의 교통수단인 인력거와 달리 전차는 양반이 손을 흔들어 세울 수가 없었다. 지위고하를 막론하고 모두 역에서 기다렸다가 전차를 타야 했다. 이러한 특성은 문학작품에서도 찾아볼 수 있는데, 『무정』에서 위급한 상황에 놓인 영채를 찾으려는 형식의 노력은 전차 앞에서 물거품이 된다.

동대문행 열차를 잡아탈 양으로 구보로 종각을 향하여 뛰었다. 그러나 전차는 찌꾸덩 하고 소리를 내며 종각 모퉁이로 돌아 두어 사람을 내려놓고 달아난다. 형식은 그래도 십여 보를 따라갔으나 전차는 본체만체하고 청년 회관 앞으로 달아난다.

이와 같은 전차의 특성은 같은 시기에 보편화된 기차에서도 이미 나타났던 것이었다. 기차는 자연적 장애물을 무시하고 극복했을 뿐만 아니라, 전통 사회에 존재하던 사회문화적 제약도 무시했다. 최남선의 「경부철도가」(1908)는 "늙은이와 젊은이 섞여 앉았고 / 우리 내외 외국인 같이 탔으나 / 내외친소 다같이 익혀 지내니 / 조그마한 딴 세상 절로 이뤘네"라는 시구를 통해 열차 속에서 남녀노소, 조선인과 외국인 사이의 경계가 허물어짐을 노래했다.

서울에 경인선, 경부선 등의 철도가 개통되면서 경성의 전차노선은 서울역과 연계되었고, 육조거리 끝의 황토마루를 평지화해서 광화문과 서울역 사이의 직선대로와 전차 선로가 만들어졌다. 과거 조선의 상징인 남대문 바로 앞에 근대의 상징인 서울역이 들어서게 된 것이다.

열차가 여러 문학작품에서 소재로 사용되었다는 것은 잘 알려져 있다. 최초의 신소설로 평가되는 이인직의 『혈의 누』에서는 옥련이 덜컹거리는 기차 속에서 구완서를 만나고 몸을 접촉하는 상황이 등장하며, 이광수의 소설에는 '차중기연車中奇緣'이라 할 만큼 신기한 기차 속에서의 우연한 만남이 등장한다. 『무정』의 주인공 박영채가 병욱을 만나서 전환점을 맞이한 곳이 경의선 기차 속이었고, 이 형식과 영채가 우연히 만난 곳도 경부선 열차 속이었다.

이렇게 문학작품에서 등장하는 기차가 우연한 만남의 기회를 제공했듯이, 전차도 의도하지 않은 우연한 만남을 제공하는 역할을 했다. 최찬식의 신소설 『안의 성』에서는 법학생 김상현이 전차로 통학하면서 광화문 모퉁이에서 매일 만나는 여학생에게 끌려 미행에 나서고, 결국 결혼에 이르는 설정이 등장한다. 박태원의 『천변풍경』에서는 기생 취옥과 소풍갔다가 전차를 타고 귀가하던 민주사가 전차 내에서 그의 첩과 사이가 의심되는 남학생을 마주치고 어색해하는 상황이 소개된다. 『소설가 구보씨의 일일』에서는 구보씨가 이전에 소개로 만난 여자를 전차 안에서 우연히 본 뒤 느끼는 감정의 변화가 상세히 묘사되어 있다.

전차 안에서 마주보고 앉은 사람들은 서로를 바라보는 시선을 의식한다. 타인의 시선은 그가 나를 어떻게 생각할지 고민하는 계기를 제공하는데, 김동인의 『약한 자의 슬픔』에서 전차를 탄 주인공 엘리자베스는 "자기편으로 향한 모든 눈에서 노파에게서는 미움, 젊은 여자에게서는 시기, 남자에게서는 애모를 보았다"고 적고 있다.

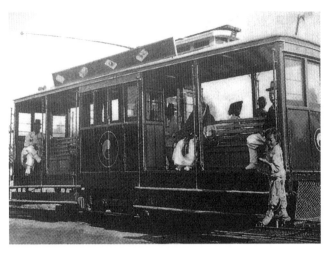

1899년 한성전기회사가 가설한 초기 전차의 모습.

엘리자베스는 이 모든 시선에 쾌감을 느꼈고, 특히 남자들이 자신을 애모의 시선으로 볼 때에 "약한 전류가 염통을 지나가는 것같이 묘한 맛"이 났지만, 자신이 원치 않은 임신을 한 상태임을 자각하고는 갑자기 배를 작게 움츠린다. 전차라는 좁은 공간에서 타인의 시선을 의식하고 이를 내면화해서 자신을 돌아보는 식으로 반응하는 것은 소설에서 종종 등장하는 상황이었다.

근대적 삶의 이면, 식민지 민중의 애환

전차는 이동의 기능을 담당하는 기술이었다. 그런데 앞에서도 언급했지만 전차의 이동성은 철저하게 기계적이라는 점에서, 즉 미리 정해진 시간에 특정한 목적지를 향해 운행한다는 점에서 인력거의 그것과 사뭇 달랐다.

『소설가 구보씨의 일일』에서 주인공 구보의 하루 나들이는 일제의 무차별적인 개발에 의해 변해버린 서울의 신시가지와 이제는 흔적만 남아 있는 서울의 구시가지를 대비시킨다. 여기에서 전차의 기계적 운행은 구보가 하릴없이 길 위를 배회하는 것과 대조되면서, 구보의 쓸쓸함과 공허함을 부각하고 있다. 그는 사람들이 전차에 오르고 자신은 남아 있을 생각을 하니 "외로움과 애달픔"에 젖었고, 이런 감정이 싫어서 전차에 뛰어오른다.

이렇게 이유를 알기 힘든 소외감은 부분적으로는 식민지적인 상황에 그 뿌리를 둔 것이었다. 그것은 아무리 전차 승객이 늘어나고 노선이 확장되어도 그 이윤의 일부가 사회에 환원되기는커녕 모두 일본인 주주들에게만 돌아가는 식민지적 특수성과 동형이었는데, 이 소설에서는 개발이 가속화되고 도시가 변모를 거듭할수록 이에 동화되지 못하고 주변부에 머물면서 쓸쓸한 감정을 느끼는 지식인의 심성에 이러한 식민지적인 특수성이 투영되었던 것이다.

시계, 전차, 전등, 자동차 등은 도시의 새로운 근대적 삶을 상징했다. 그런데 이렇게 바쁜 삶이 바람직한 것만은 아니었다. 전등이 켜지고 전차가 들어서는 것이 외형적인 발전이긴 했지만, 어떤 작가들에게는 이것이 조선의 진보나 조선 사람의 행복과는 거리가 먼 침탈이었던 것이다.

염상섭의 『만세전』에서는 "고을에 전등도 달게 되고, 전차도 개통"된 상황에 대해 얘기하면서, 백성들이 전등값에 졸리고 차비를 내는 동안 집문서는 은행으로 들어간다고 개탄하는 부분이 나온다. 이런저런 데 돈을 쓰다 보면 "집문서가 식산은행의 금고로 돌아 들어가서 새 임자를 만나는" 결과를 낳는 것이었다.

전기를 문명의 상징으로 무조건 칭송하고 수용하려 했던 초기 작품과는 달리 1920년대가 되면 전기가 개인과 조선 사회 모두에 비싼 대가를 요구한다는 생각이 나타나기 시작했던 것이다.

1923년 『개벽』에 실린 한 수필에서 4년 만에 평양을 찾은 한 작가는 전차와 비행장을 자랑하는 친구에게 "전차는 외국인의 밥벌이통"이고 "번적번적하는 새 집들도 모두 일인의 것이거나 중국인의 것"이라고 하면서, 조선인을 기본으로 하지 않는 이러한 발전을 즐기기보다는 "한층 더 슬퍼하고 한층 더 자성하여야 한다"고 응수하고 있다.

카프 계열의 대표적 작가 이익상은 『광란』에서 "경종을 땡땡 울리며" 굴러가는 전차와 "뿡뿡거리며 까소린과 몬지를 내뿜고 달아"나는 자동차, 우차와 마차, 인력거가 엉켜서 정신없이 움직이는 서울을 배경으로 황금만능주의에 물든 당시 세태를 신랄하게 비판했다.

전기의 도입 초기에 문학작품들은 전차, 전등, 활동사진 같은 전기 문물을 새롭고 신기하고 계몽적인 것으로 그렸다. 그렇지만 시간이 지날수록 이것들은 식민지적 일상을 재현하는 과정에서 적으로 바뀌어갔다. 예컨대 초기에 전등은 다 밝은 것으로 그려졌지만, 1920~30년대가 되면 희미한 전등, 쓸쓸한 느낌을 주는 전등, 신경증을 유발하는 전등이 등장하게 되며, 일부 작품에서는 전등이 일제 통치의 결과물이거나 빈부격차를 상징하는 전형이 되었다.

일제강점기에 저술된 많은 소설에서 전기 기술은 놀라움의 대상에서 일상으로 바뀌어가는 형태로 재현되었다.

식민지 조선에서의 전기는 분명히 당시의 **빠른** 변화를 가장 잘 상징하는 것이었는데, 1920~30년대 일제강점기 소설 중에는 전기를 상대적으로 어둡거나, 뭔지 모르게 불편하거나, 기계적으로 차갑게 묘사한 것들이 많다. 이러한 묘사는 식민지적인 발전의 이면에 존재하는 식민지적 일상의 우울함, 불균형, 무력감, 아이러니와 같은 모순을 드러냈다고 볼 수 있다.

저자가 의식했든 그렇지 않았든, 순수 문학이든 혹은 참여 문학이든, 1920~30년대 소설에서 재현된 전기는 논리적으로 명확하게 정의되기 힘든 식민지 일상의 불편함을 문학적 상상력과 감수성을 통해서 드러냈던 것이다.[12]

우주가 선사하는
융합적 세계관

점점 작아지는 지구, 무한대로 커지는 우주

천문학자 칼 세이건Carl Sagan의 『코스모스』는 국내에서 가장
많이 읽힌 교양과학도서 중 하나이다. 실제로 이 책을 읽
고 과학을 공부하기 시작한 학생들이 많다. 나는 〈코스모
스〉가 텔레비전 시리즈로 방영되었을 때 다른 일을 제치고
이 프로그램을 매번 시청하면서 감동을 받았던 기억이 있
다. 최근 천문학자 닐 타이슨의 해설로 코스모스 시리즈가
새롭게 만들어지기도 했지만, 오리지널만큼 감동적이지는
않았다는 게 중평이다.

　『코스모스』에는 '우주가 얼마나 큰가, 지구는 그에 비해
얼마나 작은가'라는 언급이 등장한다. 코페르니쿠스가 태

양이 우주의 중심에 있다고 믿었을 당시 사람들은 태양계
는 '수성, 금성, 지구, 화성, 목성, 토성'으로 이루어져 있으
며, 그다음으로 별(항성)들이 존재한다고 생각했다. 코페
르니쿠스는 별들이 상당히 멀리 떨어져 있다는 사실은 알
았지만 눈에 보이는 별들이 우주의 끝이라고 생각했다.

그런데 지금 우리는 멀리 떨어져 있는 별들이 우주의 끝
이 아니라는 것을 안다. 우리가 바라보는 별은 어떤 공간의
끝에 붙어 있는 것이 아니라, 하나하나가 우리 은하계 속의
태양과 같은 존재이다. 우리 눈에는 아주 잘해야 몇 천 개
정도만 보이지만 우리 은하에는 1000억 개 이상의 별이 존
재한다고 알려져 있다.

한때 우리는 우리 은하계를 우주의 전부라고 생각하기
도 했다. '밀키 웨이milky way' 즉 하늘에서 볼 수 있는 은하수
가 우리 은하계이다. 20세기 초 과학자였던 허블은 우리
은하 안에 있는 별과는 다른 성질을 가지는 별을 발견했는
데, 그 별의 위치는 특이하게도 점점 멀어져가고 있었다.
이는 우리 은하에 속해 있는 별이라면 있을 수 없는 일이었
다. 이렇게 해서 그 별이 우리 은하가 아닌 안드로메다은하
에 속해 있는 별이라는 사실을 알게 된 것이다.

안드로메다은하에도 태양과 같은 항성이 수천 억~1조 개 정도 존재한다고 한다. 그럼 우주에는 다른 은하계가 몇 개쯤 존재할까? 적어도 1000억 개 정도는 존재할 것이라 가늠해볼 수 있었는데, 그 수는 차츰 늘어나 2000억 개 정도가 되었다가 2016년에 발표된 이론에 따르면 2조 개로 대폭 늘어났다. 우주는 광활하다. 아니 광활하다는 말로는 묘사하기 힘든 것이 우주의 실체이다.

이 광활한 우주가 굉장히 작은 부피에서 시작해 어느 날 뻥 터져 지금의 모습을 지니게 되었다는 설이 바로 빅뱅 이론이다. 우주가 한 점에서 시작되었다고도 한다. 현대의 관측에 따르면 별은 계속해서 점점 더 멀어져가고 있는데, 이 운동을 거꾸로 연산하면 우주가 언제 생겼는지를 추측할 수 있다. 그 태초가 137억 년 이전이다. 그때는 지극히 작았던 우주가 빅뱅 직후에 엄청나게 팽창했으며, 지금까지 계속 팽창하고 있는 것이다.

지금은 망원경이 발달해서 100억 광년 정도 떨어진 별을 관찰할 수 있다고 한다. 이는 100억 년 전에 그 별에서 나온 빛을 관찰한다는 얘기다. 불과 600년 전만 해도 지구가 우주의 중심이라는 사실이 틀림없었고, 다른 모든 행성들은 지구를 중심으로 돈다고 여겨졌다. 또한 당시에는 우주의 크기가 아득할 정도로 작다고 생각했다. 그런데 불과 600년 사이에 지구는 하나의 행성으로, 우리가 아는 우주의 크기는 무한대에 가까울 정도로 커진 것이다.

칼 세이건은 우주 어딘가에 고등생명체가 존재할 확률이 매우 높다고 주장한다. 우주가 너무나 광활하기 때문이다. 이 광활한 우주 어딘가에 있는 행성에는 물이 있을 가능성이 높고, 물이 있다면 원시 생명체가 만들어졌을 가능성이 높다. 우주에 이런 원시 생명체가 많이 존재한다면 이것이 세포를 늘려 고등생명체로 진화했을 가능성도 있다.

불과 300~400년 전만 해도 대부분의 사람들이 생명체는 신의 의해 한순간에 만들어졌다고 보았지만 지금은(물론 종교인이 보기에 신이 어느 단계에서 어느 정도 개입했을 수는 있겠지만) 지구상의 생명체가 모두 진화의 산물이라고 보는 데 대부분 이견이 없다. 인간과 동물은 다른 존재가 아니며, 오히려 인간은 동물로부터 진화해왔고, 인간의 역사, 즉 호모사피엔스의 역사 역시 길게 봐서 수백만 년 정도 전에서야 시작된 짧은 것이다.

요즘은 인간의 진화에 대해서 많은 사실들이 발견됐다.

다른 동물들과 달리 인간이 가진 특징 중 하나가 뇌가 크고, 머리가 크다는 것이다. 진화론자들에 따르면 과거에 머리가 큰 호모 종들이 많았지만 다 멸종했고 우연히 호모사피엔스만 살아남았다고 한다.

또한 인간의 언어가 출현한 시기는 대략 1만 년 전이고, 인간이 고등한 언어 능력을 필요로 하는 윤리적, 철학적 생각을 하기 시작한 때는 지금으로부터 3000년 전이라고 한다. 이 짧은 시간을 거쳐 인류는 엄청난 발전을 이뤄왔고, 현재까지 지속되는 문명을 누리고 있다.

몇 백만 년에 불과한 인간의 역사는 우주 전체의 역사, 지구 전체의 역사로 볼 때 매우 짧은, 그야말로 찰나에 불과하다고 할 수 있다. 크기로 볼 때도 마찬가지이다. 우주가 얼마나 거대한지를 생각해보면, 우리 은하계와 그 안에 속한 태양계, 또 그 안에 속한 지구 위에 살고 있는 인간은 먼지에 불과한 존재이다.

내가 왜 우주를 이해해야 하는 걸까?

이번 장에서 하고 싶은 이야기는 우주의 생김새나 크기가 아니라 이런 논의가 우리에게 갖는 의미이다. 우주를 이해

하는 일이 우리에게 어떤 의미를 지니는지를 고찰해보고
자 하는 것이다.

근대 철학자 몽테뉴에 따르면, 2500년 전 그리스 철학
자 아낙시만드로스가 '만물의 근원이 수'라고 주장했던 피
타고라스에게 이렇게 물었다고 한다. "눈앞에서 사람들이
죽어가고 야만성이 판을 치는 세상에서 별 세계의 비밀을
캐는 것이 도대체 무슨 의미가 있다는 말입니까?"

별에 대해 경외의 감정을 가지고 그 세상이 어떻게 생겼
을까를 고민하는 일이, 야만이 판치고 있는 이 세상에서 어
떤 의미를 갖는지를 의문시한 것이다. 비슷한 질문은 계속
됐다. 2000년이 더 지난 19세기 말엽에 코난 도일이 쓴 소
설 속 주인공인 명탐정 셜록 홈스도 동료 왓슨 박사에게 이
렇게 얘기했다. "박사는 방금 지구가 태양 주위를 돈다고
했습니다. 하지만 지구가 달 주위를 돈다고 해도 내가 하는
일은 눈곱만큼도 달라지지 않을 겁니다."

지구가 태양 주위를 돌든, 태양이 지구를 돌든, 그 차이
가 우리의 삶에 어떤 영향을 미치겠느냐는 것이다. 과연 영
향이 있을까, 없을까? 셜록 홈스가 말했듯이 세상이 어떻
게 작동하든 우리 각자의 삶에는 어떠한 상관도 없는 것일

까? 우리나라에서 유명한 인문학자 한 분이 어떤 강연에서 빅뱅 우주론과 관련한 새로운 과학적 발견이 이루어졌다는 해설 기사를 인용하면서 비슷한 질문을 했다.

원시중력파의 흔적을 찾아냈다는 건 우주가 빅뱅 후 수십억 수백억 년을 두고 천천히 팽창한 것이 아니라 찰나보다도 더 짧은 찰나에 '급팽창'했다는 소리다. 그러나 이런 종류의 과학적 해설들은 사람들의 가슴에 숨겨진 어떤 궁금증, 어떤 궁극적인 질문들에 대해서는 거의 아무런 답변도 주지 않는다. 궁극적인 질문들이란 우주와 인간의 관계는 무엇인가, 우주에서의 인간의 위치는 무엇이며 우주에 인간이 존재한다는 것의 의미는 무엇인가 하는 것이다.[13]

여기에는 자연과학이 발견한 사실들은 인간의 의미에 대한 답을 제공하지는 않는다는 인문학자의 주장이 담겨 있다. 많은 인문학자들은 인간 존재의 의미를 인문학에서 찾을 수 있다고 주장한다. 철학, 문학, 역사, 윤리, 종교 등을 익힘으로써 위의 질문에 답할 수 있다고 보는 것이다.

그렇다면 과학의 가치는 어디에 있을까? 흔히 과학은

자연에 대한 진리, 사실을 밝힌다는 그 자체로 가치를 인정받아왔다. 인간은 질문하는 동물이고 언제나 궁금한 것을 알고 싶어 하기 때문에 자연을 탐구하는 과학의 등장은 필연적인 것으로 여겨지기도 한다.

그런데 이러한 답은 불충분해 보인다. 문과에 속했던 사람이든 이과에 속했던 사람이든, 고등학교 시절 끙끙대면서 배운 미적분이 인생에 얼마나 필요한가에 대해서 한 번 정도는 생각해봤을 것이다. 충만한 삶을 사는 데 미적분이 필요할까? 과연 도덕적인 삶을 사는 데 과학이, 수학이, 양자역학이 필요할까? 더 행복하고 충만한 삶을 사는 데 우리가 우주의 먼지라는 지식이 얼마나 중요한 걸까? 우리가 꼭 우주, 진화, 물리학을 알아야 하는 걸까?

인간은 우주 자연을 보고 배우나니

묵직한 영화를 잘 만드는 마이클 만 감독의 영화 〈콜래트럴〉에는 제이미 폭스와 톰 크루즈가 주인공으로 등장한다. 악역을 잘 맡지 않는 톰 크루즈가 이 영화에서는 살인청부업자를 맡아 화제가 되기도 했는데, 제이미 폭스는 택시운전사로 나온다. 내용은 이렇다. 어느 날 택시운전사가 공항에서 말끔한 신사를 한 명 태운다. 그런데 이 사람이 '오늘 은 내가 다섯 명을 죽여야 하니까 당신은 지금부터 내가 다 섯 명을 죽이는 동안 기사가 되어달라'고 요청한다.

기사는 처음에는 이 말 자체를 믿지 않다가, 그 신사가 진짜 사람을 한 명 죽이는 장면을 보고 질겁한다. 기사는 도망가려 하지만 자신의 신상이 다 알려진 상태라 결국 도 망가지 못하고, 어쩔 수 없이 그를 위해 운전을 한다.

기사는 살인청부업자에게 '대체 왜 살인을 하느냐. 왜 저 사람들은 아무것도 모른 채로 오늘밤에 죽어가야 하느 냐'라고 질문한다. 살인청부업자인 톰 크루즈는 그 질문에 이렇게 대답한다. "수백만 은하계와 수천만의 별들 중 한 순간 반짝 하는 점 하나, 그게 우리다. 우주의 미아에 불과 한 우리의 삶은 아무런 의미가 없다. 따라서 그 사람이 지 금 죽건 늙어서 죽건 별 차이 없다." 이에 택시운전사는 살 인청부업자의 말에 반박하고, 그때부터 이 둘의 긴장감이 고조되기 시작한다.

서울대학교 김영식 명예교수는 그의 저서 『주희의 자연 철학』에서 서양과학이 전해지기 전 동양의 전통 사회에서 자연에 관해 분석한 주희의 사상을 다루고 있다. 그에 따르면 주자는 '이기理氣'와 같은 개념을 사용해서 자연의 이치를 다룬 철학자이다. 철학자인 주자가 자연이 어떻게 작동하는가라는 문제에 관심을 가졌던 이유는 그가 스승으로서 제자들을 정치인으로 길러야 했기 때문이었다. 주자는 철학, 윤리를 깊게 연구하면서 자연의 작동 원리에 관한 연구도 함께 진행했는데, 이는 자연이 인간이 따라야 할 규범, 윤리와 밀접하게 연관되어 있다고 생각했기 때문이었다.

주자의 사례에서 알 수 있듯, 동양의 전통 사회에서 자연과 덕성, 과학과 윤리는 밀접하게 연결되어 있었다. 이는 서양에서도 찾아볼 수 있는 모습이다. 18세기 영국의 화가 조셉 라이트Joseph Wright가 그린 그림에서는 철학자가 어떤 기구에 대해서 부르주아 가족에게 설명하는 장면이 나온다. 이 기구는 '태양계의'라는 것으로, 뉴턴 과학에 기대어 태양계가 어떻게 작동하는지를 기계적으로 보여주는 기구이다. 다시 말해 여러 행성들이 태양을 중심에 두고 그 둘레를 질서정연하게 따라가는 모습을 관찰하는 기계였다.

18세기 런던에 살았던 철학자가 중산층 계급에 속한 이들에게 이 기구를 설명하는 그림 속 장면은 당시 사람들이 가지고 있었던 과학적 호기심뿐만 아니라 우주가 작동하

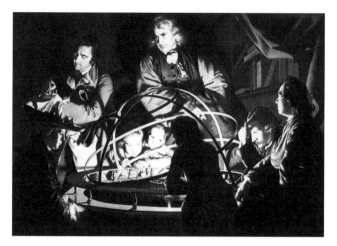

조셉 라이트, 〈'태양계의'에 대해 강의하는 과학자〉, 1766년 작.

는 방식이 세상의 작동 원리를 담고 있다는 생각을 잘 나타
내고 있다. 당시 사람들만 해도 인간이 따라야 할 도덕이나
규범을 자연이 작동하는 방식에서 배울 수 있다고 생각했
다. 다시 말하면 18세기에 뉴턴 과학은 자연에 대한 지식
으로 여겨졌을 뿐 아니라 세상에 대한 원칙, 즉 한 인간이
어떤 삶을 살아야 하는가에 관한 규범까지 함의하고 있다
고 여겨졌다. 그래서 아이들에게 태양계의 운동을 이해시
키는 것이 중요했던 것이다.

사실과 가치, 과학과 인문학의 분리

반면에 21세기를 살아가는 우리에게는 "(과학적) 사실로부터 가치, 윤리, 도덕 같은 것들이 나올 수 없다"라는 문장이 낯설지 않다. 동시에 우리는 과학과 인문·예술은 상호보완적이라고 말하기도 한다. 전자는 사실, 후자는 당위를 다룬다는 의미에서이다. 결국 이 모든 이야기는 과학과 인문학을 한 테두리 안에 두기보다는 과학의 영역, 인문학의 영역이 각각 따로 존재한다는 생각을 바탕에 두고 있는 것이다.

"과학과 인문학이 상호보완적이다"라는 취지의 언급을 맨 처음 했던 철학자는 잠바티스타 비코Giambattista Vico라는 이탈리아의 사상가였다. 과학과 인문학의 관계를 생각할 때 비코는 매우 중요한 사상가이다. 흔히 비코 이후에 과학과 인문학이 아주 뚜렷하게 갈라지기 시작했다고 평가되기 때문이다. 그는 인간 사회에서 사람들은 각자가 서로 다른 삶의 목적을 가지고, 서로 다른 가치를 추구한다고 보았다. 서로 다른 삶의 목적이 세상에서 충돌하고 있기 때문에 서로 다른 가치를 조정하는 데 지혜가 필요하고, 따라서 이를 학교에서 배워야 했던 것이다.

그런데 비코가 보기에 자연과학, 특히 수학은 정답의 유무만을 따진다. 이 때문에 비코는 수학은 과학의 세상에는 유용할지 몰라도 인간 사회에는 유용하지 않다고 주장했다. 인간 세상에는 완전히 옳고 그름을 가릴 수 있는 문제는 거의 없고, 차이를 이해해야 하거나, 혹은 조금 더 옳고 덜 옳은 정도만 가릴 수 있는 문제투성이기 때문이다.

반면 수학의 경우에는 도출된 답이 맞는지, 틀리는지라는 두 가지 선택지 중 하나만을 선택할 수 있다. 비코는 사람이 수학만 배운다면 결국 세상의 문제를 이해하고 평가하는 방식에서 심각한 문제를 낳을 것이라고 보았다. 이렇게 그는 과학적 방법의 한계를 깨닫고 인간 사회를 더 이해하고 조정하기 위해서는 수학이나 과학이 아닌 인문학이 필요하다고 주장했던 것이다.

비코는 "인문학이란 예술가, 소설가의 상상력에 기반한 것"이라고 언급한 바 있다. 비코의 동시대 사람들은 인문학도 과학, 특히 수학에 기초해야 한다고 믿었지만, 비코는 인문학이 이성이 아닌 상상력에 기초해야 한다고 주장했다. 비코에게는 기본적으로 과학의 세계와 도덕의 세계는 서로 다른 세계이며, 과학과 인문학 사이에는 확고한 경계가 있었다. 자연에 대한 사실과 인간의 삶에 대한 가치는 서로 다른 영역에 속하기 때문이었다.

비코의 대표 저서인『새로운 과학』의 표지에는 비코의 생각이 함축적으로 담겨 있다. 표지 오른쪽 중앙의 지구의는 자연과학적 지식을 의미하고, 그 위에 서 있는 여신은 철학, 형이상학을 의미한다. 다시 말해 여신은 자연과학 위에 존재하는 철학을 형상화하고 있다. 그림 속 여신은 하늘의 빛을 받아 반사해서 왼쪽에 서 있는 시인 호머에게 그 빛을 전달하고 있다. 그의 책에는 뉴턴과 같은 과학자가 아니라 인문학의 효시인 시인 호머가 등장하고 있는 것이다.

하늘의 빛을 받아서 반사하는 모양은 볼테르가 썼던『뉴턴 철학의 요소들』에서도 찾아볼 수 있다. 볼테르의 책에서는 하늘에서 내려오는 빛이 뉴턴을 거쳐 여신의 형상을 한 볼테르의 애인 샤틀레 부인에 의해 반사된다. 그리고 그 빛은 볼테르가 쓰는 원고를 비추고 있다. 볼테르는 뉴턴을 존경했던 학자였다. 그래서 뉴턴의 빛을 받아 책을 쓴다는 의미를 담은 그림을 저서의 권두화로 선택한 것이다.

비코가 과학과 인문학을 구분했다면 칸트는 과학과 인문학 외에 예술(미학)을 포함시켜 총 세 가지 영역을 나눴다. 우리가 흔히 말하는 진, 선, 미로 인간의 지식 영역을 나

비코의 『새로운 과학』(왼쪽)과 볼테르의 『뉴턴 철학의 요소들』(오른쪽)의 권두화.

눈 것이다. 진은 과학, 선은 법학과 윤리학, 그리고 미는 예술과 미학이다. 칸트는 이 세 가지는 서로 완전히 구별되는 영역으로, 각각 다른 영역을 침범해서는 안 된다고 보았다. 다시 말해 사실의 이름으로 아름다움을 재단하거나, 윤리의 이름으로 과학을 재단해서는 안 된다는 것이다. 사실은 과학의 영역이고, 윤리는 그와는 다른 성격을 지닌 영역에 속하기 때문이다.

칸트 이후의 학자들은 서구 사회 근대성의 가장 큰 특징으로 칸트가 나눈 세 가지 영역의 분리를 꼽기도 한다. 칸트는 '이것은 무엇인가'라는 질문에 대한 답으로부터 '어떻게 살아야 하는가'라는 질문에 대한 답을 도출하는 것은 불가능하다고 말했다. '무엇인가'는 '사실'에 대한 질문이고 '어떻게 사는가'는 '가치'의 영역이기 때문이다. 칸트는 이 둘이 섞여서는 안 되며 서로 관계가 없다고 지적했다. 앞에서 언급했듯 우주에 대해 안다고 해서 우리 삶에서 달라지는 건 없다는 논의들과 비슷한 이야기를 한 것이다.

그런데 과연 그럴까? 정말 사실과 가치가 아무런 관계가 없을까? 그렇지 않을 수도 있다. 예를 들어 나는 채식주의자는 아니지만, 나의 지인들 중 몇몇은 동물이 아픔을 느낀다는 사실을 접하고 채식주의자가 되었다. 사람이 아픔에 공감하고 사람에게 고통을 가하는 일에 반대하듯이, 아픔을 느끼는 동물을 죽여서 먹는다는 사실을 비윤리적이라고 생각한 것이다.

과거의 과학자들은 동물이 아픔을 느끼지 못한다고 생각했다. 그러다가 점차 과학이 발전하면서 동물도 고통을 느낀다는 사실이 알려지기 시작했다. 물고기를 먹던 채식주의자들 중에서는 물고기도 고통을 느낀다는 연구가 출간된 뒤에 물고기조차 안 먹는 사람이 생기기 시작했다.

이러한 사례를 통해 사람이 새롭게 무언가를 알게 되면서 살아가는 방식이 달라질 수 있음을 알 수 있다. 물론 동물이 고통을 느낀다는 것을 안다고 모두 채식주의자가 되지는 않는다. 그럼에도 그 사실을 알 때, 그 사람의 살아가는 방식이 달라질 가능성은 높아질 것이다.

다른 예를 들어 지구온난화에 관한 나의 지식이 달라지면서 나의 삶의 방식이 달라질 수 있다. 지구온난화가 심각하다는 사실을 알면 이산화탄소를 줄이기 위해 노력할 가능성이 생긴다. 그런데 아예 그러한 사실에 관해 모를 때는 내 삶이 변화할 가능성이 거의 없는 것이다.

만약에 누군가 우연히 유전자변형농산물(GMO)의 위험성에 관해 듣게 되고, 그에 관해 전보다 더 신중한 판단을 내려야 한다고 생각하게 되었을 때 마침 GMO에 대한 공청회가 열린다면 공청회에 참여할 동기가 커지게 된다. 이런 경우들을 생각해보면 실제로 어떤 사실을 아는 것과 개인의 삶의 도덕, 윤리관 사이에는 밀접한 관계가 있다고 할 수 있지 않을까?

그래도 '사실에서 가치가 나올 수 없다'라는 지적은 의미가 있다고 주장할 수 있다. 동물의 고통을 이해한다고 해도, 그런 이해가 나를 자동적으로 채식주의자로 변하게 하지는 않기 때문이다. 채식주의자로 살아가겠다는 결정은 어떤 결단을 필요로 하는 것이며, 이는 사실의 영역이 아니라 당위의 영역에 해당한다고 볼 수 있다. 즉 사실이 100퍼센트 당위로 이어지지는 않는다는 것이다.

그럼에도 불구하고 어떤 사실을 알게 되면 일단 바뀔 수 있는 가능성이 커진다는 점은 부정할 수 없을 것이다. 다시 말해 사실이나 가치가 서로 아무런 관련이 없다고 보는 것은 우리의 일상과는 잘 들어맞지 않는다. 사실과 가치는 그 연결이 느슨하거나 팽팽한 정도의 차이는 있다 하더라도 우리의 삶 속에서, 마치 동맥과 정맥이 모세혈관을 통해 연결되어 있듯이 미세한 연결망들을 통해서 연결되어 있다고 볼 수 있다. 인간은 사실만의 세상에서 살아가지 않듯이, 가치만의 세상에서 살고 있지도 않다.

과학도 상상력의 산물이다

과학과 인문학의 분리, 사실과 가치의 분리, 자연과 삶의 분리는 과학이 무엇인가에 대한 오해로부터 출발했다. 칸트는 뉴턴을 굉장히 존경했는데, 그의 가장 중요한 저서인

『순수 이성의 비판』은 사실상 뉴턴 과학에 대한 철학적 분석이라 봐도 과언이 아닐 정도이다.

그런데 뉴턴을 굉장히 존경했던 칸트는 뉴턴이 천재가 아니라고 평가했다. 칸트에 의하면 천재란 다른 사람이 모사하지 못하는 업적을 이룬 사람이었다. 그렇지만 뉴턴의 업적은 한 세대가 가기 전에 다른 과학자들에 의해 다시 똑같은 방식으로 재현되었고, 이는 뉴턴의 업적이 천재에 의한 업적이 아니었기 때문에 가능했던 것이다.

반면 셰익스피어의 희곡은 누군가 베끼지 않는 한 똑같이 쓸 수 없다고 보았다. 베토벤의 음악 역시 베토벤만 만들 수 있는 독창적인 산물이라는 것이다. 이렇듯 칸트는 진정으로 창의적인 천재는 예술 영역에서만 나올 수 있다고 보았다.

과학자들도 이런 평가에 동의하는 경우가 많다. 과학자들에게 아인슈타인과 베토벤 중에 누가 진정한 천재라고 생각하느냐고 묻자 대부분 베토벤이 진정한 천재라고 답했다는 설문조사 결과가 있었다. 왜냐하면 많은 과학자들은 아인슈타인이 태어나지 않았더라도 다른 누군가 비슷한 업적을 이루었을 것이라 생각하기 때문이다. 아인슈타인이 연구를 할 당시 이미 몇몇 과학자들이 비슷한 일을 하고 있었고, 또 과학은 자연에 존재하는 진리를 발견하는 것이라고 본다면 아인슈타인이 없었어도 다른 누군가가 상대성이론을 발견했을 것이라는 추측은 일견 타당하다. 반면 베토벤이 없었다면 〈합창 교향곡〉 같은 작품은 세상에 나오지 못했을 것이다. 〈합창 교향곡〉은 어려운 삶을 살았던 천재적인 작곡가 베토벤이 그의 일생, 영혼을 담은 작품이기 때문이다.

그런데 과학자와 예술가를 이렇게 다른 식으로 평가할 수 있을까? 과학은 누가 하든 똑같은 결과가 나오기 때문에 천재의 영역이 아닌 것일까? 나는 이러한 생각이 과학에 대한 오해에 바탕하고 있다고 본다. 더 나아가 이러한 생각들이 과학과 인문학, 예술의 경계를 이해하는 데 있어서 일종의 장애가 된다고 생각한다.

과학과 인문·예술의 관계에 대한 답을 찾아가기 위한 한 가지 출발점은 상상력일 것이다. 우리는 흔히 과학의 핵심을 발견에 둔다. 하지만 과학도 무엇인가를 만드는 활동이기 때문에 과학에서도 상상력이 매우 중요하다. 비코는 "과학은 이성에만 근거하고 인문학은 상상력에 근거한다"

고 했지만, 과학에서도 상상력이 중요하다. 과학도 결국 인간이 만드는 것이기 때문이다.

기하학으로 미술의 패러다임을 바꾼 피카소

1990년에 예술가들을 대상으로 20세기를 통틀어 가장 중요한 미술작품이 무엇인가에 대해 조사한 적이 있다. 그때 1위를 차지한 작품이 바로 피카소의 〈아비뇽의 처녀들〉이다. 현재 〈아비뇽의 처녀들〉은 뉴욕 현대미술관에 소장되어 있는데, 만약 경매에 나온다면 1000억 원을 훨씬 상회하는 높은 금액이 매겨질 것이라 예상된다.

그런데 이 그림이 왜 그렇게 유명한 걸까? 왜 그렇게 비싼 걸까? 평론가들이 이 그림을 왜 그렇게 중요한 작품으로 뽑았을까? 사실 그림만 보고는 그 이유를 쉽게 알기 어렵다. 대충 그림 속의 사람 얼굴을 들여다보면 어린아이가 그린 것처럼 보이기도 한다. 보통 화가는 사람의 얼굴을 이렇게 그리지 않는 반면 〈아비뇽의 처녀들〉에서는 한 사람의 얼굴에서 앞모습과 옆모습이 동시에 보이는 등 인물들이 기하학적으로 변형되어 있는 것을 볼 수 있다.

피카소의 〈아비뇽의 처녀들〉의 가치는 미술의 역사를

파블로 피카소, 〈아비뇽의 처녀들〉, 1907년 작.

살펴볼 때 드러난다. 르네상스 이후 원근법이 발전하면서 사물들을 정확하게 그려내는 것이 화가들 작업의 핵심이 되었다. 화가들은 3차원으로 보는 것을 2차원으로 정확하게 옮기는 게 그림의 본질이라고 생각하기 시작했다.

그런데 19세기에 들어와 이러한 시각이 바뀌게 된다. 인상파는 세상을 그대로 재현할 수 없다고 보았다. 시시각각으로 빛이 바뀌기 때문이다. 아침과 점심의 빛이 다르고,

같은 호수를 그려도 순간순간 빛의 반사가 달라져서 그 느낌이 바뀐다. 그래서 인상파 화가들은 빛에 대해서 상당히 많은 고민을 했다. 이들의 그림은 구체적인 형태가 없어지는 방향으로 흐르기도 했다. 그렇지만 이들의 그림이 추상적인 형태가 되었어도 이들의 이러한 노력은 계속해서 보는 대로 세상을 정확하게 재현하려는 노력의 연장선상에 있었다고 볼 수 있다.

그런데 피카소는 화가들의 임무가 세상을 있는 그대로 재현하는 것이라기보다는 세상을 보고 읽어냄으로써 파악한 의미를 그림에 담는 것이라 보았다. 재현보다는 화가의 상상력을 이용해서, 예를 들면 시점을 달리해가면서 본 것을 하나의 그림에 표현하는 것이 화가의 일이라고 생각했던 것이다. 〈아비뇽의 처녀들〉은 이런 '상상력'을 담은 그림이었고, 이 그림 이후에 화가들은 수백 년 동안 당연하게 생각해왔던 미술의 패러다임을 완전히 바꾸게 된다. 그런 의미에서 피카소와 그의 작품 〈아비뇽의 처녀들〉이 20세기의 미술을 시작했다고 평가되는 것이다.

피카소는 〈아비뇽의 처녀들〉을 그릴 때 많은 고민을 했고 관련한 습작도 많이 남겼는데, 그 이유는 이 그림이 수백 년간 지속되어오던 미술에 관한 상식을 뛰어넘는 노력을 담았고, 이런 패러다임의 전환이 한 순간에 이루어질 수는 없었기 때문이다. 실제로 피카소는 4차원의 물체를 3차원으로, 또 2차원으로 어떻게 옮길 것인지, 3차원 이상의 공간은 어떻게 생겼는지를 고민하며 1903년에 출간된 수학자 엘리 주프레Elie Jouffret의 『4차원 기하학 개론』과 같은 책을 읽었다고 한다. 눈에 보이는 것을 뛰어넘으려 했던 그의 고민과 노력이 예술사에 길이 남을 작품으로 남은 것이다.

상상력으로 새로운 과학을 만들어낸 갈릴레오

그렇다면 과학은 어떨까? 근대 과학은 상상력과 주관을 배제하고 이성에 의해서, 실험과 수학에 의해서 엄밀하게 자연을 관찰하고, 분석하고, 기록하는 것에서 출발했다고 알려져 있다. 정말 그럴까?

과학을 배울 때 관성의 법칙을 들은 일이 있을 것이다. 갈릴레오가 주장한 이 법칙은 과학사의 흐름에서 근대 물리학의 첫 장을 열었다고 할 정도로 대단히 중요한 위치를 차지한다. 관성의 법칙은 정지해 있는 물체는 계속 정지해 있고 운동하고 있는 물체는 계속 운동한다는 의미를 담고 있다. 그전에는 물체가 운동하기 위해서는 계속해서 힘이 필요하다고 생각했다. 그런데 갈릴레오는 어떤 이유에서 운동을 시작한 물체의 운동은 단지 그 운동을 지속적으로 하게 만드는 관성의 법칙을 따른 것으로 보기 시작했다.

물체가 멈추지 않고 계속 운동하는 모습을 볼 수 있을까? 실제로 우리가 보는 것은 운동하는 모든 물체가 결국 정지하는 것이다. 구르던 돌은 언젠가 멈추고, 멀리 던진 공은 언젠가 떨어진다.

그런데 관성의 법칙에 따르면 그렇지 않다. 사실 갈릴레오가 이 법칙을 증명한 방법이 매우 독창적이었는데, 갈릴레오는 그릇에다가 공을 놓는 상황을 상상했다.

이 그릇은 마찰이 없는 아주 매끈한 표면으로 만들어졌다. 그래서 공을 그릇에 놓으면 쭉 내려가서 반대편으로 같은 높이까지 갔다가 다시 내려와서 처음 위치까지 올라온다. 다음번에는 반대쪽 기울기를 조금 낮춰서 공을 굴려보자. 그래도 공은 원래 높이까지 올 것이다. 이제 이 그릇의 반대쪽 면을 편평하게 놓으면 어떻게 될까? 공은 원래 위치에 올라올 때까지 계속 운동을 할 것이다. 운동을 하는 데 어떤 외부의 힘도 필요 없다. 갈릴레오는 이러한 사고 실험을 바탕으로 운동하는 물체는 계속 운동한다는 관성의 법칙을 도출한 것이다.

물론 이 실험이 실제로 가능한 것은 아니다. 이것이 가능하기 위해서는 평면에 마찰이 없어야 한다. 그런데 마찰이 없는 평면은 지구상에 존재하지 않는다. 마찰이 없는 평면은 갈릴레오의 머릿속에만 수학적으로 존재할 뿐이다. 다시 말하면 갈릴레오는 관성의 법칙을 만들기 위해서 그 법칙을 만족하는 공간을 창조한 것이다.

여기서 주목할 것은 법칙 자체보다는 갈릴레오가 만든 이 이상적인 평면이다. 그 평면 위에서 관성의 법칙이 만들어질 수 있었기 때문이다. 갈릴레오는 이런 이상적인 평면을 상상함으로써 그의 관성의 법칙을 발견해냈던 것이다. 혹은, 조금 다른 말로 하면, 갈릴레오의 가장 놀라운 독창성은 관성의 법칙을 만족하는 이상적인 평면을 상상해냈던 데 있었다.

한편 갈릴레오는 이탈리아의 피사의 사탑에서 물체를 떨어뜨려서 무거운 물체와 가벼운 물체가 동시에 떨어짐을 증명했다고 알려져 있다. 그전까지 사람들은 물체가 무게에 비례해서 속도가 다를 것이라고 생각했는데, 갈릴레오의 낙하 법칙에 따르면 그렇지 않다는 것이다.

그런데 이 이야기에도 몇 가지 오류가 있다. 하나는 갈릴레오는 피사의 사탑에 올라간 적도 없고 물체를 떨어뜨리는 실험을 한 적도 없다는 사실이다. 더 중요한 부분은, 갈릴레오가 낙하 법칙을 책에 쓴 뒤에 갈릴레오에 반대하는 사람이 책을 보고 실제로 높은 데에 올라가서 그 실험을 재현해봤더니 갈릴레오의 말대로 되지 않더라는 것이다. 그가 실험을 해보니 가벼운 물체와 무거운 물체를 떨어뜨렸는데 무거운 물체가 항상 먼저 떨어졌고, 결국 그 사람이 갈릴레오에게 갈릴레오의 이론을 반박하는 편지를 썼다.

그렇지만 신기하게도 이 똑같은 실험을 진공에서 하면 쇠구슬과 깃털이 동시에 떨어진다. 오늘날에는 과학관에 가면 쉽게 이런 장치를 볼 수 있다. 그러나 실제 자연환경에서는 그렇지 않다. 다시 말하면 갈릴레오의 비판자가 하는 말이 맞았던 것이다. 갈릴레오는 그 편지를 받고 "당신이 맞다. 그런데 당신의 실험이 내 이론을 틀렸다고 논박할 수 있는 것은 아니다. 왜냐하면 내 이론적 증명은 저항이 없는 공간에서 성립하기 때문이다"라는 요지의 답을 했다.

저항이 없는 그 공간은 갈릴레오의 머릿속에 있었다. 그의 위대함은 그가 이러한 공간을 창조해냈다는 데 있다. '우리 주변엔 없지만 우주엔 있을 수 있다. 지구가 태양을 계속 도는데 왜 계속 돌까? 저항이 없기 때문이다. 우주엔 저항이 없기 때문에 계속 도는 것이다. 멈추지 않고. 그래서 지구엔 없을지 몰라도 저항이 없는 공간이 우주엔 존재한다. 우리가 이를 이해하기 위해서는 추상화된 공간을 먼저 이해하고, 그곳에서 만족하는 법칙을 만들어내고, 일상에서는 그 법칙을 변형하면 원하는 결과가 나오는 것이다.' 바로 이런 식의 논증이 갈릴레오 식의 논증이다.

정리해보자. 갈릴레오는 관성의 법칙이나 자유낙하의 법칙을 발견한 것이 아니다. 이런 법칙은 자연에서 찾아질 수 없다. 그는 마찰이 없는 평면, 저항이 없는 공간을 상상함으로써 이런 법칙을 만들어낼 수 있었다. 다시 말해서 갈릴레오는 자신의 법칙이 만족되는 상황을 창조해낸 것이다. 이 부분에서 갈릴레오의 위대함을 엿볼 수 있다. 그의 물리학은 자연에 있는 법칙을 그냥 반영한 것이 아니라, 자연의 규칙이나 법칙이 드러날 수 있는 공간을 창의적으로 만든 결과이다. 따라서 과학자들의 일이 예술가들이 하는 일과 본질적으로 다르지 않다고 볼 수 있는 것이다.

중력이라는 개념을 창안한 뉴턴

이제 뉴턴의 이야기를 해보려고 한다. 뉴턴은 지난 1000년간 존재했던 과학자 중 가장 천재적인 과학자로 꼽히는 사람이다. 뉴턴 이전 시대에 살았던 천문학자 케플러는 행성들이 태양을 타원의 형태로 돈다는 것을 밝혔다. 그는 자신의 스승이었던 튀코 브라헤Tycho Brahe의 정확한 관측 결과를 이용해서 행성의 궤도가 원이라는 오래된 관념을 처음으로 극복할 수 있었다.

케플러는 이를 바탕으로 행성의 위치를 예측해보니 자신의 계산이 이전의 계산보다 더 잘 맞아떨어진다는 사실을 밝혀냈다. 과학자들은 행성이 타원으로 태양의 주위를 돈다는 사실을 받아들였지만, 왜 행성이 타원 운동을 하는가라는 문제는 여전히 해결되지 않았다.

케플러 이후에도 많은 학자들이 이 문제를 해결하려 했다. 그리고 결국 뉴턴이 『자연철학의 수학적 원리』에서 이문제를 증명했다. 뉴턴은 행성과 태양 사이에 거리의 제곱에 반비례하는 서로 끌어당기는 힘이 존재한다고 가정할 때 행성은 타원의 모양으로 태양 주위를 돈다는 사실을 증명해냈으니, 그 힘이 바로 만유인력이었다.

그런데 뉴턴은 지구와 태양 사이에 존재하는 만유인력을 어떻게 찾아냈을까? 보통 사과를 떨어뜨리면 땅으로 떨어지는데, 이는 중력 때문이다. 우리는 중력이 실재한다고 믿고, 중력이 없으면 저 우주로 날아간다고 배운다. 그런데 정말 중력이 존재할까? 뉴턴은 자연에서 중력을 찾아낸 걸까? 아니면 중력을 만들어낸 것일까? 사실 뉴턴이 만유인력을 만들어냈다는 얘기는 황당하다 못해 과학에 대한 모독으로까지 들린다. 그런데 우리는 이 지점에서 아인슈타인의 이야기를 하지 않을 수 없다.

아인슈타인은 뉴턴을 뛰어넘어 일반상대성이론을 발표했다. 일반상대성이론에 따르면 뉴턴 식의 끌어당기는 중력은 존재하지 않는다. 일반상대성이론에 의하면 태양이 우주공간에 놓이면 태양 주위로 공간이 휜다. 침대보에 무거운 쇠구슬을 놓으면 침대보가 푹 파이듯이 말이다. 물론 3차원 공간이 휘는 것은 2차원 침대보가 휘는 것처럼 우리 눈에 보이지 않지만. 어쨌든 일반상대성이론에 따르면 지구는 그 휜 공간을 따라서 자연스럽게 움직이는 것이다. 이 궤도가 뉴턴이 해결했던 타원궤도이다(아인슈타인의 일반상대성이론에 의하면, 이 궤도는 뉴턴의 계산과는 조금 다르다).

지구가 우주에 놓이면 지구 주변의 공간이 휘고, 그 휜 공간을 따라 사과가 운동을 한다. 이것이 사과의 낙하이다. 우리는 그 현상을 보고 중력이라고 말하는 것이다. 오늘날 에는 아인슈타인이 옳다고 여겨지고 있다.

뉴턴의 위대함은 자연에 존재하는 중력의 법칙을 찾아 낸 게 아니라, 중력의 법칙이 발견되는 조건을 만들어낸 데 있다. 뉴턴이 만들어낸 수학적 공간에서는 타원의 초점에 있고, 다른 물체는 그 주변을 운동한다. 이때 두 물체 사이 에 서로 끌어당기는 힘을 가정하면, 주변을 운동하는 물체 가 타원 운동을 한다는 것을 수학적으로 증명할 수 있다. 뉴턴 이전까지는 태양과 지구처럼 그렇게 멀리 떨어진 물 체들 사이에 끌어당기는 힘이 존재한다고 생각하지 않았 다. 뉴턴은 마치 갈릴레오가 관성의 법칙을 만족하는 공간 을 만들어냈듯이 두 물체 사이에 작용하는 만유인력을 도 입해서 케플러의 법칙을 증명했다. 이러한 예를 볼 때 과학 은 예술처럼 새로운 개념, 존재를 만드는 활동이라고 볼 수 있다.

과학과 예술은 모두 인간의 창조적 활동

갈릴레오와 뉴턴의 사례는 과학이 왜 창조적인가를 알려준다. 마지막 예를 하나만 더 들어보겠다. 라몬 이 카할 Ramón y Cajal이라는 19세기 스페인 신경생리학자는 스페인 학자 중 드물게 노벨상을 받은 인물이다. 그는 뇌의 뉴런 구조를 연구했던 과학자로, 그가 그린 그림은 정확도가 뛰어난 것으로 평가되어 심지어 지금까지 교과서에 실리고 있다. 그런데 그의 신경세포 그림은 눈에 보이는 대로 그린 것이 아니다. 뇌세포는 3차원 구조이기 때문에 염색을 해도 이 그림처럼 선명하게 2차원적으로 볼 수 없다.

라몬 카할은 자신이 그린 그림에 대해서 뇌세포를 충분히 관찰한 뒤에 어느 순간 머릿속에 떠오른 뇌세포의 전체적인 모습을 그린 것이라고 회고했다.

이런 사례들은 수없이 찾을 수 있다. 이런 사례를 통해 분명해지는 것은 과학도 예술도 인간이 하는 창의적인 활동이라는 것이다. 창의적인 업적은 많은 지식을 습득하고 이를 토대로 다른 사람이 하지 못했던 새롭고 혁신적인 것을 만들어냄으로써 얻는 것이고, 이를 위해서는 이성과 상상력이 합해져야 한다. 야코뷔스 판트 호프Jacobus van't Hoff라

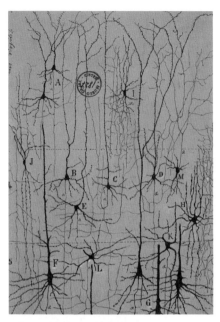

라몬 이 카할이 그린 신경세포 그림.

는 첫 노벨화학상 수상자는 과학자이기도 했지만 플루트 연주자, 시인, 예술가이기도 했다. 그는 이와 같은 예술적 기질이 자신만의 특성인가 고민하다가 과학자 중 예술을 했던 사람을 찾아봤는데, 그 시기까지 살았던 과학자 중에서 자신과 비슷한 사람들을 200명 정도 찾았다고 한다.

『생각의 탄생』의 저자 미셸 루트번스타인Michele Root-

Bernstein은 노벨상 수상자를 연구한 바 있는데, 일반 과학자의 수와 비교했을 때 노벨상 수상 과학자들 중에서 사진을 하는 사람은 2배, 음악을 하는 사람은 4배, 미술은 17배, 공예는 15배, 작가는 25배, 무용을 하는 사람은 22배 정도 더 많았다고 한다. 실제로 노벨과학상 수상자들은 거의 대부분이 한 가지 예술에 준전문가적으로 깊게 몰입했던 사람들이었다. 창의적인 과학자일수록 예술을 병행하는 사람이 많다는 것이다. 과학이 상상력이 필요한 활동이라는 주장을 간접적으로 보여주는 사례라고 할 수 있다.

우주가 바꿔놓은 지구와 인간의 이미지

이 글을 우주에 대한 얘기로 시작했는데 다시 돌아가 우리에게 왜 우주가 중요한가에 관해 논의해보겠다. 미국과 구소련에서는 1950년대 말엽부터 인공위성을 쏘아올리기 시작했고, 1960년에 발사된 인공위성에서 최초로 지구의 사진을 찍었다. 지구 전체가 나온 것은 아니었지만 지구의 상당 부분이 사진으로 찍혔다. 그전까지 사람들은 지구의 자연을 찍었을 뿐, 지구 자체를 찍을 수는 없었다. 지구를 찍기 위해서는 지구 위로 높이 올라가야 하는데 그것이 불가능했기 때문이다. 에베레스트 산 꼭대기에 올라가도 지구를 찍을 수 없었다. 하지만 인공위성이 나는 높이까지 가면 지구의 둥근 곡면을 보는 것이 가능했다.

1968년에는 아폴로 8호가 달을 돌아 지구로 왔고, 이 과정에서 우주 비행사 빌 앤더스Bill Anders가 달의 지평선 위로 지구가 떠오르는 장면을 찍었다. 우리는 지구 위로 달이 뜨는 것만 봤는데, 거꾸로 달 위로 지구가 뜨는 것이었다. 이 사진에는 〈지구돋이earthrise〉라는 제목이 붙었다. 사진 평론가 갤런 노엘은 이 사진이 지금까지 찍힌 모든 사진 중에 가장 영향력 있는 사진이라고 언급한 바 있다. 우리가 살고 있는 행성을 최초로 우주에서 본 것이기 때문이다.

그전까지 지구에 대해서 이런저런 상상만을 하다가 지구 60배의 거리만큼 떨어진 달에서 본 지구의 실제 모습의 영향력은 대단했다. 달에서 본 지구는 푸르렀고, 지구에서 본 달만큼이나 작았다.

다음 사진은 1971년에 아폴로 17호에서 전체 지구의 모습을 최초로 온전히 찍은 사진이다. 작품명은 〈블루 마블〉, 푸른 구슬이라는 뜻이다. 이 사진에서 주목할 점은, 우주에서 본 푸른 지구는 너무나 약해 보였다는 사실이다. 이전

빌 앤더스가 찍은 〈지구돋이〉(1968, 왼쪽)와
최초의 지구 전체 사진 〈블루 마블〉(1971, 오른쪽).

까지만 해도 사람들은 '인간은 너무나 미미한 존재라서 인
간이 지구에서 무슨 일을 해도 지구 전체에 영향을 미치지
못한다'고 생각했다. 사람이 무슨 짓을 해도 지구라는 거대
한 존재를 망가뜨릴 수는 없을 것이라고 생각한 것이다. 그
런데 우주에서 지구를 보니 지구가 너무나 작고 약하게 보
였다. 창백하면서, 강한 망치로 때리면 금방 부서질 것만
같은 지구의 모습이 등장한 것이다.

이 사진은 환경에 대한 사람들의 인식을 완전히 바꾸게
된다. 미국의 부통령을 지낸 앨 고어가 만든 〈불편한 진실〉
이라는 다큐멘터리에서도 이 사진을 볼 수 있다. 이 사진을
보면 우리가 살아가는 곳이 기껏해야 이 작은 지구라는 사

실을 알 수 있다. 여기에서 인간뿐 아니라 수백만 종의 동식물이 함께 살아간다. 서양에서는 성경에 근거해서 신을 닮은 사람이 모든 동물의 왕이며, 지구에 존재하는 생명체를 마음대로 할 수 있다고 생각했다. 그런데 이 사진이 등장한 이후에 많은 이들이 지구는 우리가 생각하는 것보다 더 약한 존재라는 사실을 받아들이면서, 지구에서의 인간의 위치와 인간과 다른 생명체의 관계에 대해서 새롭게 생각하기 시작했다.

실제로 그렇다. 인간이 프레온 가스를 많이 퍼뜨렸더니 오존층이 얇아졌고, 그것을 뚫은 햇빛이 피부암을 증가시켰다. 또한 인간의 산업 활동, 자동차 이용, 농업 활동이 늘면서 지구 온도가 높아지고 있다.

물론 이 사실을 부정하는 사람도 있다. 이들은 지구가 크고 강인한데 인간이 공장을 돌리고 차를 운행한다고 해서 온도가 변한다는 것은 말이 안 된다고 주장하기도 한다. 그런데 지난 수십 년 동안의 과학 연구는 그렇지 않다는 사실을 드러냈다. 과학자들은 인간의 활동이 공기가 존재하는 대기권의 상태를 변화시키는 일은 매우 쉽다고 말한다. 대기권은 꼭 수박에 종이 한 장 두른 것처럼 얇기 때문이다.

미국 나사의 무인탐사기 보이저 1호가 60억 킬로미터 떨어진 곳에서 지구를 바라보며 찍은 사진에는 '창백한 푸른 점'이라는 제목이 붙어 있다. 칼 세이건은 그렇듯 멀리서 찍은 지구 사진을 보다 보면 지구상에서 서로 미워하고, 싸우고, 심지어 서로의 이념과 명분에 '목숨을 거는' 행위가 얼마나 우스운 것인가를 알 수 있다고 했다. 지금까지 태어나서 죽은 모든 사람들이 그 하나의 점 위에 살았고, 지금 종교 때문에, 이데올로기 때문에 서로 싸우고 으르렁거리는 사람들 모두가 그 점 위에서 살고 있는 것이다. 스스로 우주의 중심이라고 믿는 우리의 오만, 내가 우주에서 특별한 위치를 차지한다는 망상은 우주에서 찍은 지구의 사진 한 장으로 근거가 사라진다는 것이다.

칼 세이건은 우주 속에서 우리의 위치를 깨닫는다면 우리는 지구에서 버텨야 하고, 이를 위해서 서로와 환경을 아껴야 한다는 점을 깨달을 수밖에 없다고 강조한다. 우리 인간들은 우연에 우연이 겹쳐서 우리 은하의 한 귀퉁이에 있는 태양계의 세 번째 행성인 지구에서 지금 이렇게 아웅다웅 살고 있는 것이다. 우주 속에서 우리의 위치를 알게 되면 우리의 삶의 터전인 희미한 푸른 점을 아끼고 보존해야 한다는 책임감을 느낄 수밖에 없는 것이다.

이러한 우주적 관점은 인간의 생로병사가 의미없음을 말하지 않는다. 삶이 허무하다는 얘기도 아니다. 죽음을 염세주의적으로 받아들이라는 얘기도 아니다. 다만 영생과 같은 허황된 약속 때문에 현재의 삶을 왜곡하고 경시하거나, 나와 다른 신을 믿는다고 서로를 미워하고 죽이는 일이 얼마나 허망하고 멍청한 것인가를 깨닫자는 것이다.

이 짧은 삶을 살면서 많은 이들이 권력과 성취를 얻기 위해 다른 사람들의 짧은 삶에 위해를 가하거나, 생명체를 유지하기에 딱 적합한 환경을 가지고 있는 지구와 생태계를 마구 훼손해서 균형을 깨고는 했는데, 이런 일들은 분명 '코스모스'의 관점에 위배되는 것이다.

사실과 가치를 넘나드는 일, 나와 지구를 살리는 길

과학과 인문·예술의 융합, 사실과 가치 사이를 넘나듦은 삶을 총체적으로 살기 위해서 꼭 필요한 일이다. 인류의 삶이 비참해지는데 나의 삶만이 풍요롭게 유지될 수 없다. 지구상에 사는 다른 동식물들의 삶이 피폐해지는데 인류만이 태평성대를 구가할 수 없다. 멸종과 기후변화와 인구증가가 가속화될 때, 내 삶이 그런 변화에서 고립된 채로 평온하게 진행될 수는 없는 것이다. 과학과 인문학의 결합은 나를 둘러싼 조건들을 이해하고, 그런 조건들 속에서, 또 그런 조건들을 이겨내고 극복하는 적극적인 삶을 위해서 필수적인 일이다.

현재 우리는 과거의 문제들과는 조금 다른 문제들에 둘러싸여 있다. 인공지능이 발전했을 때 나올 수 있는 여러 문제들이 있고, 아직도 전 세계에 3만 개 이상 존재하는 핵무기 문제들이 있다. 북한이 핵무기 열 개를 가지고 있니 뭐니 하지만 미국은 이를 1만 5000여 개나 가지고 있다. 러시아도 많은 수의 핵무기를 보유하고 있다. 이것들이 한꺼번에 터지면 인류는 지금처럼 살기 힘들 것이다.

또한 환경오염도 문제이다. 관련해서 인구증가도 대단히 큰 문제이다. 현재 지구의 인구가 80억 정도 되는데, 전문가들은 지금의 식량이 80억 명 정도를 먹일 수 있는 한계선이라고 추정하고 있다. 수십 년 뒤에 100억, 120억 인구가 되면 식량난으로 인해 죽고 죽이는 상태에 이를 것이라고도 한다. 인구 자체가 인간의 생존에 큰 위협이 되기도 하는 것이다.

『리보위츠를 위한 찬송』이라는 과학 소설이 있다. 이 소설은 인류가 이제껏 만든 핵무기를 전부 터뜨려 거의 전멸한 상황을 그리고 있다. 그리하여 살아남은 소수의 사람들은 중세 시대 비슷한 시기로 돌아가고 그중 몇 명은 우리가 썼던 책을 보관하는 일을 담당한다. 그런데 그 사람들이 일할 당시는 이미 문명 자체가 모두 몰락한 상태인지라 그들은 책에 적힌 내용이 무슨 말인지 모른다. 그리고 그 상태에서부터 조금씩 문명을 발전시켜나가기 시작한다. 그래서 3400년 정도가 되면 우리가 쓴 교과서를 이해할 수 있는 단계까지 도달한다. 그런데 그 단계에서 그 사람들은 다시 핵무기를 만들고, 그러고 나서 다시 핵을 폭파시키는 것으로 소설은 끝이 난다.

우주에 그렇게 많은 별이 있고, 그렇게 다양한 조건을 가진 별들이 많이 존재할 수 있는데, 왜 고등 생명체의 흔적이 없는가라는 질문에 대한 한 가지 답변은 이렇다. 사람이 언제까지 생존할 수 있을까? 많은 종들이 멸종한다. 특히 최상위 포식자들이 가장 빨리 멸종하기 마련이다. 공룡도 그렇게 멸종했다. 환경이 바뀌었을 때 멸종하고 말았다. 인간이 100만 년을 더 살 수 있을까? 인류의 문명은 앞으로 고작해야 수천 년 정도 지속될 것이라고 생각하는 사람들도 꽤 많다. 지구 나이가 50억 년 정도이니 수천 년이라는 시간은 한 점에 불과하다.

인간이 전자기파, 즉 전파를 발견한 것이 100여 년 전이고, 우주로 전파를 쏜 것은 불과 몇 십 년이 되지 않는다. 다른 모든 행성에서 고등 생명체가 전파를 발견한 뒤에 수천 년 정도 더 생존하다가 멸종되었다고 생각하면, 인간과 비슷한 모든 고등 생명체는 점 정도에 불과한 기간을 살다 소멸하는 것이다. 고등 생물체가 소멸한 이유는 핵에너지를 잘못 관리해서이다. 오만해서인 것이다.

우리는 원자핵 속에 들어 있는 엄청난 힘을 이용하고 있지만, 그 힘을 까딱 잘못 사용하면 절멸될 수도 있다. 다른 행성에서 비슷한 생물체가 우리와 같은 과정을 겪었고 과학을 발전시켜서 원자 에너지를 사용하다가 핵전쟁이 발발해서 절멸되었다면, 우주에 왜 우리에게 메시지를 보내는 고등 생명체가 없는지 이해할 수 있다. 왜 인간이 수십 년 동안 메시지를 보내도 왜 답이 없는지 말이다. 우리의 미래는 우주 속에서의 인간의 위치에 대해 우리가 얼마나 성찰하는가에 달려 있다.

대중문화로 과학을 이해하는 과정에서
주의할 점이 있다면?

과학자나 과학을 전공하는 학생들은 SF 소설이나
영화를 보면서 '이 부분은 참으로 과학을 잘 이해
하고 구현했다' 또는 '이 부분은 틀렸다' 하며 과
학적 오류를 찾아내는 것을 좋아한다. 그리고 이
렇듯 작가가 과학을 얼마나 잘 이해했는지를 작품
을 평가하는 잣대로 삼곤 한다.

그런데 모든 것을 과학적 설명의 완결성으로
만 평가하려는 태도에도 문제가 있다. 대중문화

는 문화의 일부이다. 문화는 우리가 사고하고 소통하며, 그 결과들의 의미를 만들어내는 매트릭스와 비슷한 것이다.

과학 논문이 과학적으로 얼마나 옳은가를 검증하는 것은 과학자들이 꼭 해야 하는 중요한 일이다. 그렇지만 대중문화에 나타난 과학이 얼마나 옳은가, 그것만을 지적하는 것은 문화를 마치과학에 종속된 것인 양 생각하는 잘못된 태도이다. 괴물이라는 새 생명을 만들어내는 일이 과학적으로 불가능하기 때문에 『프랑켄슈타인』 같은작품은 과학적으로 틀렸고 따라서 가치가 없다고여기는 것은 실로 오만한 태도가 아닐 수 없다.

그보다는 과학의 일부가 녹아든 대중문화가 대체 세상에 대해서 무슨 얘기를 하고 있는지, 작가는 이를 통해 어떤 메시지를 주려고 했는지, 이것이 세상에 대한 우리의 통찰에 어떤 긍정적인 영향을 주는지를 고민하는 것이 훨씬 더 의미 있는일이다. 더 많은 사람이 이렇게 생각할 때, 과학은 우리의 문화에 더 튼튼하게 뿌리내릴 것이다.

나가는 글

예전에 한 신문 칼럼에 필자의 전공을 '과학기술학'이라고
적어 보냈더니, 기자가 '과학기술'로 바꾼 일이 있다. '과학
기술학'이 낯설었기 때문일 수도 있고, 과학기술학이나 과
학기술이나 같다고 생각했기 때문일 수도 있다. 결과적으
로 인쇄된 신문에 필자의 전공이 '과학기술'로 표기되었다.
대체 과학기술을 전공하는 사람을 들어봤는가? 독자들의
항의를 받지 않은 게 천만다행이었다. 그 뒤로는 항상 내
전공이 과학기술이 아니라, 과학기술'학'임을 강조한다(영
어로 과학기술학은 Science and Technology Studies이다).

과학기술학은 과학기술과 사회의 상호작용에 초점을
맞추면서 과학기술을 역사적, 철학적, 사회학적으로 분석

하는 학문 전반을 의미한다. 이런 과학기술학의 큰 분과 중 하나가 '시민의 과학 이해PUS, public understanding of science'이다.

그렇지만 과학기술학자의 관심은 시민들에게 과학의 어려운 내용을 얼마나 쉽게 전달하는가에 있지 않다. 그보다 과학기술학자는 현대의 과학기술이 우리 삶과 너무나 긴밀하게 연관되어 있고, 더 나아가 인류의 생존에까지 큰 영향을 미치고 있기에, 시민들이 어떻게 하면 다양한 과학 활동, 과학 정책, 과학 문화에 적극적으로 참여해서 이런 문제를 능동적으로 해결할 수 있을지 그 방법에 대해 고민한다.

이 책에서 다룬 과학과 문화의 교차점들에 대한 이야기가 인간답고 민주적인 과학기술의 모습을 상상하고 이를 구현하는 우리 모두의 실천으로 이어지기를 꿈꿔본다.

주석

1. 여기서 인용한 텍스트들은 1818년판 『Frankenstein, or The Modern Prometheus』에서 직접 번역한 것이다. 원문은 https://www.gutenberg.org 사이트에서 볼 수 있다.

2. Rosalynn Haynes, "From Alchemy to Artificial Intelligence: Stereotypes of the Scientist in Western Literature", Public Understanding of Science 12(2003), 243~253.

3. 당시 미국 인구가 1억 5000만 명 정도였으니 6000만 명이 사망하면 9000만 명이 남아 있게 되는바, 그렇다면 한두 세대 안에 미국 문명이 다시 건설된다는 것이다.

4. 여기에서는 1938년 영문판 『Madame Curie』를 사용했다. 원문은 https://archive.org 사이트에서 볼 수 있다.

5. H. M. Pycior, "Reaping the Benefits of Collaboration while Avoiding its Pitfalls: Marie Curie's Rise to Scientific Prominence", Social Studies of Science 23(1993), 301~323.

6. Xavier Roque, "Marie Curie and the radium industry: A preliminary sketch", History and Technology, an International Journal 13.4(1997), 267~291.

7. Barbara Goldsmith, Obsessive Genius: The Inner World of Marie Curie(New York: Norton, 2004).

8. '폴 랑주뱅 추문'에 대해서는 Goldsmith, Obsessive Genius의 16장 "Honor and Dishonor" 참조.

9. 이들은 1심에서 전원 사형 판결을 받지만, 이에 의문을 가진 미국공산당의 변호사 리보위츠의 변호에 힘입어 백인 여성들의 증언이 조작되었음이 밝혀진다. 그렇지만 알라바마 법정은 이들에게 유죄를 선고하고 이들을 감옥에 가두어 30대에 가석방시킨다. 알라바마 주지사는 사건이 일어난 지 45년이 지난 뒤에야 당시 판결이 잘못되었음을 사과했다.

10. 백남준 아트센터(https://njp.ggcf.kr/).

11. 앞에서 언급했지만 프랑켄슈타인은 괴물을 만든 박사 이름이고, 따라서 '프랑켄슈타인의 복수'라는 표현은 잘못된 것이다.

12. 이 장은 필자가 허두임 님과 함께 한국과학사학회에서 발표한 내용에 근거한 것이다. (고려대학교, 2010. 5. 29.)

13. 도정일, "무의미성의 도전: 빅뱅 우주와 인간 존재", 《한겨레》 2014. 3. 28.

KI신서 7984

크로스 사이언스

1판 1쇄 발행 2019년 1월 23일
1판 13쇄 발행 2024년 4월 8일

지은이 홍성욱
펴낸이 김영곤
펴낸곳 ㈜북이십일 21세기북스

서가명강팀장 강지은 **서가명강팀** 박강민 서윤아
디자인 THIS-COVER
출판마케팅영업본부장 한충희
마케팅2팀 나은경 정유진 백다희 이민재
출판영업팀 최명열 김다운 김도연 권채영
제작팀 이영민 권경민

출판등록 2000년 5월 6일 제406-2003-061호
주소 (10881) 경기도 파주시 회동길 201 (문발동)
대표전화 031-955-2100 **팩스** 031-955-2151 **이메일** book21@book21.co.kr

---

㈜북이십일 경계를 허무는 콘텐츠 리더

21세기북스 채널에서 도서 정보와 다양한 영상자료, 이벤트를 만나보세요!
페이스북 facebook.com/jiinpill21   포스트 post.naver.com/21c_editors
인스타그램 instagram.com/jiinpill21   홈페이지 www.book21.com
서울대 가지 않아도 들을 수 있는 **명강**의! <서가명강>
네이버 오디오클립, 팟빵, 팟캐스트에서 '서가명강'을 검색해보세요!